Karen S. Linamen

LiebesLeben

Wie Frauen ihre Sexualität entdecken und genießen können

Karen S. Linamen

LiebesLeben

Wie Frauen ihre Sexualität entdecken und genießen können

Schulte & Gerth

Die amerikanische Originalausgabe erschien im Verlag
Flemming H. Revell, a division of Baker House Company,
unter dem Titel „Pillow Talk“.

Aus dem Amerikanischen übersetzt von Eva Weyandt

Best.-Nr. 815 488
ISBN 3-89437-488-8
1. Auflage 1997
Umschlaggestaltung: Hanni Plato
Foto: Premium
Satz:Typostudio Rücker & Schmidt
Druck und Verarbeitung: Ebner Ulm
Printed in Germany

Inhalt

Einleitung

In den vergangenen zwei Jahren habe ich die unterschiedlichsten Vorstellungen von diesem Buch gehabt. Eines jedoch ist gleich geblieben, ob ich nun an das Schreiben eines Artikels, einer Kolumne in einer Zeitschrift oder eines ganzen Buches dachte – wann immer ich über meine Idee sprach, über Sex und Intimität in der Ehe zu schreiben, fragte mich meine Gesprächspartnerin mit leuchtenden Augen, wo sie sich anstellen könnte, um ein Exemplar zu bekommen.

Wir alle wünschen uns eine bessere Ehe, oder nicht? Mehr Romantik, besseren Sex, größere emotionale Intimität, klarere Kommunikation. Doch wenn es darum geht, erprobte, praktische Anregungen zu bekommen, ist das gar nicht so einfach.

Ich erinnere mich noch an meine Verlobung. Ich war einundzwanzig und hatte bis zu diesem Tag einige sehr tiefgehende Gespräche mit meiner Mutter über sexuelle und emotionale Intimität in der Ehe geführt. Nachdem Larry und ich uns dann verlobt hatten, drückte sie mir schließlich drei Bücher zum Thema Ehe in die Hand. Als junge Frau, die sich auf das Abenteuer ihres Lebens einlassen wollte, fand ich diese Bücher sehr hilfreich, doch gleichzeitig schüchterten sie mich auch ziemlich ein. Als ich die vielen hundert Seiten sah, die von Pastoren, Ärzten und Therapeuten geschrieben worden waren, begann ich mich zu fragen: *Ist Sexualität wirklich so kompliziert?*

Fünfzehn Jahre, zwei Hypotheken und zwei Kinder später verstehe ich einiges besser als damals. Ich weiß jetzt, daß sexuelle und emotionale Intimität in der Ehe einerseits komplizierter, andererseits aber auch viel weniger kompliziert ist, als ich damals befürchtete. Sicherlich ist sie eine geheimnisvolle Sache. Und sie kann auch nicht so mühelos erreicht werden, wie es manchmal im Fernsehen dargestellt wird. Denn man braucht ein hohes Maß an Hingabe und Aufmerksamkeit dazu. Aber im Grunde genommen ist es sehr viel einfacher, als einen Videorekorder zu programmieren oder die Kinder dazu zu bringen, eine neue Rolle Toilettenpapier aus dem Schrank zu holen.

Dies alles brachte mich auf die Idee, ein Buch speziell für Frauen zu schreiben. Welchen besseren Weg konnte es geben, die einfachen Geheimnisse der Ehe zu erkunden?

Als es dann an der Zeit war, den Inhalt des Buches zu planen, wußte ich, daß meine Botschaft genauso einzigartig sein mußte wie mein Thema. Während ich überlegte, was ich als frischverheiratete Frau gern gewußt hätte, was ich als erfahrene Frau und Mutter gelernt habe – und noch zu lernen habe! – und worüber ich als Autorin gern schreiben würde, sind mir folgende Ideen gekommen:

Von Anfang an stand fest, daß ich etwas von Frau für Frauen schreiben wollte. Zu diesem Thema gibt es zwar bereits einige Bücher, doch ich stellte mir vor, mich speziell mit den Problemen, Perspektiven und Leidenschaften einer Frau der neunziger Jahre zu beschäftigen.

Ich wollte ein Buch für die Durchschnittsfrau schreiben, das beim Lesen Freude bringt und deshalb keine Diagramme oder technischen Beschreibungen enthält! Aus diesem Grund schrieb ich in einem leichten Plauderton, damit die Leserinnen auch einmal herzlich lachen können.

Mit anderen Worten, ich wollte ein Buch, das die Bücher von Pastoren, Therapeuten und anderen Menschen, die berufsmäßig mit diesen Problemen zu tun haben, *ergänzt,* nicht ersetzt. Ich wollte ein Buch herausbringen, das einem den Eindruck vermittelt, man würde sich mit einer guten Freundin am Küchentisch unterhalten und nicht den jährlichen Besuch beim Gynäkologen absolvieren.

Was Sie jetzt in Händen halten, ist das Resultat dieser Wunschliste, und ich hoffe sehr, daß Sie beim Lesen genauso viel Spaß haben wie ich während des Schreibens.

Ob Sie nun gerade erst geheiratet haben, eine junge Mutter sind, zu den Vierzigjährigen gehören oder Ihr Nest schon leer ist, ich bin zuversichtlich, daß Sie von den Geschichten, Interviews und Ideen dieses Buches profitieren werden.

Sprechen Sie aus, was Sie sich im Schlafzimmer wünschen

In der Welt gibt es eine Menge Geheimnisse: Stonehenge, das Schwarze Loch, Fledermäuse, die sich auf dunklen Speichern nicht verirren und vieles mehr.

Ja, es gibt eigentlich genügend Geheimnisse. Und doch scheinen wir Frauen den Drang zu haben, das Leben noch ein wenig geheimnisvoller gestalten zu wollen. Vor allem für unsere Männer.

Im Grunde verlangen wir gar nicht viel – wir wollen nur, daß sie unsere Gedanken lesen.

Deshalb fragen sie uns ständig, was denn los sei, wenn sie von der Arbeit nach Hause kommen und von uns mit Mißachtung und der Antwort: „Das weißt du genau“, gestraft werden.

Darum werden wir wütend, wenn wir zu Weihnachten ein kleines verheißungsvolles Päckchen in die Hand gedrückt bekommen und beim Auspacken feststellen, daß es eine Fernbedienung für das Garagentor und nicht das Diamantenarmband ist, mit dem wir das ganze Jahr über geliebäugelt haben. Mein Mann fragt in solchen Situationen dann immer: „Woher soll ich das denn wissen?“ In Anbetracht der so offensichtlichen Hinweise, die ich ihm im ganzen Haus hinterlassen habe, finde ich diese Frage lächerlich. Da waren: ein Werbeprospekt mit einem Eselsohr auf der betreffenden Seite, ein Katalog mit einem Sternchen neben dem Artikel auf Seite siebzehn, ein beiläufiger Kommentar in der letzten Halbzeit eines Fußballspiels.

Und er fragt, woher er das wissen soll!

Der hat wirklich Nerven.

Ja, Männer sollen unsere Gedanken lesen können. Im Streit, in bezug auf Geschenke – und vor allen Dingen in bezug auf die Liebe – täten Männer gut daran, sich einen Turban aufzusetzen und in einer Glaskugel zu lesen. Das wäre eigentlich gar keine schlechte Idee, denn es ist schließlich unzumutbar, zu erwarten, daß wir ihnen die Sache erleichtern, indem wir das, was wir wollen und brauchen, *aussprechen*.

Hat denn Aschenputtel ihrem Prinzen die Sache erleichtert, indem sie ihm ihre Adresse oder sogar ihren Namen gegeben hat? Natürlich nicht.

Oder hat Dornröschen neben ihrem Bett die Anweisung hinterlassen: „Um die Prinzessin aufzuwecken, bitte einmal küssen?" Keinesfalls.

Hat Julia vielleicht ihren Romeo gewarnt, daß das Gift, das sie genommen hat, nur eine vorübergehende Wirkung zeigen würde und daß er sich abregen und warten solle, bis sie das Bewußtsein wiedererlangt hätte und sie zusammen leben könnten? Um keinen Preis.

In der Liebe wird von den Männern erwartet, „einfach zu wissen", wann sie anrufen, uns küssen oder ein wenig Freiheit geben sollen.

Ich gebe zu, das ist ein fehlerhaftes System, doch seit vielen Jahren wird es praktiziert.

Schlafzimmertelepathie

Korrigieren Sie mich, wenn Sie der Meinung sind, ich ginge ein wenig zu weit, doch manchmal frage ich mich, ob dieses System nicht vielleicht für einige der Mißverständnisse verantwortlich ist, die in unseren Schlafzimmern vorkommen. Ich weiß, daß ich es gerne erleben würde, wenn mein Mann auf magische Weise alle meine sexuellen Bedürfnisse erkennen und dann darauf reagieren würde. Ich möchte, daß er *einfach weiß*, wann er mich küssen, wie er mich halten, was er sagen und tun soll, um meine Leidenschaft anzufachen.

Ich möchte ihm das alles nicht erst sagen müssen.

Vor einiger Zeit habe ich Frauen zu diesem Thema befragt. Ich wollte wissen: Bin ich die einzige Frau, die von ihrem Mann telepathische Fähigkeiten im sexuellen Bereich erwartet?

Ganz offensichtlich ist das nicht der Fall.

Karen ist seit einem knappen Jahr verheiratet. Sie erzählte mir, daß es ihr keine Schwierigkeiten bereitet, zu sagen, was ihr Freude macht. Sie sagt ihrem Mann: „Es gefällt mir, wenn du..." oder „Ich hätte gern, daß du ..." Auf der anderen Seite jedoch fällt es ihr schwer, ihm mitzuteilen, was sie nicht mag. Deshalb fühlt sie sich manchmal im Liebesakt regelrecht abgestoßen.

Paula ist seit siebzehn Jahren verheiratet und Mutter von drei Kindern. Ihr ergeht es ganz anders als Karen. Sie sagt ihrem Mann ganz deutlich, wenn ihr etwas nicht gefällt. Andererseits traut sie sich nicht auszusprechen, wenn sie etwas Neues ausprobieren möchte. Sie schweigt darüber oder versucht, nonverbale Methoden zu finden, ihm ihre Wünsche mitzuteilen.

Anne ist seit elf Jahren verheiratet. Ganz offen spricht sie mit ihrem Mann darüber, was ihr gefällt oder auch nicht gefällt. Allerdings findet sie es schwierig, die Initiative zu ergreifen. So war sie eines Nachts besonders frustriert, weil er neben ihr lag und nicht spürte, daß sie mit ihm schlafen wollte. Also holte sie aus und fegte mit dem Arm alles, was auf ihrem Nachttisch stand, auf den Boden: Der Wecker, die Lampe, die Bücher, alles flog zu Boden. Sehr zum Erstaunen ihres Mannes marschierte sie daraufhin aus dem Zimmer und verbrachte die Nacht im Wohnzimmer auf der Couch. Sie sagt, ihr sei klar, daß sie überreagiert habe, doch in dieser Nacht fühlte sie sich gefangen: Gefangen durch ihr eigenes Schweigen und gefangen in der Überzeugung, daß ihr Mann ihr Dilemma hätte erkennen und sie daraus hätte retten müssen.

Ich will hier keinesfalls vorschlagen, daß Sex mit unseren Männern alle unsere geheimen Wünsche und Phantasien erfüllen sollte ...

... oder daß wir das Recht haben, die Erfüllung jedes auch noch so kleinen sexuellen Wunsches einzufordern
... oder daß nur unsere Bedürfnisse beim Geschlechtsverkehr befriedigt werden sollen.

Eine Heiratsurkunde garantiert uns noch lange nicht, daß alle unsere sexuellen Wünsche erfüllt werden. Jedoch gibt sie uns die rechtmäßige, von Gott verordnete Gelegenheit, nach der Erfüllung dieser Wünsche, Bedürfnisse oder sogar Launen *zu streben.* In der Ehe besteht zumindest die Möglichkeit, daß irgendwann diese Wünsche erfüllt werden. Doch damit dies geschieht, müssen wir die Initiative ergreifen und bereit sein, unsere Bedürfnisse auch auszusprechen.

Vier Mythen über Männer, Frauen und Sex

Ich glaube, daß vor allem vier Mythen viele Frauen daran hindern, ihre sexuellen Wünsche und Bedürfnisse verbal auszudrücken. Diese Mythen sind vermutlich niemals ausformuliert worden, doch sie scheinen tief in das Unterbewußtsein aller Frauen auf der ganzen Welt eingedrungen zu sein. Sie hindern viele von uns daran, im Schlafzimmer ehrlich zu sein und unterstützen uns in der Erwartung, daß unsere Männer instinktiv und ohne Hilfestellung von uns wissen sollten, wie sie unsere Bedürfnisse und Wünsche erfüllen können.

1. Mythos:
Männer sind allwissend

Das klingt ungeheuerlich, nicht? Männer und allwissend? Keineswegs. Immerhin brauchte mein Mann drei Wochen, bis ihm auffiel, daß ich mein Haar von braun auf blond getönt hatte. Zwei Monate, nachdem ich neue Korbstühle für die Küche gekauft hatte, runzelte er die Stirn und fragte: „Wo kommen die denn her?" Aber ich möchte nicht zu hart sein; wir wohnen nun seit drei Jahren in diesem Haus, und ich glaube, mittlerweile weiß er, in welcher Schublade unser Besteck liegt. Also, ein guter Ehemann, guter Versorger, guter Vater, aber allwissend?

Warten Sie. Denken wir doch einmal über unsere Ikonen des romantischen Kitschromans nach. Dort sind sich die Helden und Heldinnen in allen Geschichten recht ähnlich. Die Männer sind diejenigen, die für andere sorgen und sie retten. Sie sind die personifizierten Muskeln und das Gehirn. Wer weiß in *Vom Winde verweht* immer ganz genau, was Scarlett braucht und möchte, auch wenn Scarlett selbst es nicht weiß? Rhett natürlich. Rhett wußte, wie er mit Scarlett umgehen mußte; er wußte, wie er mit ihr sprechen, um sie werben, sich mit ihr messen, sie lieben mußte. Auch wenn Rhetts Handlungsweise Scarlett verärgerte, so können wir doch sehen, daß er richtig handelte. Wir wußten, Scarlett würde schließlich erkennen, daß Rhett schon immer alles gewußt hatte.

In Märchen scheinen die Ritter und Prinzen stets zu wissen, wen sie retten müssen und wie sie die Rettung angehen sollen. Hatten Dornröschen, Rapunzel oder sogar Schneewittchen um Hilfe gebeten? Natürlich nicht. Doch irgendwie macht sich irgendein Prinz irgendwo auf den Weg, um sie zu retten. Und ist Ihnen einmal aufgefallen, daß diese Burschen gar keine richtigen Namen haben? Sie sind einfach nur der Prinz. Als ob es jeder Prinz sein könnte. Aber immerhin haben sie den Durchblick.

Was ist nun mit Ihnen und mir? Warten wir immer noch auf unseren Prinzen? Wenn unsere Männer auf weißen Pferden in unser Schlafzimmer geritten kämen – als allwissende Helden, die wüßten, was wir brauchen, ohne daß wir es ihnen sagen müßten –, wären wir enttäuscht? Gut, ich gebe zu, Pferdeäpfel auf dem Teppich könnten uns ein wenig verärgern, doch abgesehen davon, denke ich, daß mir das gefallen würde. Und Ihnen vermutlich auch.

2. Mythos: Jungen werden immer Jungen sein

Es herrscht nicht nur der Glaube, Männer seien allwissend, sondern auch die Vorstellung, Männer hätten nicht die Reife, mit bestimmten Tatsachen in bezug auf Sex umzugehen.

Karen, die Neuvermählte, die ihrem Mann niemals sagt, wenn ihr etwas beim Geschlechtsverkehr nicht gefällt, berichtet, sie habe Angst, sie könnte dadurch die Gefühle ihres Mannes und sein Selbstwertgefühl verletzen.

Eine Freundin von mir zuckt die Achseln, wenn sie über die „Unfähigkeit" ihres Mannes spricht, ihr den Übergang zum Geschlechtsverkehr zu erleichtern. Sie berichtet, daß das Vorspiel ihres Mannes sich darauf beschränke, die Schlafzimmertür abzuschließen, damit die Kinder nicht ins Zimmer platzen. Sie gibt zu, daß dieser Ansatz für sie nicht sehr hilfreich ist, doch rechtfertigt sie sein Verhalten mit der Bemerkung: „Männer sind eben so."

Versuchen wir durch unser Schweigen die Männer, die wir lieben, zu schützen – Männer, die wir für zu zart oder unreif halten, daß sie es nicht verkraften können, wenn wir das, was wir brauchen oder wollen, aussprechen? Wenn das so ist, dann könnte eine Zeitlang alles gutgehen. Doch auf lange Sicht laufen wir Gefahr, daß sich in uns Vorbehalte den Männern gegenüber aufbauen, deren Egos wir beschützen wollen, während unsere eigenen Bedürfnisse buchstäblich unbeachtet bleiben. Schlimmer noch, wenn wir unsere Ehemänner für zu unreif halten, sexuelle Bedürfnisse außer ihren eigenen als wichtig zu erachten, könnte es sein, daß wir schließlich den Respekt vor unseren Männern verlieren. Beides, Verärgerung und Verachtung, dringt tief in unser Schlafzimmer ein und vergiftet unsere Ehe.

3. Mythos:
Frauen haben keine Bedürfnisse – weder sexuelle noch andere

Ich denke, Sie alle sind schon einmal mit dieser Vorstellung konfrontiert worden.

Wir werden als die Fürsorgenden in unseren Familien, Gemeinden und Gemeinschaften gesehen. Dies ist natürlich eine wunderbare Sache und ein Privileg. Leider haben wir jedoch manchmal aus eben diesem Grund das Gefühl, daß wir in einer Rolle gefangen sind, aus der es keinen Ausweg mehr gibt. Oftmals haben wir deshalb den Eindruck, daß das Frausein, und vor allem das Muttersein, wenig mehr als eine rasche Aufeinanderfolge von Vorkaufsrechten ist, in denen die Bedürfnisse aller anderen Angehörigen der menschlichen Rasse Vorrang vor unseren eigenen haben.

Im Leben und vor allem in der Erziehung unserer Kinder ist es uns anscheinend nicht gestattet, Wünsche zu haben. Und falls sich doch irgendwie ein Wunsch einschleicht, gibt es in unseren Gedanken bestimmt irgendeine Vorschrift, die uns sagt, daß er den Bedürfnissen der anderen Familienmitglieder untergeordnet werden muß.

Und was ist mit den Bedürfnissen in bezug auf Sex? Findet diese Philosophie auch dort Anwendung? Sind unsere sexuellen Bedürfnisse denen unserer Männer untergeordnet? Drei von drei Frauen, mit denen ich gesprochen habe, waren dieser Meinung. In Ordnung. Ich gebe zu, daß drei Frauen keine repräsentative Gruppe darstellen, doch nehmen Sie sich die Zeit, sich ihre Kommentare anzusehen:

Die frischverheiratete Karen gestand ein, daß ihre Meinung vielleicht nicht „von allen Zwängen befreit oder politisch korrekt sei", doch sie wollte ehrlich sein. Ja, sie war der Meinung, daß die sexuellen Bedürfnisse ihres Mannes wichtiger seien als ihre eigenen. Immerhin, sagte sie, würden Männer statistisch gesehen doch viel häufiger über Sex nachdenken als Frauen. Sollte ihnen diese Tatsache nicht die tonangebende Position im Schlafzimmer einräumen?

Eine andere Frau, die Frau eines Pastors, erzählte einer Gruppe von Frauen, daß es ihre wichtigste Aufgabe im Leben sei, die sexuellen Bedürfnisse ihres Mannes zu befriedigen, damit ihn nicht eine einsame oder trauernde Frau in der Seelsorge in Versuchung führe.

Eine dritte Frau, die Frau eines Jurastudenten, sprach über ihre eigenen sexuellen Bedürfnisse – zum Beispiel mehr Zeit für das „Vorspiel" zu haben. Sofort fügte sie jedoch hinzu, sie würde mit ihrem Mann nicht darüber sprechen: „Man sagt, sexuell seien Frauen wie Tongeschirr – wir brauchen Zeit, um uns aufzuwärmen. Aber nicht immer bekommen wir diese Zeit, und dann ist es leichter, nicht darum bitten zu müssen; und es ist einfacher, sofort ins Programm einzusteigen."

Diese Aussage führt uns zu einem weiteren Mythos, der unsere Sichtweise von uns und unserer Sexualität beeinflußt:

4. Mythos:
Anständige Frauen sprechen nicht über Sex

Ich mag Sex. Ich habe Sex immer gemocht. Bevor ich meinen Mann heiratete, hatte ich keine Erfahrung auf diesem Gebiet, doch selbst da wußte ich, daß ich ihn mögen würde. Allerdings konnte ich lange Zeit nicht darüber sprechen.

Eine seltsame Aussage von einer Frau, die ein solches Buch schreibt, aber es stimmt.

Ich erinnere mich, daß ich eines Nachmittags mit Larry in einem Imbiß saß. Wir waren damals noch nicht verheiratet, nicht einmal verlobt. Aber wir gingen miteinander, und es war bereits eine ziemlich ernste Freundschaft.

Als wir also dort saßen, sprachen wir über Freunde, die ... nun, die miteinander schliefen. Wir waren über ihre Entscheidung erstaunt – sogar enttäuscht. Doch wirklich überrascht war ich von den Worten meines Freundes. Am hellichten Tag in einem Imbißrestaurant sagte er ... er sagte doch tatsächlich ... *Geschlechtsverkehr.*

Einfach so, nicht einmal geflüstert, sondern mit ganz normaler Stimme.

„Dave hat mir erzählt, daß er und Jenny Geschlechtsverkehr hatten."

Er sagte das in aller Öffentlichkeit, ohne auch nur rot zu werden.

Ich hingegen wurde schrecklich verlegen.

Damals war ich neunzehn Jahre alt, und ich konnte Dinge sagen wie „*Es* ist passiert" oder „Sie haben *es* getan" oder vielleicht, wenn ich sehr wütend war, „sie hatten Sex", doch keinesfalls *Geschlechtsverkehr*. Und ganz bestimmt keine *anderen* Worte, Worte wie ... nun, wie Penis. Niemals. Sogar die Gebrauchsanleitung von Tampons zu lesen, machte mich damals ziemlich verlegen.

Sprechen anständige Frauen über das Thema Sex? Sicher, gelegentlich sprechen wir schon mit unseren engsten Freundinnen über Sex, und wenn, dann lieber nicht ganz so direkt. Doch in der Vorstellungswelt vieler christlicher Frauen lebt das Bild der vollkommenen geistlichen Frau. Sie ist anständig. Sie ist gottesfürchtig. Und sie hat niemals, nicht ein einziges Mal, bewußt das Wort *Geschlechtsverkehr* in den Mund genommen, und schon gar nicht in einem Imbiß bei einem Hamburger und Pommes Frites.

Dies scheinen also unsere unausgesprochenen Richtlinien zu sein, obwohl ich zugeben muß, daß sie recht armselig sind:

- ▷ Männer sind allwissend, und ihre Frauen müssen ihnen nichts von ihren sexuellen Bedürfnissen erzählen.
- ▷ Männer sind sehr zart besaitet oder schlimmstenfalls unreif und können es nicht vertragen, wenn ihre Frauen mit ihnen über ihre sexuellen Bedürfnisse sprechen.
- ▷ Frauen haben keine sexuellen Bedürfnisse.
- ▷ Und sollten wir tatsächlich einmal ein Bedürfnis haben, dann dürfen wir ganz bestimmt nicht darüber sprechen.

Ich gebe zu, das Ganze ist ein wenig übertrieben dargestellt. Und doch schätze ich, daß jede von uns in irgendeiner Weise von mehreren, wenn nicht sogar allen diesen Ansichten beeinflußt worden ist.

Die Mythen zerstreuen

Die Wahrheit ist also ganz einfach: Männer sind nicht allwissend. Viele von ihnen – mein Mann sagt mir, daß er dazugehört – haben es satt, im Dunkeln gelassen zu werden und würden gern dann und wann mal einen hilfreichen Tip bekommen.

Männer sind nicht so zart besaitet oder hoffnungslos unreif, wie wir annehmen.

Auch anständige Frauen brauchen Sex.

Und schließlich, das Gespräch im Schlafzimmer ist wichtig. Wir müssen über Sex reden. Das gemeinsame Gespräch ist die wichtigste Schutzmaßnahme gegen Mißverständnisse und Verärgerung, die sich auf lange Sicht aufbaut.

Ja, aber was kann man dagegen tun?

Es folgen nun einige Vorschläge, die Ihnen bei der Verbesserung Ihrer Kommunikation helfen und dazu beitragen können, daß Sie größere Ehrlichkeit hinsichtlich Ihrer sexuellen Bedürfnisse entwickeln:

Kommunikation kann verbal und nonverbal geschehen. Mit gezielter nonverbaler Anleitung können Sie sehr wirkungsvoll mit Ihrem Mann während des Liebesaktes kommunizieren. Versuchen Sie, seine Hand anders zu legen oder Ihre Lage zu verändern, vielleicht mit einem bestätigenden Kommentar, wie zum Beispiel: „So ist es besser."

Kommunikation kann negativ oder positiv sein. Wenn möglich, formulieren Sie Ihre Worte positiv, und vermeiden Sie negative Sätze wie: „Ich hasse es, wenn ..." oder „Was mich wirklich aufregt, ist ..." oder „Immer machst du ..." Versuchen Sie es stattdessen andersherum, indem Sie Einleitungen wählen wie: „Mir gefällt ..." oder „Ich ziehe es vor, daß wir ..."

Trotzdem kann es vorkommen, daß Sie Ihrem Mann etwas sagen müssen, was Ihnen nicht gefällt, und der feine Ansatz einfach nicht funktioniert. Sie müssen vielleicht erklären, wenn eine bestimmte Handlungsweise oder Stellung Sie in Verlegenheit bringt. Auch hier gilt wieder: Konzentrieren Sie sich auf *Ihre* Gefühle („Mir gefällt nicht ..." oder: „Dabei fühle ich mich ..."), und geben Sie keine anklagenden oder herabsetzenden Schüsse auf Ihren Mann ab.

Kommunikation ist eine zweispurige Straße. Nachdem Sie mit Ihrem Mann über Ihre Bedürfnisse gesprochen haben, fragen Sie ihn, was *Sie* tun können, um seine Bedürfnisse besser zu befriedigen. Durch das Geben und Nehmen einer zweiseitigen Kommunikation ist Ihr Mann vielleicht eher bereit, Ihnen zuzuhören. So erfahren auch Sie vielleicht einiges über ihn.

Praktizieren Sie die Kunst des Verhandelns. Sehr viel häufiger, als wir gerne zugeben, müssen wir Kompromisse schließen. Wenn Ihrem Mann die sogenannte Missionarsstellung beim Geschlechtsverkehr gefällt, Sie jedoch lieber Sex auf der Treppe mögen, kommen Sie überein, beide Bedürfnisse zu befriedigen. Sprechen Sie über Ihre geheimsten Phantasien. Und seien Sie damit einverstanden, dann und wann auch mal etwas Reizwäsche zu tragen. Haben Sie dann aber keine Angst, sich im Gegenzug auch einige Ihrer Phantasien erfüllen zu lassen.

Mißbrauchen Sie Sex niemals als Waffe oder Verhandlungsgegenstand. Sexuelle Kommunikation zwischen Mann und Frau ist ein Grundstein der ehelichen Beziehung – sie ist in der Tat das intime Sakrament, das die Ehe zu sehr viel mehr als einer Freundschaft oder einer Geschäftsbeziehung macht. Wenn Sie ein Bedürfnis aussprechen und feststellen, daß es Ihrem Mann schwerfällt, zu begreifen, worum Sie bitten, dann schicken Sie ihn nicht unter die kalte Dusche. Denken Sie daran, daß die kleinen Wunden und Gemeinheiten, die Ehepartner sich von Zeit zu Zeit zufügen, nicht so schnell heilen.

Eine gute Kommunikation ist von Vorteil für Sie – und auch für Ihren Mann. Versuchen Sie es. Formulieren Sie Ihre Bedürfnisse. Sie werden davon profitieren. Doch auch Ihr Mann wird profitieren. Wenn Ihren Bedürfnissen die angemessene Aufmerksamkeit zuteil wird, wer weiß? Vielleicht haben Sie mehr Freude am Sex, wollen häufiger mit ihm ins Bett oder werden offener in der Beziehung zu ihm. Denken Sie, daß Ihrem Mann eine solche Entwicklung gefallen würde? Außerdem, wir wollen doch mal ehrlich sein: Wenn Ihr Mann merkt, daß er seiner Frau echtes Vergnügen – wirkliches Vergnügen, kein vorgetäuschtes – bereiten kann, wird er sehr stolz sein. Verweigern Sie ihm nicht das Erfolgserlebnis, ein guter Liebhaber seiner Frau zu werden. Formulieren Sie Ihre Wünsche. Tun Sie es für sich! Tun Sie es für ihn!

Ihre Erfolgschancen

Natürlich hat die Sache auch einen Haken. Es könnte sein, daß Sie all Ihren Mut zusammennehmen und Ihre Bedürfnisse formulieren, daß Ihr Mann sehr aufmerksam zuhört, Ihre Worte ausführlich überdenkt, Sie ernst ansieht und dann ganz lakonisch antwortet: „Auf keinen Fall."

Wenn dies ein paarmal passiert, dann ist das kein Problem. Wie ich bereits gesagt habe: Die Tatsache, daß wir einen bestimmten Wunsch haben und ausformulieren, gibt uns noch nicht das Recht, von unseren Männern zu erwarten, daß sie uns diesen Wunsch erfüllen. So sehr wir es auch bedauern mögen, unsere Männer sind freie Menschen. Wir können sie zu nichts zwingen!

Eine realistische Erwartung könnte jedoch sein ...

... daß ein Teil unserer Bitten mit einem freundlichen „Sicher, damit kann ich umgehen" beantwortet wird;
... daß die Mehrzahl unserer Bitten durch eine Art gegenseitige Übereinkunft erfüllt wird;
... daß einige unserer Bitten vollkommen abgelehnt werden, wobei es uns überlassen bleibt, mit diesem Thema fertigzuwerden.

Ich bin der Meinung, daß dieses System trotz seiner Fehler besser funktioniert als die Alternative. Dieses System des ...

... Bittens und Empfangens
... Bittens und Verhandelns
... Bittens und mit einer Ablehnung Fertigwerdens

ist sehr viel gesünder und effektiver als die Alternative des *niemals Fragens* und als Folge davon auch *niemals Empfangens.*

Bevor Sie Ihrem Mann gegenüber Ihr Bedürfnis aussprechen, stellen Sie sich folgende Frage: *Was brauche ich?*

Vielleicht möchten Sie häufiger oder weniger häufig mit Ihrem Mann intim sein oder wünschen sich eine bessere „Brücke" in die Sexualität, als Ihr Mann sie Ihnen bietet, oder die Erfüllung eines bestimmten Traumes oder einer Phantasie. Vielleicht müssen Sie über das Unterlassen einer bestimmten Handlungsweise, die Sie demütigt, verhandeln. Vielleicht möchten Sie auch nur am Morgen mit Ihrem Mann schlafen oder einfach mal einen Abend auf dem Rücksitz Ihres Autos verbringen!

Es ist in Ordnung, Wünsche zu haben. Und es ist in Ordnung, über unsere Wünsche zu sprechen. Natürlich gibt es keine Garantien im Leben – keine Ehe, kein Mann und kein Sexualleben ist fehlerlos. Doch wir sind es uns und den Männern, die wir lieben, schuldig, mit unserer Sexualität ehrlich umzugehen und bereit zu sein, nicht nur unsere Körper zu vereinigen, sondern auch unsere Träume, Wünsche und Bedürfnisse in Worte zu fassen.

Spielen Sie den Schlafzimmer-Blues

Als meine Hochzeit näherrückte, war ich bereit. Ich hatte mir genügend Liebesfilme angesehen und genügend Bücher gelesen, daß ich mich auf das Eheleben freute. Ich hatte keinen Zweifel: Ich würde die leidenschaftlichste und romantischste Ehe führen, die es je gegeben hatte. Unser Schlafzimmer würde unser Heiligtum der Liebe sein. Ein Paradies der Leidenschaft. Ein Zufluchtsort für heißen, stürmischen Sex.

Doch warum das alles auf das Schlafzimmer begrenzen? Wie ist es mit dem Teppich vor dem Kamin? Der Dusche? Der Arbeitsbank in der Garage? Dem Küchentisch? In meiner Vorstellungswelt würde kaum ein Abendessen jemals rechtzeitig auf dem Tisch stehen. Wie könnte es auch, wenn allein mein Anblick vor dem Kochtopf die Leidenschaft in meinem Mann erweckte?

Leider scheint Intimität, sei es nun die körperliche oder emotionale, im wirklichen Leben nicht so fruchtbar zu gedeihen wie in unserer Vorstellungswelt.

Wir haben Träume, romantische Erwartungen. Doch sind wir wirklich vorbereitet auf den Einbruch der Realität in unsere unbeschwerten Phantasien der Jugend? Treffen uns die ersten Schwierigkeiten im Paradies vollkommen unerwartet? Sind wir gestählt für die erste emotionale Wunde, Zurückweisung oder das erste Mißverständnis zwischen Mann und Frau?

Wir träumen von Romantik. Doch wir bekommen das wirkliche Leben.

Vielleicht war für Adam und Eva in ihrem Paradies emotionale und sexuelle Intimität die natürlichste Sache der Welt. Vielleicht lachten und liebten Adam und Eva, bevor sie ihrem tragischen Schicksal als gefallene Wesen begegneten, ohne daß irgend etwas ihre körperliche und emotionale Gemeinschaft trübte. Wir wissen, daß sie nackt waren, ohne sich zu schämen.

Wir wissen, daß ihre Ehe, im Gegensatz zu jeder anderen Ehe in der Weltgeschichte, frisch und ungetrübt von irgendwelchen Mythen und Erinnerungen an die Vergangenheit begann. Für Adam und Eva war die Liebe so süß und rein wie die Luft, die sie atmeten.

Doch für uns ist sie schwere Arbeit.

Wenn Wirklichkeit und Phantasie auseinanderklaffen

Aus irgendeinem unbekannten Grund scheint für die meisten von uns eine breite Kluft zwischen Phantasie und Wirklichkeit zu existieren – ein gähnender Abgrund, der unsere Erwartungen von unseren Erfahrungen trennt.

Aber auch hier sind die Gründe dafür gar nicht so geheimnisvoll. Zum einen zeichnen die Predigten von den Kanzeln der Medien, vor denen unsere Gesellschaft anbetend niederkniet, ein ziemlich unrealistisches Porträt von Sex. Geschlechtsverkehr ist immer sehr stürmisch und problemlos. Die Paare im Fernsehen und im Kino schlafen so oft miteinander, daß selbst Hasen Schwierigkeiten hätten, da mitzuhalten. Sex ist immer heiß und immer zu haben. Orgasmen kommen schnell und wild. Die Paare keuchen, schwitzen, stöhnen und schreien. Frauen haben einen vollkommenen Körper, und Männer sind die perfekten Liebhaber.

Im Film muß niemand zuerst ins Bad gehen, um sein Diaphragma einzusetzen oder das Liebesspiel unterbrechen, weil er einen Krampf im Bein hat. Niemand wird mitten in einem romantischen Abend gestört, weil ein Kind plötzlich eine Mittelohrentzündung hat oder die Katze sich auf dem Wohnzimmerteppich erbricht. Niemals klingelt das Telefon. Keiner nimmt rasend schnell zwanzig Pfund zu oder verliert schon mit dreißig seine Haare. Und niemand besteht darauf, nur im Dunkeln mit dem Partner zu schlafen.

Nein, so wie Hollywood es darstellt, schaltet die Leidenschaft alles aus: körperlichen Schmerz, emotionale Krisen,

Kriege und Chaos, und sogar den gesunden Menschenverstand – *vor allem* den gesunden Menschenverstand. Wenn die Liebessäfte zu kochen beginnen, ist Vorsicht geboten. Nichts anderes zählt mehr. Niemand sonst ist wichtig. Die Erde bebt. Die Vögel singen. Die Sterne wirbeln durcheinander. Die Engel tanzen, und ein Feuerwerk explodiert.

Doch dann gibt es da auch noch das reale Leben.

Im wirklichen Leben schläft man mit einem Mann, der seine schwarzen Socken auch im Bett trägt.

Im wirklichen Leben muß man sich zusammennehmen und mitten in einem Orgasmus durch eine verschlossene Tür einem ungeduldigen Sechsjährigen, der im Flur weint, zurufen: „Papi schläft. Ich komme gleich, Jason."

Im wirklichen Leben hat man Geschlechtsverkehr ohne Küsse, weil man erkältet ist und die Nase läuft, und weil der Mann nur den Spaß und nicht die Bazillen haben möchte.

Diana, eine meiner Freundinnen, faßte den Unterschied zwischen Phantasie und dem wirklichen Leben in der folgenden Klage zusammen: „Man träumt niemals von einem Mann, der seine schmutzigen Socken in die Ecke wirft. Nein, man träumt von einem Mann, der in einer Limousine vorfährt, rote Rosen mitbringt und einen zur Eile antreibt, weil das Flugzeug wartet. Und dann ist der Traum zu Ende, und man stopft eine Ladung schmutziger Wäsche in die Maschine und wärmt die Spaghetti vom Vortag für die Kinder auf."

Das ist das wirkliche Leben. Es ist unvollkommen, fehlerhaft und sehr, sehr menschlich.

Doch etwas anderes haben wir nicht.

Für besseren Sex zu kämpfen lohnt sich

Ist Ihnen schon mal aufgefallen, daß das wirkliche Leben uns so viel weniger – und gleichzeitig so viel mehr – bietet, als irgend jemand von uns sich vorstellen und erhoffen kann? Ich weiß nicht, wie es Ihnen geht, doch ich habe nie sehr viel gewollt: nur Vollkommenheit. Einen vollkommenen Ehemann, vollkommene Kinder, einen vollkommenen Beruf, und auch ich wollte vollkommen sein.

Pah!

Das Leben hat mir so viel weniger gegeben, als ich erwartet habe.

Und so viel mehr.

Nehmen wir zum Beispiel die Kindererziehung. Als ich meinen ersten Wickeltisch bestellte, ein Buch mit Babynamen kaufte, als ich zum ersten Mal auf den schnellen Herzschlag in meinem Bauch lauschte, standen mir Bilder von idyllischen Familienszenen vor Augen.

Die Wirklichkeit jedoch brachte mehr – mehr Chaos und mehr Herausforderungen, als ich mir je vorgestellt hatte. Als meine Tochter Kaitlyn zum ersten Mal etwas wirklich Ärgerliches tat – sie war etwa zwei Jahre alt, und ich glaube, sie hat Löcher in die teuren Stereoboxen meines Mannes gepuhlt –, sah ich mich um und dachte: „Wo ist dieses Handbuch? Sie *muß* doch irgendeine Gebrauchsanweisung mit auf die Welt gebracht haben."

Aber es gibt kein Handbuch, oder? Und es gibt keine leichten Lösungen. Erziehung ist harte Arbeit, die uns Tag für Tag emotional, geistig, körperlich und geistlich das Äußerste abverlangt.

Aber die Belohnung! Die Belohnung ist so viel größer, als ich es mir je hätte träumen lassen. Als Kaitlyn sechs Jahre alt war, maß ich den Durchmesser ihres Gesichts – zehn Zentimeter. Ich war erstaunt. Nur zehn Zentimeter Gesicht. Sich vorzustellen, daß allein der Blick auf etwas, das nur zehn Zentimeter breit ist, mir mehr Freude bereiten kann als alle Sehenswürdigkeiten des ganzen Universums, das ist wirklich erstaunlich!

Diese Arbeit ist Weltklasse.

Die Belohnung ist astronomisch.

Und ich denke, dasselbe gilt auch für unser Liebesleben.

Das ist eine Vorstellung, die zu akzeptieren mir noch, während ich dies niederschreibe, schwerfällt. Es war eigentlich nie so gedacht, daß wir an unserem Liebesleben arbeiten müssen. Es sollte eigentlich seit Beginn unserers Lebens vollkommen in uns angelegt sein, wie eine Art unveränderliches Recht.

Die Wirklichkeit zeichnet jedoch ein anderes Bild.

In ihrem Buch *Hot Monogamy* („Aufregende Monogamie") schreibt Dr. Patricia Love: „Der menschliche Körper ist sehr komplex und verändert sich ständig. Es kann Jahre dauern, den Rhythmus des anderen herauszufinden ... Eine dauerhafte Leidenschaft für eine anderen Person aufzubauen, erfordert Hingabe, Kompromißbereitschaft und Toleranz."

Mit anderen Worten: Arbeit ist gefragt. Die Kluft zwischen Phantasie und Wirklichkeit zu überbrücken, erfordert nichts weniger als harte Arbeit.

Allgemeine Probleme, zerstörerische Lösungen

Wenn unsere Erfahrungen nun von unseren romantischen Erwartungen abweichen, wie gleichen wir diesen Unterschied aus? Wie überbrücken wir die Kluft, damit wir nicht in Frustration oder Desillusionierung abrutschen?

Ich möchte Ihnen zuerst drei Lösungswege vorstellen, die *nicht* funktionieren. Sie wirken sogar sehr zerstörerisch. In manchen Situationen kann das vermeintliche Heilmittel sogar schlimmere Folgen haben als die Krankheit selbst!

Leugnung

Sie erinnern sich vielleicht an Anne, die ich im vorangegangenen Kapitel bereits erwähnt habe. Sie hatte aus Frustration darüber, daß sie nicht in der Lage war, ihre sexuellen Wünsche ihrem Mann gegenüber auszusprechen, ihren Nachttisch leergefegt. Anne und John stießen auf Schwierigkeiten im Paradies. Beide hatten auf sexuellem Gebiet keine Erfahrung, als sie heirateten, und Anne begann ihre Ehe in der Erwartung heißer Liebesnächte und unablässiger Romantik. Er hingegen hielt sich an die Lehre seiner Gemeinde und seiner Eltern, daß man sich vom Sex möglichst fernhalten und sich schon gar nicht daran freuen sollte.

Annes anfängliche Reaktion auf dieses Dilemma war leider nur von kurzer Dauer. Sie ergriff die Initiative, kleidete sich sehr aufreizend, wenn sie zu Bett gingen und schlug neue Positionen und Spiele vor. Nach nur wenigen Jahren hatte sie vollkommen aufgegeben. Sie hatte es satt, ständig die Initiative ergreifen zu müssen. Also zog sie sich zurück und baute eine Mauer um sich herum, doch elf Jahre später stellte sie fest, daß sie diese Situation nicht länger ertragen konnte.

Annes und Johns Problem war zwar schwerwiegend, jedoch nicht unüberwindlich. Leider war Annes Reaktion dafür verantwortlich, daß das Problem nur umgangen und die Jahre des Leidens verlängert wurden, bevor sie gemeinsam an die Bewältigung gingen.

Die Liste zerstörerischer Verhaltensweisen in einer solchen Situation kann unendlich fortgesetzt werden.

Scheidung

Eine andere Frau – ich nenne sie einmal Pamela – suchte die Lösung ihrer Schwierigkeiten in einer Scheidung. Als Pamela 1963 ihren Freund heiratete, dachte sie, Sex würde vorwiegend aus Küssen und intensivem Petting bestehen. Als ihr frischgebackener Ehemann dann aber sowohl das Küssen als auch das Petting aufgab und sofort und ohne Vorspiel zur Sache kam, stellte Pamela fest, daß Sex für sie nur eine sehr schmerzvolle Erfahrung war.

Die Ehe endete drei Jahre später. In dieser ganzen Zeit hatte Pamela niemals einen Orgasmus und nur selten Freude am Sex mit ihrem Mann gehabt. Die Hürden, vor denen sie im sexuellen Bereich standen, kombiniert mit weiteren Hürden in anderen Bereichen ihrer Ehe, schienen unüberwindbar zu sein und zerstörten die Beziehung.

Untreue

Eine andere Frau, die drei Jahre unglücklich verheiratet war, versuchte die Aufmerksamkeit eines gutaussehenden, älteren Mitarbeiters zu gewinnen, der in dem Ruf stand, junge Frauen im Büro zu verführen. Rückblickend gesteht sie ein, daß es nicht verwunderlich sei, daß sie irgendwann in seinem Bett landete: „Mein Mann und ich waren im Bett so verschieden, und ich fühlte mich so einsam ... Ich bezweifle nicht, daß mein Kummer mir in jener Zeit im Gesicht geschrieben stand.“ Zwar war die sexuelle Aufmerksamkeit, die sie bekam, besser als das, was sie zu Hause erlebte, doch sie wußte, daß sie ihr Leben so nicht führen wollte. Schon bald beendete sie die Affäre.

Wie kann denn nun die Kluft zwischen Wirklichkeit und Phantasie überbrückt werden? Wichtiger noch, wie können wir unsere Unterschiede konstruktiv miteinander vereinbaren?

Für jedes Problem im Schlafzimmer gibt es Dutzende, wenn nicht Hunderte möglicher Antworten. Leider reagieren wir nur zu leicht so, daß ...

... das Problem ignoriert,
... die Problemlösung hinausgeschoben,
... das Problem sogar kompliziert wird.

Offensichtlich sind Leugnung, Scheidung und außereheliche Verhältnisse keine guten Antworten. Aber wie können wir bessere Entscheidungen treffen? Wie packen wir es an, wenn die Realität weit hinter der Phantasie zurückbleibt und wir feststellen müssen, daß wir arbeiten, hart arbeiten müssen, um unsere Erwartungen und unsere Erfahrungen miteinander in Einklang zu bringen?

Lassen Sie ein wenig Realität in Ihre Phantasien mit einfließen

Als erstes können wir unsere Erwartungen in bezug auf Sex und die Ehe überprüfen. Sind sie realistisch? Zeigen sie das wirkliche Leben, oder passen sie eher in eine Phantasiewelt?

Mir persönlich fiel es schwer, einige meiner unrealistischen Erwartungen in bezug auf Sex und Romantik loszulassen. Ich wollte Rosen und Diamanten, Worte und Taten, die mich vom Hocker rissen. Mehrere Jahre, nachdem ich geheiratet hatte, vermißte ich die Aufregung und Romantik der Zeit, in der ich mit meinem Mann nur befreundet gewesen war, so sehr, daß ich tatsächlich um den Verlust dieses so angenehmen Teils meines Lebens trauerte. Ich wollte keinen neuen Mann in meinem Leben – ich wollte nur wieder dieses Gefühl des Abenteuers und des Unbekannten mit dem Mann erleben, den ich geheiratet hatte. Ich wollte von der Romantik überrascht werden. Ich wollte wieder die Aufregung der ersten Verabredung und des ersten Kusses erleben – mit einem Mann, den ich seit fünf Jahren kannte und mit dem ich seit drei Jahren verheiratet war.

Keine einfache Aufgabe.

In Wirklichkeit ist es so, daß die Stabilität der Liebe in der Ehe anders ist als die flackernden, lockenden, schwindelig machenden, den Puls beschleunigenden Unbekannten der Freundschaftszeit. Die Zeit der Freundschaft ist aufregend und romantisch, weil sie sich immer am Rande der Katastrophe bewegt; sie ist so aufregend, weil gleichzeitig die Bedrohung da ist, daß sie jeden Augenblick auseinandergehen und für immer verloren sein kann. Man kann nicht erwarten, daß die lebenslange Verpflichtung der Ehe dieselbe Aufregung und das Abenteuergefühl, das durch die Zerbrechlichkeit der Freundschaft entsteht, hervorbringt.

Eine meiner Freundinnen, die vor sechs Jahren geheiratet hat, muß sich noch immer mit der Tatsache abfinden, daß sich das Eheleben von den Illusionen aus ihrer Freundschaftszeit unterscheidet. Als Folge dieser Situation träumt Jill häufig von einem ehemaligen Freund, einem Mann, den sie beinahe geheiratet hätte. Jill hat Tom acht Jahre nicht mehr gesehen, und dennoch begegnet sie ihm täglich in ihren Träumen, die sie durch zahllose Fragen nährt. Sie alle beginnen mit den Worten: „Was wäre, wenn ..."

Ich bin mit Jill einer Meinung, daß ihre Ehe sehr viele Schwachstellen hat und einige Änderungen vertragen könnte. Wenn ihre Beziehung stabiler wäre, würde sie vielleicht nicht immer von einem Mann träumen, den sie früher einmal geliebt hat. Und wenn sie die geistigen Energien und Träume, die sie auf Tom konzentriert, statt dessen in ihre Ehe investieren würde, wäre sie vermutlich über die Ergebnisse erstaunt.

Doch im Augenblick fällt Jill dies sehr schwer. Sie ist gefangen in der Macht unrealistischer Bilder des einzigen vollkommenen Mannes auf der Welt – eines Mannes, der nur in ihrer Phantasie existiert. Jill räumt ein, daß Tom, falls sie ihm eines Tages noch einmal begegnen sollte, vermutlich keine Ähnlichkeit mehr mit dem Bild haben würde, das sie sich geschaffen hat. Denn nach acht Jahren sind ihre „Erinnerungen" an Tom durch ihre Träume so oft neu geformt worden, daß sie vermutlich wenig Gemeinsamkeiten mit dem wirklichen Mann haben. Mit jedem Mann aus Fleisch und Blut!

Unsere Einbildungskraft ist ein mächtiges Werkzeug, das unser Leben ohne Ende bereichert. Und doch kann sie, wenn wir ihr freien Lauf lassen, Bilder und Erwartungen schaffen, denen kein menschliches Wesen und keine Beziehung gerecht werden kann.

Ich schlug Jill vor, eine Liste mit Merkmalen des „wirklichen" Tom anzufertigen – des Menschen Tom und nicht ihrer Phantasiegestalt. Der wirkliche Tom hat morgens Mundgeruch. Er braucht zu lange im Badezimmer. Er steckt seine schmutzige Wäsche niemals in den Wäschekorb. Er verdient viel Geld, doch er schafft es nicht, das Konto im Plus zu halten. Er möchte immer unter voller Beleuchtung mit ihr schlafen. Er kann auf Kommando rülpsen, sehr zur Freude seiner Kinder und zum Kummer seiner Frau. Er hat Haarausfall.

Ich schlug ihr vor, daß sie sich diese Liste jeden Tag ansehen solle. Denn sie zeigt ein sehr viel realistischeres Bild eines Mannes, mit dem auch Jills Ehemann konkurrieren kann. Und ob es ihm klar ist oder nicht, er steht in Konkurrenz zu diesem Mann.

Das ist bei allen unseren Männern so. Sie treten gegen Phantasiegestalten an, die niemals einen Hochzeitstag vergessen, und gegen Märchenehen, bei denen selbst die Königin von England neidisch werden würde. Und das ist einfach nicht fair.

In gewisser Weise sind wir getäuscht worden. Uns wurde vorgegaukelt, daß, wenn es um Beziehungen geht, das Gras hinter dem Zaun immer grüner ist als auf unserer Seite. Andere Ehepartner sind romantischer als unsere eigenen. Wenn wir uns scheiden lassen und einen anderen Mann heiraten, würde unser Leben besser sein. Kein anderes Ehepaar hat solche Probleme wie wir. Alle anderen erleben Romantik und wilde Leidenschaft, während wir unseren Samstagabend damit verbringen, den Kühlschrank abzutauen.

Die Realität ist jedoch ganz anders: Es gibt keinen vollkommenen Mann. Keine vollkommene Ehe. Kein vollkommenes Liebesleben. Wir sollten aufhören, so zu tun, als gäbe es sie. Wenn wir das nicht tun, wenn wir unsere Erwartungen nicht herunterschrauben und der Realität ein wenig anpassen, werden wir vielleicht niemals zufrieden und glücklich sein mit dem, was wir haben: dem wirklichen Leben.

Lassen Sie ein wenig Phantasie in Ihre Wirklichkeit mit einfließen

Während wir unsere *Erwartungen* ein wenig herunterschrauben, sollten wir unsere *Erfahrungen* im wirklichen Leben dann und wann ein wenig hüpfen und fliegen lassen. Es ist möglich, daß wir durch die Bereicherung unserer Realität, durch ein wenig Phantasie – während wir gleichzeitig daran arbeiten, unsere Phantasie ein wenig realistischer zu gestalten – einfach einen Mittelweg finden, der unsere Ehe im Laufe der Jahre gesund erhalten kann.

Investieren Sie in Ihr Liebesleben. Gehen Sie nicht von der Annahme aus, daß Funken und erotisches Knistern von selbst entstehen oder daß allein Ihr Mann für Romantik und Lebendigkeit in Ihrem Schlafzimmer verantwortlich ist.

Was wollen Sie? Haben Sie bestimmte Gedanken, Vorstellungen, Phantasien darüber, was die sexuelle Beziehung zu Ihrem Mann bereichern könnte? Wenn ja, wie könnten Sie beginnen, einige dieser Vorstellungen umzusetzen?

Wenn Sie nicht sicher sind – wenn Sie genau wissen, daß die Realität Sie nicht zufriedenstellt, Sie aber nicht genau wissen, was Sie dagegen unternehmen können –, beginnen Sie zu experimentieren. Versuchen Sie einfach etwas – irgend etwas – Neues und anderes. Testen Sie, was funktioniert und was nicht.

Eine Idee: Legen Sie mal für eine Nacht das Flanellnachthemd beiseite, und tragen Sie etwas anderes. Irgend etwas anderes. Schöne Wäsche ist in Ordnung, aber wie wäre es mit etwas vollkommen Unerwartetem? Einem Trenchcoat zum Beispiel oder der besten Sonntagsbluse mit Strapsen und Strümpfen? Oder einfach nur eine Krawatte Ihres Mannes?

Sogar Uniformen können sexy sein. Vor kurzem lernte ich eine Frau kennen, deren Mann Polizist ist. Sie erzählte mir, daß sie sich gelegentlich das Uniformhemd ihres Mannes mit Dienstmarke ausgeliehen habe, um ihrem Liebesspiel die richtige Würze zu verleihen. Sie sagt, daß sie und ihr Mann viel Spaß bei diesem Rollenspiel hätten.

Ein neues Kleidungsstück, ein neuer Ort, neue Schlafzimmerbeleuchtung – auch kleine Veränderungen können viel bewirken. Seien Sie kreativ! Haben Sie Spaß miteinander! Machen Sie das Beste aus dem, was Ihnen zur Verfügung steht! Die Realität ist das, was zählt.

Feiern Sie Ihre Sexualität

In der vergangenen Woche haben wir Kaitlyns Geburtstag gefeiert. Sie ist acht Jahre alt geworden.

Eine Woche vor dem Fest telefonierte ich herum und fand eine Rollschuhbahn, die für die Ausrichtung eines Festes für zwanzig Kinder nur etwa hundert Dollar berechnete – komplett mit Eis, Kuchen und Luftballons.

Ich schrieb bereits die Einladungen, als ich meinem Mann gegenüber den Plan erwähnte.

Er hielt die Luft an. „Einhundert Dollar! Karen, das ist lächerlich. Das können wir viel billiger selbst machen."

Ich sagte ihm, daß ich theoretisch mit ihm einer Meinung sei. Vielleicht konnte ich es für fünfundzwanzig Dollar oder sogar weniger schaffen. Vielleicht würde ich auch fünfzig brauchen. Worum es mir jedoch ging, war, daß ich nicht die Zeit und Energie investieren wollte, ein solches Fest auszurichten. Ich erinnerte ihn daran, daß ich meinen Zeitplan für das Buch einzuhalten hatte. Ich erinnerte ihn, daß ich im fünften Monat schwanger war und daß mein Körper offensichtlich nicht auf die vielen Aufsätze und Artikel hörte, nach deren Meinung die Übelkeit nach dem dritten Monat verschwindet. Ich erinnerte ihn daran, daß November war und wir Gefahr liefen, zwanzig Achtjährige im Haus herumtollen zu haben, falls es an diesem Tag gerade regnete.

Er versprach mir, er würde mir helfen.

Am Abend vor dem Fest gab es ein Gewitter. Am Morgen sah ich aus dem Fenster in einen strahlendblauen Himmel. Der Wind hatte alle Wolken vertrieben.

Ich hätte gewarnt sein sollen. Denn wir hatten bereits unser ganzes Glück für das Wetter verbraucht.

Vor Energie strotzend kamen die Kinder bei uns an. Die Jungen liefen sofort zum Spielhaus im hinteren Teil unseres Grundstücks, die Mädchen blieben auf der Terrasse bei den anderen Spielsachen.

Nach etwa einer halben Stunde holte ich in der Küche gerade neue Getränke, als eine kleine Gruppe von Mädchen kichernd zum Vordereingang lief. Ich hielt sie auf und fragte: „Wo wollt ihr hin?“

Kaitlyn strahlte mich an. „Mark ist gerade über den Zaun geklettert!“

Ich hatte die plötzliche Vision von einem unserer jungen Gäste, der das Fest in einem Krankenwagen verließ. Eine zweite Vision zeigte meine kleine Familie, die sich in die Schlange der Arbeitslosen einreihte, da Mark der Sohn des Direktors der Universität ist, an der mein Mann beschäftigt ist.

Ich stöhnte und eilte mit den Mädchen zur Vordertür hinaus. Mark kam uns gerade auf der Treppe entgegen und grinste von einem Ohr zum anderen. Die Mädchen sammelten sich schnatternd um ihn, was das Grinsen verstärkte. Er war ein Held.

Ich scheuchte alle wieder in den Garten und sah mich nach meinem Mann um.

Er war nirgends zu finden.

Ich ging zur Treppe und rief: „Larry?“

Seine Antwort drang gedämpft durch die geschlossene (und vermutlich verbarrikadierte) Schlafzimmertür.

„Wo bist du? Es ist Zeit für das Baseballspiel!“

Er eilte herunter und scharte die Kinder um sich, um mit ihnen Baseball zu spielen.

Zwanzig Minuten später war das Spiel beendet. Ich stand in der Küche und verteilte Eiscreme in Schüsselchen, als die Mädchen wieder atemlos und aufgeregt in die Küche platzten. Ich fragte: „Was ist diesmal los?“

„Die Jungs reißen das Dach vom Spielhaus ab!“ strahlte Kaitlyn.

Ich ging wieder zur Treppe. „Larry!“

„Was ist?“ kam es gedämpft zurück.

„Ich brauche dich!“

Er eilte die Treppe wieder herunter, zur Hintertür hinaus, und bald hatte er die Kinder zum Eisessen um sich versammelt.

Ich glaube, es gab an diesem Tag nur noch einen weiteren schrecklichen Moment. Das war, als ich meine Blümchencouch im Wohnzimmer in die Luft gehoben sah. In Ordnung, vielleicht war es nicht die ganze Couch – nur die Kissen. Larry trieb jedoch die kleinen Übeltäter gerade noch rechtzeitig in die Küche, um den Couchtisch zu retten.

An diesem Abend addierte ich die Kosten für unsere billige kleine Geburtstagsfeier zusammen. Mal sehen: Tassen, Teller, Eiscreme, kleine Geschenke, Spielsachen, Clownschminke, Luftballons. Ich kam auf insgesamt zweiundsiebzig Dollar.

Ich wollte gerade noch fünfundachtzig Dollar für die Reparatur des Spielhauses und dreißig Dollar für Valium für mich hinzufügen, als Kaitlyn zu mir kam und ihre Arme um meinen Hals legte.

„Mama, vielen Dank für meine Geburtstagsfeier", flüsterte sie. „Es hat so viel Spaß gemacht! Das war viel schöner als Rollschuhlaufen!"

Ich legte meinen Taschenrechner beiseite. Vermutlich war es doch besser so.

Es gibt immer einen Anlaß zum Feiern

Wir alle feiern sehr gern, nicht wahr? Hochzeitstage, Geburtstage, kirchliche Feste. Wir picknicken im Sommer und trinken Bier am lodernden Lagerfeuer, wenn es draußen beginnt kalt zu werden.

Für eine Feier ist meist sehr viel Planung und Energie erforderlich – doch irgendwie wissen wir tief in unserem Innern, daß die Erinnerung, die wir uns durch dieses Fest schaffen, den Aufwand lohnt.

Was gehört nun alles zu einer Feier? Wenn wir etwas feiern, vergessen wir nicht den Termin, nehmen uns Zeit und sind dankbar für diese Gelegenheit. Manchmal räumen wir dem Ereignis sogar einen besonderen Tag ein. Und nicht zuletzt danken wir Gott dafür.

Was würde geschehen, wenn wir dieselbe Haltung unserem Liebesleben gegenüber einnehmen und genauso viel Planung und Energie auf diesen Bereich verwenden würden? Was würde passieren, wenn wir unsere Sexualität nicht nur ausdrücken, sondern einen Schritt weitergehen und dieses unglaubliche

Geschenk, das wir von unserem Schöpfer bekommen haben, buchstäblich *feiern* würden?

Feiern Sie Ihre Sexualität durch Vorausplanen

Was könnte ein wenig Planung in unserem Liebesleben bewirken?

Fragen Sie Diana und Dan.

Nachdem ihr drittes Kind geboren war, schienen Diana und Dan einfach keine Zeit und Energie mehr für Sex zu haben. Zum ersten Mal in ihrem Leben kam es nur dann und wann und auch nur sehr zufällig zu sexuellem Kontakt zwischen ihnen, wenn einmal keines der Kinder Fieber und mindestens einer der beiden Eltern acht Stunden Schlaf in der Nacht bekommen hatte.

Dies war der Zeitpunkt, als Dan und Diana eine Vereinbarung trafen, eine Vereinbarung, die jedoch eine Langzeitplanung erforderlich machte. Sie beschlossen, alle drei Monate nur zu zweit ein verlängertes Wochenende in einem Hotel zu verbringen.

An diese Vereinbarung hielten sie sich über Jahre hinweg. Manchmal lagen sechs Monate zwischen ihrem Wochenende, aber niemals länger. In diesen „Mini-Ferien" schliefen Dan und Diana lange und gingen gut essen. Sie liebten sich ausgiebig und ohne die Gefahr einer Störung! Sie sprachen über ihre Träume und Pläne und beteten sehr intensiv für jedes ihrer Kinder.

Ich gebe zu, solche Wochenenden erfordern eine Menge Planung. Aber ich glaube auch, daß der Aufwand sich lohnt.

Jennifer Louden beschreibt in ihrem benutzerfreundlichen Handbuch mit dem Titel *The Couple's Comfort Book* eine Übung, die sie „Köchelnde Leidenschaft" nennt. Das klingt wie ein Rezept, ich weiß. Und in vieler Hinsicht ist es auch ein Rezept für erneuerte Leidenschaft. Jennifer Louden schlägt vor, daß Sie den Tag folgendermaßen beginnen:

Rollen Sie sich am Morgen zu Ihrem Partner hinüber und flüstern Sie in sein Ohr: „Ich möchte dich heute abend lieben wie die Löwen im Busch." (Oder etwas ähnliches.) Lassen Sie sich nicht abschrecken, wenn er antwortet: „Aber heute abend ist doch diese Sitzung." Knabbern Sie Ihren Partner am Ohr, und flüstern Sie ihm leise eine Alternative zu.

Steigern Sie während des Tages Ihre Vorfreude. Telefonieren Sie miteinander, und machen Sie Andeutungen über Ihr Vorhaben, legen Sie Wäsche, Duftöl und Creme bereit. Fachen Sie Ihre Leidenschaft an.

Wenn Sie dann abends zusammen sind, bauen Sie die Spannung noch weiter auf. Berühren Sie sich, während Sie das Abendessen kochen, oder gehen Sie gemeinsam essen, duschen Sie zusammen, und schaffen Sie in Ihrem Schlafzimmer die richtige Atmosphäre. Und dann nehmen Sie sich Zeit für die Liebe. (Ja, das klappt auch mit Kindern. Fünf Minuten sexuelle Anspielungen während des Nachtischs, wenn die Kinder fernsehen, zehn Minuten Vorspiel, während die Kinder in der Badewanne sitzen, fünfzehn Minuten Geschlechtsverkehr, nachdem die Kinder eingeschlafen sind. Seien Sie kreativ; es muß nicht immer eine ununterbrochene Begegnung sein!)

Wenn ich mich hier für eine Vorausplanung ausspreche, möchte ich den Stellenwert der Spontaneität nicht abwerten. Es ist nur so, daß in unserem so ausgefüllten Leben die Gelegenheiten, sich bleibende gemeinsame Erinnerungen zu schaffen, selten sind. Eine solche Planung hilft dabei, daß diese Augenblicke zu zweit in der Betriebsamkeit unseres Alltags nicht vollkommen übersehen werden. Und sie zeigt Ihrem Partner, wie sehr Sie diese gemeinsame Zeit schätzen.

In den ersten beiden Monaten nach der Geburt unseres ersten Kindes hatte Sex für mich keinen hohen Stellenwert. Ich hatte Schmerzen, war erschöpft und durch das neue Leben in unserer Familie emotional vollkommen ausgefüllt. Außerdem hatte ich gerade erst eine Geburt hinter mir und war nicht scharf darauf, sofort zum zweiten Mal schwanger zu werden.

Trotzdem, tief in meinem Innern wußte ich, daß Sex wichtig blieb – für meinen Mann und auch für mich.

Ich rief also in der Universität an, wo mein Mann damals unterrichtete, und bat Larrys Sekretärin, eine Verabredung zum Mittagessen mit einem erfundenen zukünftigen Studenten und seinen Eltern in seinen Terminplan einzutragen. Dann bat ich sie, ihm den Nachmittag freizuhalten. Ich bestellte einen Babysitter und reservierte in einem Motel am Ende der Straße ein Zimmer, das ich mit Blumen, Früchten und einer Flasche Apfelcidre ausstattete. Sogar unsere Schwimmsachen nahm ich mit, für den Fall, daß wir Lust hatten, in den Pool zu springen.

Am verabredeten Tag holte ich Larry in seinem Büro ab und erzählte ihm, daß *ich* seine Verabredung sei. Ich fuhr mit ihm in ein chinesisches Restaurant (das sich zufällig im ersten Stock des Motels befand, in dem ich ein Zimmer reserviert hatte). Nachdem wir bestellt hatten, schlug ich einen Spaziergang im Garten vor, bis unser Essen kam. Auf dem Weg nach draußen steckte ich dem Kellner einen Zettel zu, auf dem ich darum bat, das Essen auf dem Zimmer serviert zu bekommen. Draußen legte ich dann den Schlüssel in Larrys Hand und wartete darauf, daß er seinen Unterkiefer vom Boden aufhob.

Keine Störungen. Kein Babygeschrei. Keine Eile, was für mich sehr wichtig war, weil ich immer noch ein wenig Angst vor dem ersten Geschlechtsverkehr nach der Geburt hatte. Unser chinesisches Essen war kalt, als wir es endlich hereinholten, und wir schafften es nicht einmal in den Pool. Dieser Nachmittag kostete mich achtzig Dollar und eine Woche Planung.

Aber es war ein wundervolles Fest.

Feiern Sie Ihre Sexualität, indem Sie etwas Neues ausprobieren

Überraschung! Ist es nicht gerade das Unerwartete, das eine Beziehung so interessant macht? Bevor ich heiratete, mochte ich es besonders, durch Romantik überrascht zu werden! Ein erster Kuß, ein Blumenstrauß, eine romantische Karte, die ersten Worte der Bindung an einen Menschen, der einem wichtig ist, ein langersehnter Heiratsantrag, ein Verlobungsring in einer Pralinenschachtel versteckt! Ich bin jetzt verheiratet, und ob Sie es glauben oder nicht, ich liebe immer noch Überraschungen!

Vorhersehbarkeit hat natürlich auch ihren Stellenwert. Ganz bestimmt würde es mir nicht gefallen, wenn mein Leben beständig einer Achterbahn gliche. Doch hin und wieder kann es nicht schaden, wenn der Alltagstrott durch etwas Neues und Unerwartetes bereichert wird.

Vor allem auf dem Gebiet der Romantik.

Was würde passieren, wenn Sie sich vornehmen, sagen wir ... einmal im Monat etwas Neues auszuprobieren? Die Möglichkeiten sind unerschöpflich, man braucht dazu nur ein wenig Phantasie.

Sie können Ihren Mann zum Beispiel in neuen Dessous überraschen und sich im Schein von mehreren Dutzend Kerzen lieben.

Eine Frau erzählte mir, sie hätte auf einem Stuhl gesessen und ihrem Mann gestattet, ihr die Augen zu verbinden. Dies war keine Übung in sexueller Gebundenheit, sondern eher in Verletzlichkeit und Vertrauen. Da ihr Sehvermögen auf diese Weise eingeschränkt war, waren ihre anderen Sinne geschärft und reagierten sehr viel stärker auf die Liebkosungen ihres Mannes. Nach einiger Zeit tauschten sie die Plätze. Als sie sich später an diese Erfahrung erinnerte, sagte sie, daß sie und ihr Mann in den zwanzig Jahren ihrer Ehe niemals etwas ähnliches ausprobiert hätten, doch in diesem Augenblick – der nach einer Zeit der emotionalen Entfremdung und einem Neuanfang kam – hätten sie beide sehr große Zärtlichkeit erfahren und sich gegenseitig wieder neu entdeckt.

Vor einigen Jahren beschlossen mein Mann und ich, etwas für uns ganz Neues auszuprobieren. Wir fuhren mit dem Auto ins Blaue und suchten uns ein abgeschiedenes Plätzchen, um uns zu lieben. Sicher hatte ich in der Zeit vor meiner Ehe häufig mit einem Freund im Auto gesessen, doch unsere Intimität war immer durch sehr eng gesteckte Grenzen eingeschränkt gewesen. Nie hatte ich ausprobiert, was wir nun vorhatten ...

Das Schwierige war, einen abgeschiedenen Ort zu finden, wo wir parken konnten. Wir sind bestimmt eine halbe Stunde lang herumgefahren. Ich sagte meinem Mann, das sei einfach lächerlich – die Teenager aus der High School würden solche Plätze jeden Freitag- und Samstagabend finden, und uns, zwei intelligenten, studierten Erwachsenen fällt kein dunkler Parkplatz ein. Es war eine Erfahrung, die man hinterher am besten als „interessant" beschreibt. Alles in allem bin ich froh, daß ich eine Frau um die dreißig bin, die ein Kind hat, ein zweites erwartet, dazu eine Katze, einen Hund und eine Hypothek ihr eigen nennt ... und nicht zu vergessen ein eigenes Schlafzimmer, das sie mit einem liebevollen Mann teilen kann. Aber es war ein neues Erlebnis und auch wenn wir es in naher Zukunft nicht wiederholen werden, fügte es unserem Liebesleben einen Hauch von Abenteuer und Spaß hinzu.

Wenn man etwas Neues ausprobiert, gibt es eine Regel und eine Bedingung, die Sie vorher mit Ihrem Mann absprechen müssen: Es ist eine Sache, wenn man *mit* seinem Partner lacht. Etwas ganz anderes ist es, *über* ihn zu lachen. Viele Jahre nach einem solchen Erlebnis spricht eine meiner Freundinnen noch immer verletzt und traurig von einem Abend, als sie versuchte, ihren Mann zu überraschen, indem sie sich besonders gestylt und versucht hatte, sich „sexy" zu verhalten, ähnlich wie die Schauspieler im Fernsehen. Ihr Mann lachte sie aus, und noch heute trägt sie die Narben seiner Neckerei.

Feiern Sie Ihre Sexualität mit bekannten Ritualen

Wir können feiern, nachdem wir zuvor alles genau geplant haben. Wir können feiern, indem wir etwas Neues ausprobieren. Wir können unsere Sexualität aber auch feiern, indem wir uns durch bekannte Rituale bleibende Erinnerungen schaffen.

Wenn etwas, das uns sehr wichtig ist, im Laufe der Jahre immer wieder praktiziert wird, dann wird es zu mehr als nur einer Erinnerung, sogar zu mehr als nur einer Tradition. Es wird zu einem Teil unseres Lebens. Ihre Persönlichkeit wird so geformt, und wenn Sie diese Tradition mit einem Menschen teilen, den Sie lieben, kann es auch diese Beziehung bereichern und formen.

In der Sexualität werden bekannte Rituale für Sie beide zu etwas ganz Besonderem, denn sie können emotionale Bindungen festigen. Gelegentlich ermöglichen sie Ihnen, mit wenig

Aufwand und geringem Risiko Intimität zu erfahren: an einem bestimmten Abend sind Sie vielleicht zu müde, um viel emotionale Energie in eine sexuelle Begegnung zu investieren – ein oft eingeübtes Ritual ermöglicht es Ihnen jedoch, sich zu entspannen und einfach nur dem vorgeschriebenen Muster zu folgen. Rituale können so das Gefühl der Sicherheit und des Wohlbehagens vermitteln.

Einige Beispiele: Eine Bekannte von mir zündet immer eine Duftkerze im Schlafzimmer an, wenn sie ihren Mann wissen lassen will, daß sie gern mit ihm zusammensein möchte. Eine andere Frau erzählt, daß der Freitagabend, nachdem die Kinder im Bett liegen, allein ihrem Mann gehört. Dieses berufstätige Ehepaar weiß, daß es an diesen Abenden nicht kreativ sein muß – es ist ganz einfach der bekannte Weg, nach einer vollgepackten Woche, in der sie sich nur selten gesehen haben, wieder miteinander in Kontakt zu treten. Eine dritte Freundin schließlich sagt, daß sie und ihr Mann jeden Geburtstag, ihren oder seinen, damit beenden würden, daß sie den übriggebliebenen Kuchen ins Schlafzimmer mitnehmen und sich gegenseitig damit füttern.

Ein solches Ritual muß nicht einmal zum Geschlechtsverkehr führen, wie diese Alltagsbeipiele zeigen:

Wenn Sie und Ihr Mann abends ausgehen, können Sie ihm vielleicht anbieten, ihm beim Binden seiner Krawatte zu helfen und ihn küssen, während Ihre Arme um seinen Hals gelegt sind.

Wann immer meine Familie mit dem Wagen unterwegs war und mein Vater um einen Kaugummi bat, packte meine Mutter das Kaugummi aus und drückte einen Kuß darauf, bevor sie ihn weitergab.

In den Monaten nach Kaitlyns Geburt mußte ich nachts häufig aufstehen, um sie zu stillen. Mein Mann begann mit einem kleinen Ritual, das mir in diesen späten Nachtstunden sehr viel bedeutete. Da er einen gesunden Schlaf hat, wachte er nur selten richtig auf, wenn das Baby weinte. Doch jedesmal, wenn ich mich nach dem Stillen wieder hinlegte, griff er nach hinten und drückte den Teil meines Körpers, den er gerade erwischte. Zweimal, dreimal ... bis zu sechsmal in der Nacht würdigte er meine Bemühungen mit dieser sanften Geste. Es war so, als würde er sagen: „Ich weiß, was du tust. Ich weiß, daß du immer aufstehen mußt. Ich weiß, daß du ein Opfer bringst."

Aufregung und Abenteuer sind zwar wichtig, doch auch Vertrautheit und Trost haben ihren Platz. Indem man Wege findet, seine Zuneigung weiterzugeben und seine Sexualität zu feiern – und diese dann auch im Laufe der Jahre immer wiederholt –, werden sie sehr schnell zu wichtigen Bestandteilen einer Liebesbeziehung.

Das biblische Feiern der ehelichen Liebe

Ich möchte Sie um etwas bitten.

Wann immer ich ein Buch lese und der Autor mich bittet, etwas Bestimmtes zu tun, nun, ... dann schummle ich. Ich tue so, als hätte ich getan, worum ich gebeten worden bin, und fahre im Text fort.

Versprechen Sie mir, daß Sie nicht genauso handeln wie ich, und ich verspreche Ihnen, daß ich es kurz machen werde.

Legen Sie dieses Buch jetzt beiseite, und holen Sie Ihre Bibel.

Das ist schon alles.

Tun Sie nicht so, als ob.

Gehen Sie nur, ich warte.

Danke! Schlagen Sie jetzt das Hohelied auf. Hinter den Psalmen, Sprüchen, Prediger ... Da ist es. Es ist kurz, nicht? Nur fünf Seiten insgesamt. Es wird nicht mehr als fünf oder zehn Minuten dauern, doch ich möchte, daß Sie diese Seiten jetzt durchlesen. Sie sind ein passender Schluß für dieses Kapitel über das Feiern der Sexualität, und sie werden Sie auch auf das folgende Kapitel vorbereiten, in dem wir uns mit der biblischen Sichtweise der Sexualität beschäftigen wollen.

Diese fünf Seiten, die Sie nun lesen werden, beschreiben nichts anderes als eine außergewöhnliche Feier körperlicher Liebe und Begierde. Unsere Sexualität, die im Umfeld einer liebevollen Ehe ausgedrückt und beschützt wird, ist ein Geschenk von Gott. Als solches haben wir das Recht, uns an sie zu erinnern, uns Zeit dafür zu nehmen, Spaß an ihr zu haben und Gott dafür zu danken.

Nehmen Sie sich jetzt die wenigen Minuten Zeit, und lesen Sie, was Salomo, der weiseste Mann der Welt, über die Liebe zu der Frau, die er bewunderte, zu sagen hatte, und sehen Sie, wie diese beiden Menschen ihre Sexualität gefeiert haben!

Lesen Sie nur, wir treffen uns im folgenden Kapitel wieder.

Entwickeln Sie eine biblische Sichtweise von Sex und Ihrer Sexualität

Als eine Freundin hörte, daß ich für Frauen ein Buch über Sexualität schreibe – und daß dieses Buch nicht nur sachlich und biblisch fundiert, sondern auch leicht lesbar, benutzerfreundlich und lustig sein sollte –, klatschte sie vor Freude in die Hände.

„Diese Idee gefällt mir!“ sagte sie und fügte hinzu: „Ein solches Buch ist dringend notwendig. Stell dir nur vor, wie froh die Leserinnen sein werden, wenn sie erfahren, daß sie Christen sein können und trotzdem Sex mögen dürfen!“

Ich teile ihre Ansicht. Auch ich bin immer wieder erstaunt, wenn ich Menschen kennenlerne – solche, die an Gott glauben und solche, die es nicht tun –, die zu der verkorksten Ansicht gekommen sind, daß Sex in den Augen Gottes etwas Schmutziges oder Falsches ist.

Das Gegenteil ist der Fall. Die Bibel gibt uns eine ganze Reihe von Geboten, Ratschlägen und Bildern, die die hohe Meinung Gottes von den sinnlichen Vergnügungen widerspiegeln, an denen Männer und Frauen sich freuen können. Es stimmt wirklich! Wir können Christen sein – wir können Gott lieben, ihm gehorchen und danach streben, ihn mit unserem Leben zu verherrlichen – und trotzdem Sex mögen. Wir kommen dabei nicht in Konflikt. Tatsächlich ist es so, daß wir, wenn wir die sinnlichen Vergnügungen mit unseren Ehemännern von ganzem Herzen genießen, Gott sogar gefallen und gehorchen.

Unsere Sexualität war kein göttlicher Fehlschluß

Ich habe den Film *Die blaue Lagune* nie selbst gesehen, doch wie ich gehört habe, handelt er von zwei jungen Leuten, die mit ihrem Schiff auf Grund gelaufen und sich allein auf eine Insel retten. Die Botschaft des Filmproduzenten ist folgende: Inmitten der Schönheit und Isolation der Insel ist das sexuelle Erwachen dieser jungen Leute nicht nur rein und natürlich, sondern auch unabwendbar.

Was hat Gott Ihrer Meinung nach vorgehabt, als er zwei menschliche Wesen, einen Mann und eine Frau, erschaffen hat und sie – vollkommen nackt! – allein und isoliert in die schönste Umgebung der Welt gestellt hat? War er vielleicht erstaunt über das sexuelle Erwachen dieser beiden körperlich fehlerlosen Wesen, die er füreinander geschaffen hatte? Betrachtete er vielleicht diese beiden Körper während des Liebesaktes und murmelte nachdenklich vor sich hin: „Jetzt sieh dir nur an, was sie miteinander tun. Das hatte ich aber ganz bestimmt nicht im Sinn, als ich Adam dieses Anhängsel und Eva diese attraktive und ihn perfekt ergänzende Figur gegeben habe."

Wenn die Kinogänger von den sexuellen Entdeckungen dieser beiden erdachten Charaktere auf der verlassenen Insel nicht erstaunt waren, schätze ich, daß auch Gott nicht erstaunt war – ich glaube sogar, daß er genau das im Sinn hatte, als er Adam und Eva so geschaffen hat, daß ihre Körper sich ergänzten, und sie in einem romantischen und abgeschiedenen Garten leben ließ.

Auf den ersten Seiten ihres Buches *Wie schön ist es mit dir* zeigen Tim und Beverly LaHaye auf, daß nicht nur eine, sondern alle drei Personen der Dreieinigkeit auf die eine oder andere Weise ihr Ja zum Liebesakt zwischen Mann und Frau gegeben haben.

Ihr erstes Beispiel ist 1. Mose 1,28 entnommen, wo Gott Adam und Eva beauftragt: „Seid fruchtbar und mehret euch und füllet die Erde." Die LaHayes weisen darauf hin, daß den Menschen dieser göttliche Auftrag gegeben wurde, „bevor die Sünde in die Welt kam und bevor der Mensch seinen Status der Unschuld verlor". Mit anderen Worten, die Liebe in der Ehe gehörte zu Gottes vollkommenem Plan; Sex hat sich nicht einfach als Folge der Sünde ins Bild geschlichen. Es ist nicht etwas, das Gott zwar zuläßt, das aber nicht sein vollkommener Wille für unser Leben ist.

Zweitens weisen die LaHayes darauf hin, daß Jesus eine Hochzeit als Schauplatz für sein erstes Wunder gewählt hat – das hätte er bestimmt nicht getan, wenn Hochzeiten und die damit verbundene sexuelle Intimität nicht zu Gottes Plan für den Menschen gehört hätten. Später, in Matthäus 19,5, beschreibt Jesus die Ehe nicht als Zeremonie, sondern als den Augenblick, wo aus beiden Partnern „ein Fleisch“ wird. Welch eine wundervolle Beschreibung des Liebesaktes zwischen Mann und Frau!

Der heilige Geist schließlich inspirierte den Schreiber des Hebräerbriefes, dieses Prinzip aufzuschreiben: „Die Ehe soll in Ehren gehalten werden bei allen und das Ehebett unbefleckt“ (Hebräer 13,4). Oder Sprüche 18,22, wo Salomo ebenfalls unter der Inspiration des heiligen Geistes schreibt: „Wer eine Ehefrau gefunden hat, der hat etwas Gutes gefunden und Wohlgefallen erlangt vom Herrn.“

Was sagen uns diese Verse?

Sie erinnern daran, daß die körperlichen Unterschiede bei Mann und Frau – wie sie sich auf einzigartige Weise ergänzen und im Liebesakt zusammenpassen – nicht zufällig sind, sondern ganz bewußt von Gott so geschaffen wurden.

Sie erinnern uns ebenfalls daran, daß Gott über die Sexualität in der Ehe sehr wohl Bescheid weiß. Er weiß es nicht nur, sondern er hat diese wundervolle Erfahrung zwischen Mann und Frau sogar gewollt.

Sexualität ist nicht nur zur Zeugung bestimmt

Ich erinnere mich noch daran, als ich innerlich bereit war, ein Kind zu empfangen. Ich war sechsundzwanzig, und mein Mann und ich waren seit fünf Jahren verheiratet. Bevor wir Eltern werden wollten, hatten wir zuerst einige Dinge beenden wollen: Larry mußte seine Promotion und ich mein Studium abschließen. Und außerdem wollten wir zuerst etwas Geld für ein Haus sparen.

Wir hatten gerade unser erstes kleines Haus gekauft und lebten immer noch aus Kisten, als ich der Meinung war, die Vorbedingungen seien nun erfüllt. Ich sagte Larry, ich sei der Meinung, wir könnten nun ein Kind haben.

Er sagte, er würde gern zuvor noch einige Monate haben, ohne Windelkartons schleppen und die ganze Wohnung kindersicher machen zu müssen.

Ich sagte ihm, ich sei bereits sechsundzwanzig und müsse als Frau daran denken, daß es später immer schwieriger werden würde, ein Baby zu bekommen.

Er schlug vor, noch einige Monate zu warten, damit wir noch eine Weile das doppelte Gehalt hätten.

Ich entgegnete, es könne Monate dauern, bis ich schwanger würde, und wir sollten es sofort versuchen.

Er erwiderte, er hätte von Frauen gehört, die gleich beim ersten Versuch schwanger geworden wären.

Ich schlug ihm einen Kompromiß vor. Abwechselnd würde ich ein Verhütungsmittel nehmen, dann wieder nicht, und so weiter. Ich schlug ihm vor, er solle es als Spiel betrachten, wie russisches Roulette.

Natürlich wurde ich gleich beim ersten Versuch schwanger. Immerhin hatten wir fünf Jahre lang geübt. Es stimmt, Gott hat es so eingerichtet, daß durch den Sex Kinder auf die Welt kommen und die Menschheit weiterbestehen bleibt. Doch es stimmt auch, daß Gott den Sex dazu vorgesehen hat, eine Reihe anderer Ziele in der Ehe zu erfüllen. Drei davon möchte ich Ihnen nennen:

Sex soll Freude machen

Eine Bekannte mit Namen Peggy erzählte mir, daß ihre Mutter ihr früher immer eingebleut habe, Sex sei nicht dazu da, Spaß zu machen. Ganz klar wies sie ihre Töchter darauf hin, daß Sex ausschließlich zur Zeugung von Kindern bestimmt sei. Abgesehen davon müsse eine Frau ihn von Zeit zu Zeit in Kauf nehmen.

Zum Glück ist unsere Gesellschaft von einer solchen Auffassung mittlerweile weit entfernt. Peggy ist nun eine erwachsene Frau und selber Mutter, und sie räumt bereitwillig ein, daß Gott den Sex zu unserer Freude geschaffen hat: „Ich brauchte einige Jahre, bis ich verstanden hatte, welche Rolle die Sexualität nach dem Willen Gottes in unserer Ehe spielen soll. Ich bin dankbar, daß Gott und mein Mann so lange Geduld mit mir gehabt haben! Jetzt kann ich ehrlich sagen, daß die Freude und die Spiele, die in unserem Schlafzimmer stattfinden, einer der Gründe sind, warum unsere Ehe einundzwanzig Jahre lang gehalten hat."

Natürlich ist es möglich, daß Peggy einfach nur Glück gehabt hat. Doch ich glaube nicht, daß sie übertreibt, wenn sie von dem fröhlichen Feiern der Sexualität zwischen Mann und Frau spricht. Und sie hat recht.

König Salomo – bekannt für seine außergewöhnliche Weisheit – riet seinem Sohn: „Freue dich des Weibes deiner Jugend. ... Laß dich von ihrer Anmut allezeit sättigen, und ergötze dich allewege an ihrer Liebe (Sprüche 5,18-19)."

Ich weiß nicht, wie es Ihnen geht, doch meiner Meinung nach haben diese Worte nichts mit Zeugung oder Pflichterfüllung zu tun. Hier wird von Freude gesprochen. Sehen Sie sich Salomos Wortwahl an: *Freue dich, laß dich sättigen, ergötze dich.*

Nach dem vorangegangenen Kapitel haben Sie sich einige Minuten Zeit genommen, um die Geschichte von Salomos Liebe zu einer Frau zu lesen, die seine Verlobte war und schließlich seine Frau wurde. Vor seiner Hochzeit spricht das Paar in poetischer Sprache über die sexuelle Leidenschaft, die einer dem anderen gegenüber empfindet; nach der Hochzeit kann diese Leidenschaft schließlich in den Armen des anderen befriedigt werden. Wieder einmal wird hier ein wunderschönes Bild von der Verzückung der körperlichen Leidenschaft zwischen Mann und Frau gezeichnet.

Zum Beispiel schwärmt er von ihren Augen, ihrem Haar, ihrem Lächeln und ihren Brüsten und fügt dann hinzu: „Du hast mir das Herz genommen mit einem einzigen Blick deiner Augen."

Sie beschreibt ihn ihren Freundinnen als gutaussehend und

angenehm, dann fügt sie hinzu: „Wie ein Apfelbaum unter den wilden Bäumen, so ist mein Freund unter den Jünglingen. Unter seinem Schatten zu sitzen, begehre ich, und seine Frucht ist meinem Gaumen süß.“

Er sagt, ihre Hüften seien wie Halsgeschmeide, ihre Brüste wie Trauben, ihr Atem wie der Duft von Äpfeln und das Dach ihres Mundes wie der beste Wein.

Sie sagt: „Meinem Freund gehöre ich, und nach mir steht sein Verlangen.“

Wäre es nicht wundervoll, wenn dieses von Gott gegebene Bild der Liebe auf Ihre und meine Ehe projiziert werden könnte? Dies ist, was Gott für die Ehe gewollt hat. Lassen Sie sich nicht von etwas anderem überzeugen.

Sex soll uns vor den Gefahren vor unserer Haustür beschützen

Sexuelle Kontakte außerhalb der schützenden Mauern einer Ehe sind gefährlich! Denken Sie nur an AIDS, ungewollte Schwangerschaften oder die Schuld und Zerstörung, die außereheliche Verhältnisse mit sich bringen.

Gott macht deutlich, daß Männer und Frauen einander genug sein und sich nicht der mächtigen Erfahrung körperlicher Liebe berauben sollten. Durch den Apostel Paulus weist Gott Männer und Frauen sogar an, *häufig* miteinander intim zu werden: „Aber um Unzucht zu vermeiden, soll jeder seine eigene Frau haben und jede Frau ihren eigenen Mann. Der Mann leiste der Frau, was er ihr schuldig ist, desgleichen die Frau dem Mann. Die Frau verfügt nicht über ihren Leib, sondern der Mann. Ebenso verfügt der Mann nicht über seinen Leib, sondern die Frau. Entziehe sich nicht eins dem andern, es sei denn eine Zeitlang, wenn beide es wollen, damit ihr zum Beten Ruhe habt; und dann kommt wieder zusammen, damit euch der Satan nicht versucht, weil ihr euch nicht enthalten könnt (1. Korinther 7,2-5).“

Eine feste Grundlage, bestehend aus sexueller Liebe, ist in einer Ehe der beste und sicherste Verteidigungswall gegen die Gefahren einer unmoralischen Welt.

Als ich frisch von der High School an die Biola-Universität

ging, nahm ich an einer Reihe von Bibelkursen von Dr. Wayne Mitchell teil. Dr. Mitchell war eine Legende auf dem Campus. Seit unzähligen Jahren hielt er diese Bibelkurse für Studienanfänger. Er war bekannt als strenger, doch gerechter Lehrer und hatte im Laufe von Jahrzehnten den Respekt von Tausenden von Studenten gewonnen. Vor allem vermittelte uns Dr. Mitchell eine ganz neue Perspektive vieler Bibelstellen.

Ich erinnere mich daran, wie geschockt ich war, als Dr. Mitchell über Sexualität sprach. Ich weiß noch ganz genau, an welchem Tag er die oben zitierte Bibelstelle vorlas und ohne auch nur verlegen zu werden oder zu erröten sagte: „Meine Damen, wenn ein Mann zu Hause in seiner Garage einen Cadillac stehen hat, dann muß er sich nicht einen Volkswagen ausleihen." Natürlich gab es auch für die jungen Männer in unserem Semester einige recht offene Ermahnungen.

Eine Ehe, in der Sex ignoriert, verdrängt oder unterdrückt wird, ist absolut nicht geistlich oder heilig.

Sex soll unsere Vertrautheit wachsen lassen

Eine Frau sprach es mir gegenüber offen aus: „Sex ist der einzige Bereich in meinem Leben, den ich nur mit meinem Mann teile."

Welch eine Vorstellung! Und wie wahr! Denken Sie einmal darüber nach. *In jedem anderen Bereich und bei jeder anderen Aktivität in Ihrer Ehe sind andere beteiligt.* Ich koche für meinen Mann, doch ich koche auch für andere Leute. Wir essen (meistens) gemeinsam zu Abend, doch ich esse auch manchmal mit Freunden, Kollegen, sogar mit Fremden. Wir erziehen unsere Kinder gemeinsam, doch ich könnte ganz sicher auch ein Kindermädchen engagieren, wenn ich das wollte. Was ist mit den anderen „Pflichten" in einer Ehe? Wir bezahlen unsere Rechnungen; man kann aber auch einen Buchhalter einstellen. Ich kann sogar vollkommen fremde Menschen beauftragen, mein Haus auszustatten, den Rasen zu mähen, die Toilette zu reparieren, die Glühbirnen auszutauschen, meine Lebensmittel einzukaufen, meinen Problemen zuzuhören und – meine Lieblingsaufgabe – *mein Haus zu putzen.*

Alle diese Dinge, die mich und meinen Mann betreffen, kann ich delegieren und trotzdem eine starke und gesunde Ehe führen.

Was ich *nicht* tun kann – und weiterhin eine gute Ehe führen – ist, jemanden dafür zu bezahlen, daß er meine Rolle im Bett übernimmt. Sexuelle Intimität ist das einzige, geheiligte Ereignis, das nur mein Mann und ich miteinander teilen: Niemand sonst ist zugelassen. Sexuelle Intimität ist in der Tat die einzige Dynamik, die eine Ehe zu etwas mehr als einer lebenslangen Geschäftsbeziehung oder einer Kooperation zwischen zwei Hausgenossen macht.

Es gibt natürlich Ehepaare, die bedingt durch Krankheit oder Behinderung keinen Geschlechtsverkehr haben können. Keinesfalls will ich hier unterstellen, daß diese Paare keine richtige Ehe führen. Auch sie können und sollten eine Form der körperlichen Nähe als lebenswichtigen Teil der Beziehung pflegen, auch wenn sie durch etwas, das außerhalb ihrer Kontrolle steht, ihren speziellen Möglichkeiten angepaßt werden muß.

Mir ist es wichtig, Ihnen deutlich zu machen, daß es eine Verbindung gibt, die für Ehepaare in unserer schnellebigen Zeit der Telefone, Faxe und Computer lebensnotwendig geworden ist. Ich erlebe immer wieder, daß mir die sexuelle Intimität ein Gefühl des Einsseins mit meinem Mann vermittelt, das gut drei Tage andauert. Danach stelle ich fest, daß ich es wieder sehr viel leichter zulasse, daß meine Alltagsprobleme einen Keil zwischen mich und meinen Mann treiben.

Sexualität als eine geistliche Metapher

Die Bibel steckt voller Gleichnisse, die uns helfen, die Feinheiten unserer Beziehung zu einem unberührbaren, unsichtbaren Gott besser zu verstehen. Tatsächlich kann beinahe jede Beziehung in unserem Leben eine große geistliche Wahrheit verdeutlichen.

Meine Beziehung zu meinen liebevollen irdischen Eltern hilft mir, meine Beziehung zu meinem liebenden himmlischen Vater besser zu verstehen. Ich habe zwei Schwestern, und mein

Verständnis der Rivalität, des Mitfühlens und der Kameradschaft unter Geschwistern bereitet mich auf meine Beziehung zu anderen Gläubigen, meinen Brüdern und Schwestern in Christus, vor. Selbst meine Ehe kann mir eine geistliche Wahrheit klarmachen: Die Bibel beschreibt die Gemeinde immerhin als Braut und Jesus Christus als ihren geduldigen und liebenden Bräutigam.

Dann sind da die natürlichen Triebe, die Gott in jeden von uns hineingelegt hat: Das Bedürfnis nach Nahrung, Wasser, Schutz, Sex. Wir hungern nach Nahrung, und Jesus wird das Brot des Lebens genannt. Unser Körper dürstet nach Wasser, und die Bibel geht auf dieses Grundbedürfnis des Menschen ein, indem sie davon spricht, daß uns Jesus allein lebendiges Wasser geben kann, damit wir niemals wieder Durst haben müssen, geistlich gesehen. Was ist mit Schutz? Der Psalmist lobt Gott, indem er sagt: „Denn du bist meine Zuversicht, ein starker Turm vor meinen Feinden." Gott wird uns als eine Festung dargestellt, der Heilige Geist gebraucht Sie und mich als seine persönliche Wohnung, und Jesus Christus ist uns in den Himmel vorausgegangen, um eine Wohnung für uns für die Ewigkeit zu bereiten.

Manchmal frage ich mich: Was ist mit der Sexualität? Sexualität ist immerhin die Grundlage einer Ehebeziehung, die Gott mit der Beziehung Jesu zur Gemeinde vergleicht. Außerdem ist das menschliche Bedürfnis nach sexuellem Erleben eine der Triebkräfte, die unser Leben und viele unserer tiefergehenden Entscheidungen prägen. Welche geistlichen Wahrheiten könnten sich also in der Triebkraft unserer Sexualität widerspiegeln?

Bitte zitieren Sie mich nicht – schließlich bin ich keine Theologin –, doch ich möchte Ihnen einige Gedanken mitteilen, die ich mir zu dieser Angelegenheit gemacht habe.

Etwas an der intimen, liebevollen Bindung zwischen einem Mann und einer Frau erinnert mich an das Erlösungswerk Jesu Christi und das erneuernde Werk des heiligen Geistes in unserem Leben als Gläubige.

Denken wir einen Augenblick darüber nach. Was wird von uns erwartet, wenn wir errettet werden wollen? Nichts außer Vertrauen und Verletzlichkeit. Wir müssen nur ehrlich und nackt, mit all unseren Fehlern und Unvollkommenheiten, vor einen liebenden Gott treten, der uns annimmt, wie wir sind, und der durch unsere Vereinigung mit ihm neue Hoffnung, Liebe und Lebendigkeit in unser Leben bringen möchte. Wenn wir Christus annehmen, nimmt der Heilige Geist in uns Wohnung. Eine enge, feste und lebensspendende Beziehung zu Gott beginnt. Diese Beziehung, dieses Maß an Intimität mit unserem Schöpfer, verändert uns, gestaltet uns um, wie es nur die tiefste Liebe tun kann. Sie gebiert in uns neue Wünsche, neue Gedanken und eine neue Vorstellung von uns selbst, wie wir nach dem Willen Gottes werden sollen.

Ich bin der Meinung, daß zu viele Frauen und Männer Gott auf Armeslänge von sich fernhalten. Ja, sie sind „wiedergeboren“. Sie glauben an die Errettung durch den Opfertod Jesu Christi. Und intellektuell verstehen sie, was die Bibel zu sagen hat.

Doch wenn es um wirkliche Intimität geht, von Herzen kommende Anbetung, den tiefsten Grad an Verletzlichkeit und Transparenz in ihrem Gebetsleben, Verletzlichkeit und Transparenz im Umgang mit anderen Gläubigen, vollkommene Unterordnung unter das Werk des Heiligen Geistes, dann ist ihnen diese Art von Intimität zu unbequem. Sie bringt sie zu sehr in Verlegenheit und ist zu persönlich. Es ist doch viel einfacher, sich auf eine leblose, platonische Freundschaft mit Gott einzulassen! Sie bringt nicht viel Frucht, doch sie ist bequem.

Wir alle stehen in der Versuchung zuzulassen, daß unsere Beziehung zu Gott und auch unsere Beziehung zu unserem Mann zu einer wie oben beschriebenen sterilen Partnerschaft stagniert. Aber es gibt doch etwas Besseres! Und das ist intim, fruchtbar und lebensverändernd. Eine solche Beziehung erfordert Einsatz, Transparenz und Mut zum Risiko.

Doch der Aufwand lohnt sich.

Erlernen Sie die Kunst der Sinnlichkeit

Ich habe gerade mit meiner Freundin Bonnie telefoniert. Als Immobilienmaklerin ist sie sehr viel im Auto unterwegs, trifft sich mit Klienten, besichtigt Häuser und überbringt Dokumente. Heute sagte sie mir, daß sie an diesem besonders trüben und regnerischen Nachmittag nichts lieber tun würde, als mit ihrem Mann vor einem fröhlich flackernden Feuer zu sitzen. Das ist eine klassische, romantische Szene, die uns alle fasziniert, nicht wahr?

Und warum auch nicht? Eine solche Szene ist mehr als nur sexuell ansprechend. Sie ist *sinnlich*. Sie spricht alle fünf Sinne an. Denken Sie darüber nach: Das Knistern der Holzscheite im Kamin, der Holzgeruch, die Hitze des Feuers, die unseren Körper wärmt. Der starke Kontrast des hellen, hypnotisierenden Feuers zum dunklen Raum. Der Geschmack von einem Glas Wein, oder besser noch, die Küsse eines Liebhabers. Hören, riechen, berühren, sehen, schmecken, eine solche Szene ist sinnlich, weil sie alle fünf Sinne stimuliert.

Erinnerungen wie diese sind doch die schönsten im Leben. Wir sehen auf sie gerne zurück und erinnern uns sehr lebhaft und leidenschaftlich an sie.

Meiner Meinung nach hat Sinnlichkeit leider einen schlechten Ruf. Die Leute neigen dazu, Sinnlichkeit immer und ausschließlich mit Sexualität in Verbindung zu bringen. Doch Sexualität ist nur ein kleiner Teil der Sinnlichkeit. Sinnlichkeit kann zum Sex führen, doch in den meisten unserer sinnlichsten Augenblicke ist das nicht unbedingt so.

Im Regen spazierenzugehen, kann sinnlich sein.

Ein Baby im Arm zu halten und zu stillen, kann sinnlich sein.

Sein Lieblingssweatshirt zu tragen – das sackig und abgetragen ist, kann sinnlich sein.

Den Nachmittagstee mit guten Freundinnen in einem Antiquitätengeschäft einzunehmen, wo leise Musik gespielt wird und der Duft von Blumenpotpourries die Luft erfüllt, das ist immer wieder neu ein Fest für die Sinne.

Sinnenloses Leben

Im gegenwärtigen Zeitalter der Bequemlichkeit können wir lange Zeit vor uns hin leben, ohne unsere Sinne überhaupt zu gebrauchen. Unsere Häuser, Geschäfte und Autos sind klimatisiert, damit wir den Naturelementen nicht so stark ausgesetzt sind. Während die Menschen der älteren Generationen noch mit ihren Händen gearbeitet haben, arbeiten die meisten von uns heutzutage mit dem Gehirn. Manchmal muß ich tagelang, ja sogar wochenlang nicht aus dem Haus gehen; ich kann über ein Modem arbeiten, per Telefon einkaufen und an der Fern-Universität studieren.

So manches Mal wird mir bewußt, daß ich den ganzen Tag an meinem Schreibtisch und den Abend halb schlafend vor dem Fernseher verbracht habe, und ich erkenne, daß ich kaum einen Muskel bewegt und meinen fünf Sinnen kaum eine interessante oder ungewöhnliche Stimulanz geboten habe. Ich schätze, Ihnen ergeht es manchmal ähnlich.

Ich denke, daß unsere Sinne langsam verkümmern, weil sie so wenig in Anspruch genommen werden.

Vor einigen Jahren litt ich unter ziemlich entnervenden Depressionsschüben. Der Grund, warum ich das hier erwähne, ist folgender: Das verheerendste Symptom meiner Krankheit war meine vollkommene Unfähigkeit, irgend etwas zu empfinden. Meine fünf Sinne sowie Empfindungen wie Glück, Traurigkeit, Wut, Begierde waren einfach ausgeschaltet. Ich empfand absolut nichts und wollte auch nichts empfinden. Ich hatte mich in mich selbst zurückgezogen, wo ich nicht berühren mußte und nicht berührt werden konnte, wo ich nicht hören oder gehört, sehen oder gesehen werden konnte.

Auf dem Weg meiner Genesung gab es eine Reihe von Meilensteinen; einer von ihnen ist mir besonders in Erinnerung geblieben. Eines Abends ging ich nach draußen, um Misty

Penny, unseren Hund, zu füttern, und ich verspürte den Drang zu laufen. Nicht fortzulaufen oder zu entfliehen – obwohl ich mit diesem Drang vorher zu kämpfen gehabt hatte –, sondern einfach nur zu *laufen*.

Unser Haus steht auf einem fast zwei Morgen großen Grundstück, das von hohen Koniferen bewachsen ist. Wenn die Sonne untergegangen ist, ragen die Bäume hoch und schwarz in den Himmel hinein. Gefolgt von Misty Penny rannte ich zu den Bäumen im hinteren Teil des Grundstücks. Über mir funkelten die Sterne wie Diamanten auf schwarzem Samt, und die kalte Januarluft brannte auf meinem Gesicht, meinen Armen und in meiner Lunge. Der Mond hing wie ein silberner Ohrring am Himmel und leuchtete mir, während ich im Kreis durch das Gras rannte. Mein Atem hing wie weißer Nebel vor mir. Die Luft duftete verheißungsvoll. Die einzigen Geräusche, die ich wahrnahm, waren das Keuchen meines Hundes und die Stille der Nacht.

In diesem Augenblick wußte ich zum ersten Mal, daß ich wieder gesund werden würde. Im Rückblick habe ich erkannt, daß mein verrückter Nachtlauf ein Erwachen meiner Sinne war, und zum ersten Mal seit langer Zeit empfand ich wieder Hoffnung und Freude.

Das Leben will erfahren werden: gefühlt, gerochen, gesehen, berührt, geschmeckt. Wenn das Leben uns nicht auf diese sehr reale und faßbare Weise berührt, verpassen wir etwas Großartiges. Ich weiß es, weil ich es selbst erfahren habe. Dies ist ein Zustand, den ich so schnell nicht wieder erleben möchte.

Ich bin der festen Überzeugung, daß die meisten von uns ihre Sinne unterdrücken. Glücklicherweise kann man sich von dieser Krankheit sehr viel schneller und leichter erholen als von einer tiefen Depression. Mit ein wenig Anstrengung können wir unsere physischen Sinne wiedererwecken und beginnen, das Leben auf ganz neue Weise zu erfahren. Dieses Wiedererwecken der Sinne bezieht sich nicht nur auf den sexuellen Bereich, obwohl wir, wenn wir damit beginnen, unsere Sinne auf allen anderen Gebieten zu schärfen, bestimmt auch in sexuellen Situationen wachsamer und *lebendiger* sein werden.

Wie unsere Sinne unsere emotionale Stimmung beeinflussen

Die emotionale Landschaft einer Frau ist ein weites Feld. Es gibt keine einfache Landkarte, die mit einem schnellen Federstrich die komplizierten Windungen des Geistes und Körpers darstellt, die die Veränderungen in unseren Stimmungen und Emotionen hervorrufen.

Auch auf die Gefahr hin, ein sehr kompliziertes Problem zu vereinfachen, möchte ich die folgende Feststellung treffen: Unsere fünf Sinne gehören zu den wichtigsten Faktoren, die unsere Gefühle freisetzen und beeinflussen.

Wenn Sie auf Ihr Leben zurückblicken, werden Sie feststellen, daß das stimmt: Vielleicht bringt der Refrain eines alten Liedes Sie in die Zeit zurück, als Sie und Ihr Mann abends zusammen im Auto gesessen und sich stundenlang unterhalten haben. Vielleicht empfinden Sie beim Geruch der Weihnachtsgans Zufriedenheit. Wir alle haben sinnliche Auslöser, die durch irgendeine Erfahrung in der Vergangenheit negative oder positive Gefühle auslösen.

Da ich von Natur aus kein Masochist bin, würde ich vorschlagen, daß wir uns auf die positiven Gefühle konzentrieren. Welche sinnlichen Erfahrungen wecken angenehme Gefühle in uns? Lesen Sie die Beispiele, die ich Ihnen im folgenden geben werde, und denken Sie selbst noch ein wenig über diese Fragen nach. Vielleicht möchten Sie Ihre Gedanken niederschreiben.

„Was vermittelt mir mütterliche Gefühle?“ Wie wäre es mit dem *Geruch* von Puder und Babylotion, dem *Gefühl* einer dicken Babyhand in der eigenen, dem *Geruch* von Muttermilch, dem *Saugen* eines Babymundes an meiner Brustwarze und dem *Gefühl* seines warmen, schläfrigen Körpers, der sich in meinem Arm entspannt? Was ist mit dem *Geruch* und *Geschmack* von Haferflockenplätzchen, die ich gerade aus dem Ofen geholt habe? Dann der *Geruch* von Hefe und das *Gefühl* des Teigs an meinen Händen und das *Geräusch*, wenn meine Tochter in schallendes Gelächter ausbricht. Jetzt sind Sie an der Reihe.

Welche sinnlichen Auslöser wecken in Ihnen mütterliche Gefühle?

„*Was vermittelt mir das Gefühl von Geborgenheit?*" Ich denke, die *Wärme*, die ich empfinde, wenn ich meine Hände um eine Tasse mit heißem Kräutertee lege, die *Berührung* des aufsteigenden Dampfes an meinem Gesicht und das würzige *Aroma* des Getränkes. Was ist mit dem *Gefühl* meiner Lieblingsjeans und den dicksten Socken, die ich besitze, auf meiner Haut? Oder der *Geschmack* einer Praline, die langsam in meinem Mund schmilzt? Was ist mit Ihnen?

„*Was gibt mir ein Gefühl der Sicherheit?*" Ich mag das *Geräusch* des Regens, der auf mein Dach trommelt. Das *Knistern* und den *Geruch* des Feuers im Kamin. Das *Atmen* meines Mannes, wenn er neben mir schläft. Was ist mit dem *Anblick* aufsteigenden Rauches aus einem Kamin oder wenn in der Dämmerung die Lichter eines Hauses einladend und warm brennen? Was vermittelt Ihnen ein Gefühl der Sicherheit?

„*Was gibt mir das Gefühl von Lebendigkeit?*" Die kalte Luft auf meiner *Haut,* der *Geruch* des Herbstes, der *Anblick* der roten und gelben Novemberblätter, der bittere Geschmack von Orangenmarmelade, die *Klänge* einer Schüler-Band, die in der Dämmerung übt, die *Berührung* von Schneeflocken auf meiner Wange, der *Anblick* meiner Tochter, die in der Einfahrt Rollerskates fährt. Jetzt sind Sie dran.

„*Was gibt Ihnen das Gefühl, weiblich zu sein?*" Der *Duft* von Parfüm, der *Geschmack* von Schokolade, das *Gefühl* von neuer Seidenwäsche auf meiner Haut, eine bestimmte *Melodie* auf einer Zither, der *Geruch* von Potpourri oder einer Duftkerze, am liebsten Vanille oder Pfirsich, das *Lachen* mit meinen Freundinnen, der *Geschmack* eines knusprigen Croissant, der mir auf der Zunge zergeht, und das *Gefühl* eines langstieligen Glases zwischen meinen Fingern. Wie steht es mit Ihnen? Welche sinnlichen Vergnügungen erhöhen Ihr Gefühl von Weiblichkeit?

So schaffen Sie ein Zusammenspiel der Sinne

Lesen Sie sich meine und auch Ihre Liste noch einmal durch. Welch ein Fest für die Sinne! Natürlich haben wir auf einige dieser Erfahrungen – wie zum Beispiel das Trommeln des Regens auf dem Dach – keinen Einfluß. Sie haben ihren eigenen Zeitplan, und es liegt an Ihnen und an mir, unseren Zeitplan danach auszurichten und diese Augenblicke zu genießen, wenn sie da sind. Andere Erfahrungen können wir selbst so oft wir wollen arrangieren.

Wir wissen, daß unser Körper besser funktioniert, wenn wir ihn dreimal pro Woche mindestens zwanzig Minuten trainieren. Ein solcher Zeitplan ist in bezug auf unsere Sinne nicht realistisch, doch das Prinzip ist sicherlich auch hier zutreffend. Was würde passieren, wenn wir uns bewußt bemühen würden, unsere Sinne drei- oder viermal pro Tag zu trainieren – vielleicht nur wenige Minuten? Noch besser, wie sehr könnte unser Leben bereichert werden, wenn wir sinnliche Momente miteinander *verbinden* könnten?

Wenn es zum Beispiel das nächste Mal regnet, schalten Sie doch einfach das Fernsehgerät ab, oder legen Sie Ihre Kontoauszüge beiseite. Während Sie auf das Geräusch hören, könnten Sie einen Kräutertee trinken und ein Croissant essen. Auf einmal haben Sie keine einsame Melodie mehr, Sie haben ein harmonisches Zusammenspiel von Gefühlen geschaffen, die alle dasselbe Ziel haben: Sie vermitteln Ihnen ein Gefühl der Sicherheit und Geborgenheit.

Besser noch, suchen Sie einen Weg, Erfahrungen gegensätzlicher Stimmungen miteinander zu verbinden. Bevor Sie sich mit Gefühlen von Sicherheit und Geborgenheit umgeben, setzen Sie sich Gefühlen aus, die Ihnen das Gefühl von Lebendigkeit geben: Lassen Sie also einmal Ihren Regenschirm zu Hause, ziehen Sie einen leuchtend gelben Regenmantel an, und machen Sie einen Spaziergang im Regen. Wenn Sie nach Hause kommen, machen Sie sich einen Kräutertee und genießen seine Wärme. Durch diesen Kontrast werden Ihre Sinne geschärft und verstärkt.

Ein anderes Beispiel für gegensätzliche Sinneserfahrung

könnte sein, daß Sie zur Gymnastik gehen und Ihre Muskeln trainieren und sie dann in einem heißen Whirlpool verwöhnen.

Verbringen Sie einen Samstagnachmittag sonnenbadend an einem Swimmingpool, duschen Sie danach, ziehen Sie sich hübsch an, und führen Sie Ihren Mann in ein elegantes Restaurant. (Ich gebe zu, daß dies kein typischer Tagesablauf für die meisten verheirateten Paare mit Kindern ist, doch es ist eine großartige Idee für eines Ihrer Wochenenden in einem Hotel.)

Die Gemeinde, die ich als Kind besuchte, besaß ein Feriencamp in den Bergen, in dem ich viele wundervolle Freizeiten verbracht habe. Das Lager lag an einem von einer Quelle gespeisten See, in dem das Wasser immer sehr frisch und kühl war. Bevor das kalte Gebirgswasser das Becken gefüllt hatte, war der See eine Kiesgrube gewesen. Es gab keinen „Strand", deshalb war man sofort im tiefen Wasser. Die Camper, die auf Bequemlichkeit nicht verzichten wollten – ich meine die Eltern –, konnten in einem geheizten Pool schwimmen oder sich in einem Whirlpool entspannen. Natürlich gelang es uns Teenagern, die wir an den Freizeiten teilnahmen, diese Entspannungsmöglichkeiten auf haarsträubende Art miteinander zu verbinden. Wir verbrachten zum Beispiel zehn oder fünfzehn Minuten im Whirlpool, bis wir durch und durch aufgeheizt waren, dann rannten wir tropfnaß über den heißen Asphalt hinunter zum See und stürzten uns in das eiskalte Wasser.

Der Schock war unglaublich. Das kalte Wasser wurde zu Feuer und verbrannte unsere Haut. Wir schnappten nach Luft, keuchten und schrien auch manchmal vergnügt auf. Jedes Nervenende war sensibilisiert und pochte einen Augenblick lang, bevor die betäubende Kälte sich breitmachte. An diesem Punkt kletterten wir aus dem Wasser und wiederholten den Vorgang.

Dies ist wirklich ein extremes Beispiel gegensätzlicher Empfindungen, und, um ehrlich zu sein, es scheint eine Erfahrung zu sein, die man wirklich nur als Teenager genießen kann. Trotzdem bin ich sicher, daß Sie verstanden haben, was ich meine.

Führen Sie *Kontraste* zusammen.
Überraschen Sie Ihre Sinne.
Erfahren Sie das Leben.

Und was hat das alles mit Sex zu tun?

Erstaunlich: All diese Seiten, und ich habe kaum ein Wort über Sex verloren.

Der Grund ist folgender:
Ich kann Ihnen versprechen, daß Sie ...

... *wenn* Sie sich täglich ganz bewußt bemühen, Ihre fünf Sinne zu trainieren,
... *wenn* Sie nach Wegen suchen, Ihre Sinne zusammenzuführen,
... *wenn* Sie Ihre körperlichen Grenzen über das Bequeme und Normale hinaus stecken,
... *bereits* eine Basis für sinnlichere Sexualität gelegt haben.

Sie können auf dieser Grundlage aufbauen, indem Sie neue Wege suchen, Ihre verschiedenen Sinne während des Liebesaktes zu stimulieren: leise Musik im Hintergrund, vielleicht sogar das Geräusch eines Gewitters, das Zwitschern der Vögel oder das Rauschen der Wellen am Strand auf einer Kassette.

Was denken Sie über neue Materialien oder neue Arten der Berührung? Leihen Sie sich eine Federboa aus und verwenden Sie sie in einem Ihrer sinnlichen Momente (wie Sie das tun, überlasse ich Ihrer Phantasie). Warten Sie auf den Schlußverkauf und besorgen Sie sich neue Satinbettwäsche. Kaufen Sie sich eine Flasche Massageöl und massieren Sie sich gegenseitig, bevor Sie sich lieben. Ein edler Spitzen-BH oder ein neues Seidennachthemd ist auch keine schlechte Idee.

Zu diesem Thema empfiehlt die Autorin Jennifer Louden, sich einmal gegenseitig die Haare zu waschen: „Freuen Sie sich an dem Gefühl der Haare zwischen Ihren Fingern, dem Gefühl der Finger auf Ihrer Kopfhaut, an dem sanften Massieren, dem Geruch des Shampoos. Machen Sie häufiger eine Pause und atmen Sie tief ein. Geben Sie sich die Zeit, alle Empfindungen wahrzunehmen."

Weiter schreibt sie: „Suchen Sie jeder für sich Gegenstände verschiedener Beschaffenheit zusammen: eine geschälte Orange, ein Seidenhemd, Federn, Eiswürfel, Eier. Verbinden Sie Ihrem Partner die Augen und lassen Sie ihn die Gegenstände betasten. Sie können sie ihm in die Hand legen, unter die Füße oder an den Ellbogen. Lassen Sie Ihren Partner raten, was er fühlt. Sie können die Antworten aufschreiben und später vergleichen. Wenn Sie wollen, machen Sie ein Spiel daraus, in dem derjenige mit den meisten richtig geratenen Antworten gewinnt. (Der Preis sind Sie.)"

Was halten Sie von neuen „Sichtweisen"? Sie können doch zum Beispiel einmal mit unterschiedlichen Beleuchtungsstärken experimentieren. Eine meiner Freundinnen erzählte mir, daß sie und ihr Mann sich einmal im winzigen Lichtstrahl einer Taschenlampe geliebt hätten. Oder verbinden Sie sich die Augen, dann werden alle Ihre anderen Sinne geschärft sein.

Neue Gerüche können sehr leicht durch Parfüms oder Duftkerzen erzeugt werden. Neuer Geschmack während des Liebesspieles hingegen erfordert ein wenig Phantasie: In den ersten Jahren meiner Ehe kaufte ich ein Massageöl mit Fruchtgeruch; es war zwar nicht der große Hit für uns, aber Sie machen vielleicht eine andere Erfahrung. In der vergangenen Woche entdeckte ich in einem Katalog Schokoladenkörperfarbe – auch eine Idee für Abenteuerlustige. Auch bestimmte Nahrungsmittel werden als sinnlich betrachtet: Erdbeeren, Weintrauben, Schokolade. Nehmen Sie sich davon eine große Portion mit ins Bett und füttern Sie sich gegenseitig

Wenn Sie für sich und Ihren Mann neue Sinneswahrnehmungen einführen wollen, dürfen Sie sich selbst nicht zu ernst nehmen. Haben Sie Spaß dabei! Lachen Sie!

Vor einigen Monaten fühlte ich mich sehr erschöpft, als Larry mit einem Tablett mit „sinnlichen Speisen" und einigen unserer Leibgerichten im Türrahmen erschien. Und so beendete ich einen ziemlich hektischen Tag, indem ich im Bett saß, ein Glas Wein trank und Weintrauben aß. Doch ich durfte die Weintrauben nicht selbst essen: Larry bestand darauf, mich damit zu füttern. Oh ja. Er hatte auch einen kleinen Bambusfächer aus China gefunden, mit dem er mir Luft zufächerte, während er mir die Weintrauben in den Mund stopfte. Wir lachten so sehr, daß es ein Wunder war, daß der Wein sich nicht über das ganze Bett ergoß.

Pflegen Sie Ihren Körper

Ich denke, ein guter Weg, sinnlich zu leben – im Schlafzimmer und darüber hinaus –, ist es, seinen Körper zu pflegen. Eine gesunde Ernährung und Bewegung beeinflussen unsere Fähigkeit, die unterschiedlichen Empfindungen, die das Leben uns anzubieten hat, sehr viel besser wahrzunehmen. Über einen Zeitraum von drei Monaten hinweg habe ich mich einmal vollkommen zuckerfrei und fettlos ernährt. Auf einmal hatte ich viel mehr Energie. Ich konnte klarer denken, und meine fünf Sinne waren geschärft. Auch mein emotionaler Zustand besserte sich erheblich.

Obwohl wir Zucker als Energiespender ansehen, ist es eigentlich so, daß Zucker sowohl unsere Körperfunktionen als auch unseren Gefühlszustand herabsetzt. Von einigen Experten wird er sogar zu den Drogen gezählt. Zucker verändert nicht nur unsere Stimmungen, wir können sogar davon körperlich abhängig werden. Wenn wir das Leben in seiner Fülle genießen wollen, dann ist es nicht hilfreich, unsere Stimmungen durch die Aufnahme von zuviel Zucker zu beeinflussen.

Überhaupt führt jede „chemische" Substanz, die wir zu uns nehmen, um die scharfen Ecken des Lebens abzurunden, zu einem weniger sinnlichen Leben. Alkohol, Drogen und sogar die Dinge, die wir essen, gehören zu den Schuldigen, die uns so stark betäuben können, daß wir mit unseren Sinnen nicht mehr das Schöne wahrnehmen, das das Leben uns zu bieten hat.

Auf der anderen Seite können wir durch körperliche Bewegung sinnlichere Wesen werden, indem wir unseren Körper für die Gefühle empfänglich machen, die jeder von uns wahrnehmen kann. Neben dem schnelleren Fließen unseres Blutes, dem zusätzlichen Sauerstoff für Nerven und Muskeln, sind andere Vorteile der körperlichen Bewegung:

- verbesserte geistige Wahrnehmung,
- gesteigertes Selbstvertrauen,
- schnellerer Stoffwechsel,
- besserer Schlaf,
- gesteigerte Leistungsfähigkeit,
- geschärftere körperliche und geistige Wahrnehmungsfähigkeit.

Wollen auch Sie sinnlicher leben? Ihr Körper ist wie eine breite Straße, über die Sie die Eindrücke, die das Leben für Sie bereithält, aufsammeln können. Ihr Körper ist aber auch der Tempel des Heiligen Geistes. Mit ein wenig Pflege können Sie wachsam und empfangsbereit für das sein, was Gott Sie in Ihrem Leben erfahren und vollbringen lassen möchte.

Träumen Sie von Ihrem Partner

Ich gebe zu, ich habe bereits Kritik an diesem Kapitel einstecken müssen. Eine Freundin meinte, dieses Kapitel könne mit der Bibel nicht vereinbar sein – es würden doch einige Verse in der Bibel dagegen sprechen.

Eine andere Freundin, seit fünfzehn Jahren verheiratet, meinte, dieses Kapitel wäre vielleicht biblisch gesehen vertretbar, aber sicher nicht besonders *praktisch*. Sie sagte, der Zweck des Träumens sei es doch, im Geiste irgendwohin zu gelangen, etwas zu tun, was einem im wirklichen Leben unerreichbar sei. Sie meinte, Ehemänner seien zu real, um Gegenstand unserer Träume zu sein. Niemand würde wirklich von seinem Ehemann träumen wollen.

Auf die Gefahr hin, meine sehr geistlichen Freundinnen und auch meine pragmatische Freundin zu beleidigen, möchte ich darauf hinweisen, daß hier unterschieden werden muß. Ich bin der Meinung, daß das Träumen von dem Mann, dessen Unterwäsche Sie falten, sowohl biblisch als auch möglich ist. Wir können wirklich von unseren Männern träumen, wir können das im Einklang mit der Bibel tun, und wir können dadurch unsere Ehen bereichern.

Kann Träumen und Phantasieren biblisch sein?

Es ist keine Frage, daß sich die Bibel sehr vehement gegen begehrliche Gedanken und eitle Phantasien ausspricht. Viele Phantasien passen in der Tat sehr gut in eine dieser beiden Kategorien. Es ist keine große Analyse notwendig, um herauszufinden, daß romantische oder sexuelle Träume von einem anderen als Ihrem Ehemann Gott nicht gefallen können. Ich meine, das ist offensichtlich. Jesus hätte es nicht deutlicher sagen können:

„Ihr habt gehört, daß gesagt ist: ‚Du sollst nicht ehebrechen.' Ich aber sage euch: Wer eine Frau ansieht, sie zu begehren, der hat schon mit ihr die Ehe gebrochen in seinem Herzen (Matthäus 5,27-28)."

Trotz der geschlechtsspezifischen Formulierung gilt dieser Vers auch für Sie und mich. Ich gebe zu, dies ist eine sehr strenge Regel, vor allem in einer Welt, in der wir überall mit sehr provozierenden Bildern konfrontiert werden. Und doch hat Gott nicht aus einer Laune heraus solche strengen Maßstäbe geschaffen. Seine gerechten Maßstäbe verherrlichen ihn und schützen Sie und mich. Gott weiß, daß unreine Gedanken Sie in Ihren Gebeten hindern können (Psalm 66,18). Sie können uns „unrein" machen und uns zu zerstörerischem Verhalten veranlassen, wozu sexuelle Unmoral, Diebstahl, Mord und Ehebruch (Markus 7,20) gehören. Ein Herz, das „arge Ränke schmiedet", gehört zu den sieben Dingen, die Gott verhaßt sind (Sprüche 6,18).

Aus diesen und anderen Gründen werden wir angewiesen, unsere Gedanken buchstäblich in acht zu nehmen. Eine meiner Lieblingsstellen gibt uns einen ziemlich eindeutigen Maßstab, anhand dessen wir das messen sollen, was am Torhüter unserer Herzen und Gedanken vorbeigelassen wird: „Weiter, liebe Brüder: Was wahrhaftig ist, was ehrbar, was gerecht, was rein, was liebenswert ist, was einen guten Ruf hat, sei es eine Tugend, sei es ein Lob – darauf seid bedacht (Philipper 4,8)."

Wenn das Gericht es gestattet ...

Wenn ich meinen Vorschlag vor einem Gericht verteidigen müßte, würde ich mich jetzt erheben und mich an den Richter und die Geschworenen wenden. Ich würde etwa folgendes sagen: „Wenn das Gericht es gestattet, möchte ich darauf hinweisen, daß es zwar eine Kategorie des Träumens gibt, die Gott nicht gefällt – nein, die Gott sogar *haßt –, doch nicht alles Träumen fällt in diese Kategorie.* Es gibt auch Träume, die Gott wohlgefällig sind, die gesund und biblisch sind und die uns helfen, so zu werden, wie Gott uns haben wollte, als er uns mit großer Sorgfalt geschaffen hat."

Phantasie. Das Wörterbuch umschreibt diesen Begriff als uneingeschränkte Vorstellungskraft. In unserer Gesellschaft wird Phantasie häufig mit sexueller Phantasie gleichgesetzt, und doch steckt hinter diesem Wort eine viel tiefere Bedeutung!

Denken wir einmal darüber nach – uneingeschränkte Vorstellungskraft. Welch ein wundervoller Gedanke! Ich könnte mir denken, daß Gott selbst bei seinem Schöpfungswerk viel Phantasie bewiesen hat. Zuerst hat er sich etwas vorgestellt, und dann hat er es geschaffen: den Himmel und die Erde, Licht und Dunkelheit, Land und Meer, Sterne und Mond, Fische, Vögel und die Kriechtiere. Und schließlich malte er sich noch etwas aus und schuf einen Mann und dann eine Frau, und durch sie das Wunder der Liebe und des neuen Lebens. Was für ein Übermaß an Phantasie zeigt die Schöpfung der Welt und der Menschen!

Dies war unser Anfang – und ist unser Vermächtnis. Ist Ihnen klar, daß unsere Phantasie das Erbe unseres himmlischen Vaters ist? Die Fähigkeit, sich etwas vorzustellen, nachzudenken, zu meditieren, kreativ zu denken, die Macht unserer Gedanken einzudämmen, sind Gaben, die wir nicht auf die leichte Schulter nehmen oder abtun dürfen.

Und tun wir nicht genau das? Wie oft haben wir eine Aussage mit der Einschränkung begonnen oder beendet: „Das ist nur ein Gedanke ..."?

Nur ein Gedanke!

Wenn wir wüßten.

Die Wahrheit ist, daß die Macht unserer Gedanken schwindelerregend ist. Wußten Sie zum Beispiel, daß Wissenschaftler bewiesen haben, daß das Gehirn nicht zwischen etwas wirklich Erlebtem und etwas *sehr lebendig und detailliert Erdachtem* unterscheiden kann? Athleten wissen, daß sie ihre Fähigkeiten ausbilden können, indem sie sich vorstellen, wie sie ihre Disziplin erfolgreich durchführen, auch wenn sie in diesem Augenblick nicht trainieren können. Mit anderen Worten, jede Fertigkeit kann im Geist vervollkommnet werden. Dieser Vorgang wiederum wird zur Blaupause, die das Gehirn später an den Körper weitergibt.

Das Sprichwort „Wie ein Mensch denkt, so ist er“, ist sehr zutreffend. Unsere Gedanken formen unsere Einstellungen und schließlich auch unsere Handlungsweise. Das steht nicht im Gegensatz zur Bibel, sondern gibt genau den biblischen Gedanken wieder – ich bin sogar der Meinung, daß dieses Wissen Jesus veranlaßt hat, das *Nachdenken* über einen Ehebruch mit der *Tat* gleichzusetzen. Jesus wußte, daß Denken und Handeln gar nicht so weit voneinander entfernt sind.

Unsere Vorstellungskraft und die Ehe: Die schlechte Nachricht

Aufgrund der unglaublichen Macht unserer Gedanken gibt es unzählige Wege, wie unsere Vorstellungskraft unsere Ehe zerstören kann. Sich sexuelle oder romantische Situationen mit einem anderen Mann als dem eigenen Ehepartner vorzustellen, ist eine der zerstörerischen Möglichkeiten!

Eine weitere möchte ich einmal das Phantasieren über die Fehler unserer Ehepartner nennen. Das unablässige Nachdenken über die Fehler und Schwächen unserer Männer hat schon viel Stoff für Komödien geliefert. Wir lachen darüber, weil wir selbst schon so oft über dieselben Fragen nachgedacht und dieselbe Kritik geäußert haben! Ich gebe zu, daß es Zeiten gibt, wo wir konstruktive Kritik vertragen und davon profitieren können, doch Frauen – und Männer! – müssen vorsichtig sein, daß sie kein destruktives Verhalten entwickeln, wenn sie negativ über ihre Partner und Ehen denken.

Es gibt noch eine weitere Art, durch unsere Gedanken unserer Ehe zu schaden. Nehmen wir einmal an, ich bin in der Stimmung für romantisches Phantasieren. Ich träume von einem Mann, der mit Blumen um mich wirbt und bereitwillig alle meine sexuellen Wünsche erfüllt. Weil ich weiß, daß es nicht gut ist, von einem anderen als meinem eigenen Mann zu träumen, quetsche ich sein Gesicht in meine Träume. Ich rede mir ein, ich würde von meinem Mann träumen, doch in Wirklichkeit hat der Mann in meinen Träumen keinerlei Ähnlichkeit mit dem Mann, der jede Nacht mit mir das Bett teilt und zufälligerweise der Meinung ist, Blumen seien Geldverschwendung. Diese Art von Phantasie kann zu Enttäuschung und Desillusionierung führen, weil der wirkliche Mann in meinem Leben immer wieder weit hinter seinem Gegenstück zurückbleibt, das nur in meinen Gedanken existiert.

Auch wenn dieses Kapitel die Überschrift trägt „Träumen Sie von Ihrem Partner", so sind damit keinesfalls unrealistische Bilder gemeint, die unsere Erwartungen so hoch schrauben, daß kein normaler Mann ihnen gerecht werden kann!

Was ist denn dann damit gemeint? Wie können wir unsere Vorstellungskraft so nutzen, daß sie unsere Ehe verbessert und bereichert?

Unsere Vorstellungskraft und die Ehe – endlich die gute Nachricht!

Bei der Vorbereitung dieses Kapitels machte ich eine Pause und rief meine Eltern in Kalifornien an. Sie sind nicht nur meine Eltern, sondern auch meine Freunde, und ein Gespräch mit ihnen ist immer eine willkommene Abwechslung für mich. Dieser Anruf gab mir sogar noch mehr – die Inspiration für dieses bestimmte Kapitel.

An diesem Tag feierten sie ihren sechsunddreißigsten Hochzeitstag. Sie haben mehr als drei Jahrzehnte Erfahrung hinter sich, wie eine Ehe gelingen kann. Das ist keine geringe Leistung in einem Zeitalter, in dem die Durchschnittswaschmaschine länger hält als die Durchschnittsehe!

Angesichts des Meilensteins, den meine Eltern an diesem Tag hinter sich gelassen hatten, bat ich meine Mutter um einen Rat. Ich fragte sie, wie eine Frau ihre Vorstellungskraft so einsetzen kann, daß sie ihre Beziehung zu ihrem Mann bereichert.

Die Antwort auf diese Frage gründet sich auf eine fast vierzigjährige Erfahrung. Ich habe daraus die folgenden sieben Prinzipien aufgestellt. Sie werden bemerken, daß ich sie entsprechend der sieben Wochentage angeordnet habe, obwohl es ganz bestimmt nicht notwendig ist, zu versuchen, alle sieben in eine einzige Woche zu quetschen. Ich bin davon überzeugt, daß jedes der folgenden Prinzipien Ihre Ehe verändern wird. Wenn Sie alle sieben anwenden, werden Sie und Ihr Mann vielleicht nicht mehr dieselben sein.

Montag: Halten Sie sich an Fakten, nicht an Fiktion

Lassen Sie uns ehrlich sein: Leugnen hat nichts Schönes an sich. So mächtig unsere Gedanken und Worte auch sein mögen, Sie können sich noch so oft einreden, Sie seien mit einem Prinzen verheiratet, wenn Ihr Mann tatsächlich ein Frosch ist ... er ist und bleibt trotzdem ein Frosch. Hängen Sie nicht weithergeholten Gedanken oder Szenarien nach, die mit Ihrer persönlichen Wirklichkeit nichts mehr zu tun haben, sondern wählen Sie fünf Gedanken aus, die eine positive und doch wahrhaftige Darstellung Ihres Lebens sind. Bemühen Sie sich bewußt darum, sich während des Tages auf diese Gedanken zu konzentrieren.

Eine meiner Freundinnen erinnert sich zum Beispiel, daß von heute auf morgen die Liebe zu ihrem Mann weg war. Nach mehreren Jahren einer schwierigen Ehe wachte sie eines Morgens auf und stellte fest, daß sie jedes Gefühl der Liebe für den Mann verloren hatte, den sie geheiratet hatte.

Zuerst waren ihre Gedanken düster und voller bitterer Analysen ihrer Ehe. „Ich habe den falschen Mann geheiratet“, sagte sie sich. „Ich werde niemals glücklich sein, und ich bin für immer gefangen!“

Als sie erkannte, daß solche Gedanken die Situation nur noch schlimmer machten, wechselte sie die Gangart. Unglücklicherweise versuchte sie ihre eigene Wirklichkeit zu überrollen, indem sie nur noch positiv dachte, was eigentlich unter die Kategorie „leugnen“ fiel: „Wir sind ein sehr glückliches Ehepaar. Wir führen eine großartige Ehe. Ich bin schrecklich in meinen Mann verliebt.“ Solche und ähnliche Sätze redete sie sich immer wieder ein.

Doch solche Aussagen – alles Lügen – erschienen ihr hohl, und schließlich begann diese Frau nach zutreffenderen Beschreibungen ihrer Situation Ausschau zu halten, die ihr vielleicht begründete Hoffnung geben konnten. Ihre Gedankenliste sah bald darauf so aus: „Obwohl die vergangenen drei Jahre schwierig gewesen sind, haben wir doch immerhin acht Jahre glücklich zusammengelebt, und ich weiß, daß wir, wenn wir daran arbeiten, wiederbekommen können, was wir einst gehabt haben. Unsere Probleme zu lösen, kann harte Arbeit bedeuten – Beratungsgespräche, Literatur, Gebet, bessere Kommunikation –, doch sie sind nicht unüberwindlich. Gott ist in der Lage und bereit, die Harmonie in meiner Ehe wiederherzustellen und unsere Liebe zu erneuern. Ich selbst bin bereit, alles mir Mögliche zu tun, um meine Ehe zu verbessern. Und meine Ehe ist es wert, dafür zu kämpfen." Diese Liste setzte sich noch eine ganze Weile fort. Im Rückblick sagt sie, daß ihr optimistisches und realistisches neues Gedankenleben der Beginn einer Phase des Wachstums und der Heilung in ihrer Beziehung zu ihrem Mann darstellte, die zu einer Erneuerung und Wiederherstellung ihrer zerbrochenen Ehe führte.

Suchen Sie sich also einige Aussagen über Ihren Mann, Ihre Ehe, Ihr Sexualleben, die zutreffend und doch positiv sind. Schreiben Sie sie auf, und denken Sie immer wieder darüber nach.

Dienstag:
Rufen Sie sich die positiven Eigenschaften Ihres Mannes ins Bewußtsein

Es ist schwer, sexuell und emotional mit einem Menschen intim zu sein, über dessen Fehler man den ganzen Tag nachdenkt. Nehmen Sie sich während des Tages die Zeit, mit dem Prinzip vom Montag im Hinterkopf, die positiven Züge Ihres Mannes anzuerkennen. Stellen Sie sich selbst die folgenden Fragen: Welche seiner Züge waren der Grund, daß ich mich in ihn verliebt habe? Was finden andere Menschen an meinem Mann attraktiv oder positiv? Welche Gaben hat Gott meinem Mann geschenkt? Suchen Sie noch heute abend nach einer Gelegenheit, Ihrem Mann in dieser Hinsicht ein Kompliment zu machen.

Mittwoch:
Denken Sie an Verbesserungen in kleinen Schritten

Zwei Tage lang haben Sie nun versucht, positiven Gedanken nachzuhängen, die die Situation Ihrer Ehe, Ihres Ehemannes und sogar Ihre eigene korrekt widerspiegelt. Das heißt jedoch nicht, daß keine Zeit und kein Raum bleiben, an die Zukunft zu denken und zu überlegen, wie Sie sich Ihre Beziehung zu Ihrem Mann vorstellen!

Wichtig ist, in kleinen Schritten an Verbesserungen zu denken. Wenn Ihr Mann sehr schweigsam veranlagt und der Meinung ist, ein Grunzen sei eine Antwort und dreimal Grunzen bereits eine Doktorarbeit, dann träumen Sie nicht davon, mit ihm zum Essen auszugehen und von ihm einen zweistündigen Vortrag über Steak und Salat zu hören! Wenn die Kluft zwischen Realität und Phantasie zu breit ist, müssen Sie in kleinen Schritten vorgehen, um eine Enttäuschung zu vermeiden.

Verbringen Sie statt dessen fünfzehn Minuten damit, sich ein Szenario vorzustellen, das eine kleine Verbesserung Ihrer Realität gegenüber darstellt. Vielleicht beantwortet Ihr Mann in Ihrer Vorstellungswelt Ihre Frage einmal mit vier Worten und einem sechs Sekunden andauernden Blickkontakt! Aber denken Sie nicht nur an Ihren Mann, sondern auch an sich selbst! Was für eine Frage könnten Sie stellen, die eine solche Antwort hervorbringen könnte? Wenn Sie während des Sprechens sanft seinen Arm oder sein Gesicht berühren würden, würde das Ihnen helfen, seine Aufmerksamkeit auf sich zu ziehen? Welcher Ort oder welcher Zeitpunkt wären geeignet? Gibt es einen Zeitpunkt, zu dem Ihr Mann besonders entspannt ist und der deshalb besonders günstig ist, ihn zum Reden zu bringen?

Arbeiten Sie gedanklich mehrere Möglichkeiten aus, klammern Sie sich selbst jedoch nicht aus diesen Möglichkeiten aus. Gestatten Sie sich in Ihrer Vorstellungswelt, Dinge zu sagen oder zu tun, die die gewünschte Reaktion von Ihrem Mann hervorrufen könnte. Suchen Sie rechtzeitig nach einer Gelegenheit, Ihre Phantasien in die Realität umzusetzen.

Donnerstag:
Denken Sie über Rollenvorbilder nach

Meine Mutter erzählte mir, daß sie, als sie heiratete, eine wundervolle Vorstellung von ihrer Ehe gehabt hat. Dieses Bild hätte sie während ihrer Kindheit von ihren Eltern übernommen, denn sie hatte miterleben können, wie liebevoll ihre Eltern miteinander umgegangen waren.

Doch sie mußte eingestehen, daß nicht jeder so privilegiert ist. Viele Männer und Frauen beginnen eine Ehe, ohne vorgelebt bekommen zu haben, wie eine Ehe, so wie Gott sie ursprünglich erdacht hat, aussehen soll. Meine Mutter erzählte mir daraufhin die Geschichte von Kommilitonen meiner Eltern, die in den ersten Jahren ihrer Ehe große Schwierigkeiten miteinander hatten. Weder der Mann noch die Frau schienen eine klare Vorstellung davon zu haben, welche Rolle ihnen in der Ehe zukam, darum sahen sie sich um und suchten nach einem reiferen Paar, an dem sie ihre Beziehung orientieren konnten. Sie suchten sich die Eltern meiner Mutter aus und arbeiteten jahrelang sehr hart daran, so miteinander und mit ihren Kindern umzugehen wie Demos und Rose.

Dieser Ansatz revolutionierte ihre Ehe. Sie zogen Kinder groß, gründeten Firmen und setzten sich für Gott ein. Noch heute sind sie glücklich verheiratet; sie sind wohlhabend und an ihrem Heimatort sehr einflußreich. Nun ist es an ihnen, für ihre Kinder, Enkel und viele andere ein leuchtendes Vorbild zu sein.

Freitag:
Überlegen Sie sich, wie Sie sich verändern können

Vergessen Sie Ihren Mann. Denken Sie heute einmal über sich selbst nach und wie Sie Ihre Ehe positiv verändern können.

Beschwert sich Ihr Mann, daß Sie niemals von sich aus mit ihm schlafen wollen? Dann stellen Sie sich einige Szenen vor, in denen Sie den ersten Schritt tun.

Begrüßen Sie Ihren Mann gewöhnlich mit einem verschmierten Kleinkind auf dem Arm, das Sie ihm gleich mit den Worten in den Arm drücken: „Jetzt bist du dran!“? Dann nehmen Sie sich Zeit und denken Sie über Alternativen nach, die einen glatteren Übergang zu einem intimen Abend zu zweit schaffen können.

Neigen Sie dazu, Ihrem Mann gegenüber passiv zu sein, kleine Verletzungen und Ihre Wut hinunterzuschlucken, bis die Temperatur zwischen Ihnen und Ihrem Mann sich um zehn Grad abgekühlt hat? Dann stellen Sie sich vor, daß sie geringfügig Ihre Art der Kommunikation mit Ihrem Mann ändern, daß Sie Ihre Gefühle ehrlicher äußern, und daß sie kleine Verletzungen sofort aussprechen, damit sich keine Kluft zwischen Ihnen und Ihrem Mann aufbaut.

Samstag:
Denken Sie an die Vergangenheit

Meine Mutter erinnert sich an eine Zeit in ihrer Ehe, als der immense Druck von außen sich negativ auf die Beziehung zu meinem Vater auswirkte. Während dieser Zeit fand sie beim Aufräumen in einer Schublade einige Bilder, die während der ersten Jahre ihrer Ehe aufgenommen worden waren. Vor allem eines dieser Bilder rührte sie an und ließ sie an das Glück der ersten Jahre denken.

Dieses Bild sagt anderen vielleicht nicht viel. Es ist eine kleine Schwarz-Weiß-Aufnahme, ein wenig verschwommen und mit der Zeit verblaßt. Mein Vater sitzt auf einer Couch im Haus meiner Großmutter. Die Ärmel seines weißen Hemdes sind hochgerollt, seine Krawatte ist verrutscht, und er starrt überrascht in die Kamera. In seinen Armen liegt eine meiner Schwestern, ein pausbäckiges Kleinkind, das an seinem Finger lutscht.

Das Besondere an diesem Foto ist die Zeit, in der es aufgenommen worden war – eine Zeit, erinnert sich meine Mutter, als die Kinder noch klein, die Liebe noch groß war und das Leben sehr verheißungsvoll vor ihnen lag. Mehrere Jahrzehnte später wurde meine Mutter, als ihr dieses Photo in die Hände fiel, daran erinnert, wie sehr sie und mein Vater sich geliebt hatten und immer noch liebten. Trotz des äußeren Drucks wurde an diesem Tag in ihr die Liebe zu meinem Vater neu angefacht und erneuert.

Dieses Photo steht heute neben zwei anderen Bildern auf dem Schreibtisch meiner Mutter: eines von meiner Mutter, als sie ein kleines Mädchen von vielleicht acht Jahren war; das andere vom Vater meiner Mutter kurz vor seinem Tod. Sie nennt dieses Trio der Erinnerungen ihre „Trostbilder“. Jedes kann sie in eine Zeit zurückversetzen, die sie als sehr glücklich empfunden hat.

Suchen Sie nach Photos, die schöne Erinnerungen in Ihnen wachrufen. Vielleicht sind es Photos von Ihnen, von Ihnen und Ihrem Mann oder von Ihrem Mann allein. Stellen Sie sie irgendwo auf, wo Sie sie häufig ansehen können, und lassen Sie die Erinnerungen von gestern ihr goldenes Licht auf das Heute werfen.

Sonntag:
Denken Sie im Gebet an Ihren Mann

Beten Sie für Ihren Mann. Häufig läßt Gott uns während des Betens Bilder vor Augen haben, die uns dazu bringen, für etwas zu beten, was allein sein Wille zustande bringen kann. Auf diese Weise haben unsere Gebete die Macht, im geistlichen Bereich etwas zu vollbringen, auch wenn im physischen Bereich davon noch nichts zu sehen ist. Unsere Gebete kommen schließlich aus dem Glauben, der nichts anderes ist als „die Zuversicht auf das, was man hofft, und ein Nichtzweifeln an dem, was man nicht sieht“ (Hebräer 11,1).

Stellen Sie Verse über bestimmte Charakterzüge zusammen, die der heilige Geist in Ihrem Mann weiter ausbilden soll. Nehmen Sie diese Verse in Ihre Stille Zeit mit hinein, „beten“ Sie sie in bezug auf Ihren Mann, während er seiner Tagesarbeit nachgeht. Wenn Sie wollen, können Sie seinen Namen in diese Verse einflechten. Ein Beispiel könnte Sprüche 19,20 sein. In Ihr Gebet eingeflochten könnte dieser Vers etwa folgendermaßen lauten: „Herr, hilf meinem Mann, daß er auf Rat hört, damit er hernach weise wird.“

Unterstellen Sie Ihre Träume Gott. Bitten Sie ihn, die Macht Ihrer Gedanken so einzusetzen, daß sie Ihre Ehe positiv beeinflussen.

Gestatten Sie es sich, auch mal Nein zu sagen

Vor einiger Zeit bekam ich einen Telefonanruf von einer Freundin. Sie mußte zur Arbeit und fragte mich, ob ich ihren Sohn vom Kieferorthopäden abholen könnte. Er wäre dort gegen halb neun fertig. Ich war einverstanden und fuhr kurz nach neun zu der Zahnarztpraxis.

Ich mag David. Er ist dreizehn, sehr lebhaft und gesprächig, und oft betrachtet er das Leben aus einer etwas anderen Perspektive als wir Erwachsenen. Normalerweise kann ich damit rechnen, ein angeregtes Gespräch mit ihm zu führen, und auch an diesem Morgen war das so. Als er seinen Rucksack auf den Rücksitz fallen ließ und einstieg, stellte ich ihm, wie ich dachte, eine recht unverfängliche Frage: „Na, bist du bereit, in die Schule zu gehen?"

David blickte nachdenklich zum Fenster hinaus. Ich spürte, daß ich nicht nur ein für Teenager typisches Grunzen zur Antwort bekommen würde.

„Bereit?" wiederholte er. „Ja, sicher, ich habe meine Bücher und das ganze Zeug dabei, wenn Sie das meinen. Aber *bereit*? Ich meine, niemand läßt mir in dieser Angelegenheit Entscheidungsfreiheit. Niemand kommt morgens in mein Zimmer und sagt: ‚Guten Morgen, David, möchtest du heute zur Schule gehen, oder möchtest du lieber noch etwas länger schlafen und dir später einen Film ansehen?'" Er holte Luft und fuhr fort: „Wissen Sie, ich glaube, daß meine Bereitschaft ziemlich uninteressant ist, wenn ich keine Wahl habe. Ich meine, wenn mich jemand nur ab und zu mal fragen würde – natürlich nicht jeden Tag, aber hin und wieder –, das wäre etwas anderes. Aber nein. Es zählt nicht, ob ich bereit bin. Ich *muß* gehen. Ich muß einfach jeden Tag zur Schule gehen." Resigniert hob er die Hände und verkündete: „Da bin ich also."

Und tatsächlich bogen wir gerade auf den Parkplatz seiner

Schule ein. David nahm seine Sachen und sprang aus dem Wagen. „Vielen Dank fürs Bringen, Mrs. Linamen!“ rief er über die Schulter hinweg, bevor er die Wagentür zuknallte. Dann lief er hinüber zur Schultür, wo ihn seine Freunde, aber auch Angst und Abenteuer erwarteten. Nur ein Dreizehnjähriger mit flinken Füßen, einem losen Mundwerk und unordentlichen Haaren ... und der ungewöhnlichen Kunst, die Welt so zu sehen, wie sie ist.

Er hat übrigens recht. Es gibt einen großen Unterschied zwischen logistischer und emotionaler Bereitschaft. Logistische Bereitschaft ähnelt ein wenig dem Zwang zum Dienst: Man ist da, weil man muß.

Emotionale Bereitschaft dagegen erfordert etwas mehr.

Hat mein Ja eine Bedeutung, wenn ich nicht Nein sagen kann?

Kennen Sie auch Frauen, die so diensteifrig sind, daß sie anscheinend keine Bitte ihrer Familie, ihrer Freunde oder einer Organisation abschlagen können? Genau wie David sich „gezwungen“ fühlt, die Schule zu besuchen, fühlen sie sich verpflichtet, immer zu dienen, und sind der Meinung, niemals Nein sagen zu dürfen, selbst wenn sie sich am Rande der Erschöpfung bewegen.

Ich sehe, Sie nicken. Vielleicht haben Sie jemanden Bestimmtes im Auge, in Ihrer Gemeinde, Ihrem Freundeskreis, dem Elternbeirat der Schule Ihres Kindes, vielleicht blickt Ihnen auch das Gesicht einer solchen Frau jeden Morgen aus dem Badezimmerspiegel entgegen.

Eine meiner Bekannten gehört zu diesen Frauen. Sie backt Plätzchen, hält Sonntagsschule, verwaltet die Ferienbibelschule, organisiert Mittagessen in der Gemeinde, koordiniert Schulfeste, fährt Kinder durch die Gegend, hilft einer Freundin, ihre Vorratskammer aufzuräumen, ich glaube, das einzige, was sie bisher noch nicht gemacht hat, ist ein kaputtes Dach zu reparieren, aber die regnerische Jahreszeit hat noch nicht begonnen. Sie kann es also noch tun.

Meine Bekannte meldet sich freiwillig für diese Dienste, und auch wenn ihr Terminplan randvoll ist und sie, nach Meinung anderer, mehr als genug zu tun hat, fühlt sie sich nicht frei, auch mal Nein zu sagen. Wenn sie dann wieder einen Anruf von der Gemeinde, der Schule oder einer verzweifelten Freundin bekommt, sagt Carol immer wieder Ja. Irgendwann ist es dann soweit, und man hört ihre Erschöpfung aus dem Tonfall ihrer Stimme heraus. Wenn dann das nächste Mal das Telefon klingelt, sagt sie wieder Ja, doch der Anrufer kann das Aufflackern der Panik in ihren Augen nicht sehen, da er kein Bildtelefon hat. Ich warte auf den Tag, an dem das Telefon klingelt und Carol wieder Ja sagt – diesmal über Lautsprecher, weil ihre Arme in einer Zwangsjacke stecken und sie den Hörer nicht ans Ohr halten kann.

Ihr Mann hat ihr neulich einen Zettel an die Wand neben das Telefon geheftet. Darauf stehen zehn Arten, Nein zu sagen. Und wissen Sie was? Es funktioniert. Carol gestattet sich jetzt, Anfragen auch einmal abzulehnen. Sie hat jetzt mehr Zeit, Energie und Kraft, sich ihren Projekten zu widmen.

Schlafzimmer-Etikette

Wie steht es in diesem Zusammenhang mit unserem Sexleben? Haben wir manchmal das Gefühl, als würden wir ohne unsere Zustimmung zu etwas gezwungen, was uns hinterher leer und gefangen fühlen läßt? Es wäre schön, wenn jede Frau mit dem richtigen Vorspiel jederzeit zum Sex bereit sein könnte. Aber so einfach ist das nicht. Was tun wir, wenn wir wirklich nicht bereit sind? Ist es in Ordnung, wenn wir Nein sagen? Was sagt die Bibel?

Meine Freundin Beth erzählte mir, daß ihre Schlafzimmeretikette etwa folgendermaßen aussieht:

Die meiste Zeit, wenn ihr Mann sie lieben möchte, schafft es Beth, zu einer „Geisteshaltung“ zu gelangen, die es ihr ermöglicht, die Begegnung mit ihm zu genießen.

Dann gibt es Zeiten, wo Beth zu müde oder zu abgelenkt ist, um den Sex genießen zu können, doch sie trifft die Entscheidung, ihre fehlende Lust zu übersehen und sich den Bedürfnissen des Mannes zu widmen, den sie liebt.

Aber es gibt auch Abende, an denen Beth nun wirklich nicht in der Stimmung ist. Sie würde ihrem Mann am liebsten sagen: „Nicht jetzt, bitte. Vielleicht in einer Stunde, morgen früh oder morgen abend, aber im Augenblick geht es wirklich nicht." Doch anstatt das zu sagen, fügt sich Beth. Sie redet sich ein, es sei nicht in Ordnung, sich ihrem Mann zu verweigern. Sie ist besorgt, er würde zornig oder verlegen sein oder sich gar verletzt fühlen. Außerdem meint sie, daß sie nicht das Recht hätte, Nein zu sagen. Deshalb fühlt sie sich gefangen und ärgert sich, daß sie etwas vortäuschen muß, das sie gar nicht empfindet.

Wir können sehr wohl entscheiden

Wie kommen wir eigentlich auf den Gedanken, wir dürften niemals Nein sagen?

Ich habe da eine Vermutung, weil Frauen und Männer mir diese Stelle zitiert haben. Lesen Sie 1. Korinther 7,4: „Die Frau verfügt nicht über ihren Leib, sondern der Mann."

Der Vers sagt weiter aus, daß auch der Körper des Mannes nicht allein ihm gehört, sondern der Frau, so daß beide Partner *dieselben* Rechte im ehelichen Bett haben. Unsere Körper gehören nicht nur unseren Männern, sondern auch noch uns.

Doch über viele Jahrhunderte hinweg ist dieser Vers falsch ausgelegt worden, um irgendwie zu beweisen, daß es eine Art sexueller Hierarchie in der Ehe gibt und daß es die Pflicht einer guten Frau ist, immer zum Sex mit ihrem Mann bereit zu sein.

Und doch wird an keiner anderen Stelle in der Bibel dem Mann und der Frau das Recht, Nein zu sagen, ausdrücklich genommen. In der Bibel ist beschrieben, daß Männer und Frauen in fast allen Lebensumständen eine Wahl haben.

Gemeindeälteste zum Beispiel werden ermutigt, Verantwortung abzulehnen, wenn sie mehr Zeit für ihre Familien brauchen.

Im fünften Kapitel der Apostelgeschichte haben Ananias und

seine Frau Saphira die Wahl, Geld in die Gemeinde zu geben oder nicht.

Sogar Adam und Eva hatten das Recht, nicht nur zueinander Nein zu sagen, sondern auch dem heiligen Gott gegenüber. Wie leicht hätte unser allwissender und allmächtiger Gott Adam und Eva ohne die Freiheit zu sündigen schaffen können. Doch der erste Mann und die erste Frau hatten das Recht, dem allmächtigen Schöpfer gegenüber zu sagen: „Ich bin im Augenblick nicht in der Stimmung, dir zu gehorchen." Im Lichte dieser großen Freiheit scheint es in der Tat eine Kleinigkeit zu sein, dem Ehepartner zu sagen: „Ich bin im Augenblick nicht in der Stimmung, können wir es nicht verschieben?"

Der freie Wille, die Entscheidungsfreiheit für verschiedene Möglichkeiten, dieses Thema wird in der Bibel immer wieder aufgegriffen. Das wichtigste Beispiel hierfür ist die Tatsache, daß Sie und ich das Recht haben, dem sanften Werben des Heiligen Geistes in unserem Leben gegenüber nein zu sagen. Gott hat uns nicht als Roboter geschaffen, die auf Liebe, Gehorsam und Fügsamkeit programmiert sind. Denn er weiß, daß unser Ja, wenn wir nicht das Recht zum Nein hätten, bedeutungslos sein würde.

Das Bild Jesu, der vor unserer Herzenstür steht und anklopft, ist wohl das ergreifendste Bild in der Bibel. Keine Forderungen. Keine Gewalt. Nur eine Frage in Form eines Klopfens. Die Antwort bleibt uns überlassen. Ja oder Nein? Wir haben die Wahl.

Ich denke, dasselbe Bild kann auch auf die intime Beziehung zwischen Mann und Frau angewendet werden. Immerhin werden die Männer in der Bibel angewiesen, ihre Frauen zu lieben, wie Christus die Gemeinde geliebt und sich selbst für sie hingegeben hat.

Es ist durchaus nicht geistlich, sich zu einem Dienst drängen zu lassen, den man nur ungern verrichtet. So etwas möchte Gott nicht. Und auch unsere Männer nicht! Wenn das Wort „Nein" nicht in Ihrem Wortschatz existiert, dann ist Ihr „Ja" kaum mehr als eine technische Angelegenheit, und eine Bitte ist keine Bitte, sondern eine Forderung.

Auf welche Weise sollen wir Nein sagen?

Niemandem gefällt es, abgewiesen zu werden. Aber glauben Sie es oder nicht, es gibt Wege, die Situation zu entspannen und Ihre Ablehnung abzumildern. Wenn Sie dazu entschlossen sind, die Annäherungsversuche Ihres Mannes abzuschmettern, hier sind einige Vorschläge, wie Sie das am besten tun können:

Sagen Sie nicht einfach Nein, um eine Rechnung zu begleichen oder Macht über Ihren Mann auszuüben. So etwas ist gefährlich und zerstörerisch. Auf lange Sicht wird es in Ihrer Beziehung zu Uneinigkeit führen. Wenn Sie einen tiefverwurzelten Zorn auf Ihren Mann empfinden, versuchen Sie, diese Gefühle von Ihrem Sexualleben zu trennen. Aber lassen Sie diese Situation nicht, wie sie ist. Suchen Sie Wege, das Problem aus der Welt zu schaffen und Ihren Zorn abzubauen, vielleicht durch Gebet, Seelsorge oder eine Therapie, durch Workshops oder Selbsthilfegruppen.

Verlassen Sie sich nicht auf nonverbale Botschaften. Diese Art der Kommunikation kann leicht falsch interpretiert werden! Trödeln im Badezimmer, spät ins Bett gehen, Ihrem Mann den Rücken zuwenden, an die äußerste Bettkante rutschen, so zu tun, als würden Sie schlafen. Was wollen Sie durch diese Gesten eigentlich ausdrücken? Ihnen steht der Sinn vielleicht gerade nicht nach Liebe, weil Sie Menstruationsprobleme oder Kopfschmerzen haben. Ihr Mann dagegen interpretiert in Ihre Gesten viel mehr hinein, als damit gemeint ist. Er denkt vielleicht, daß Sie ihn nicht begehrenswert finden, oder schlimmer noch, daß Sie sich von seinen Zärtlichkeiten irgendwie abgestoßen fühlen.

Gebrauchen Sie keine vagen Ausreden. Auch hier ist wieder sehr viel Raum für Mißverständnisse. Wenn Ihr Mann dieses gewisse Glitzern in den Augen hat und Sie mit Gähnen reagieren und sagen: „Mensch, bin ich müde. Ich werde heute früh ins Bett gehen, und ich wette, daß ich eingeschlafen bin, bevor ich noch richtig liege“, so könnten Sie auch genauso sagen, daß Sie für Sex zu müde sind. Er dagegen könnte diese Ausrede als eine persönliche Zurückweisung empfinden.

Seien Sie direkt, bestätigen Sie Ihren Mann, und versichern Sie ihm, daß Sie ihn begehrenswert finden. Wenn Sie beschlossen haben, Nein zu sagen, versuchen Sie, Ihrem Mann körperlich und emotional entgegenzukommen. Berühren Sie ihn, oder umarmen Sie ihn. Sagen Sie ihm irgend etwas, aus dem er entnehmen kann, daß Sie ihn lieben und begehrenswert finden. Zum Beispiel könnten Sie sagen: „Ich weiß, du würdest jetzt gerne mit mir schlafen, und mir macht das auch wirklich Spaß, aber im Augenblick ..."

Geben Sie einen Grund an, warum Sie im Moment keinen Geschlechtsverkehr wollen. Ein Grund könnte sein: „Im Augenblick bin ich wirklich zu erschöpft, weil ich in der vergangenen Nacht sechsmal wegen des Babys aufgestanden bin."

Schlagen Sie einen anderen Zeitpunkt vor, zu dem Sie besser vorbereitet sind, um die Liebe genießen zu können. Sagen Sie zum Beispiel: „Morgen früh, wenn ich ein wenig besser ausgeruht bin, würde ich wirklich gern mit dir schlafen, was meinst du?" Mit anderen Worten, das Nein ist kein Nein, sondern nur ein Später. Vereinbaren Sie einen anderen Zeitpunkt, und lassen Sie Ihren Mann wissen, daß Sie sich darauf freuen. Wenn der festgesetzte Zeitpunkt da ist, zeigen Sie Begeisterung, das ist wichtig. Sollte Ihr Mann dann nicht die Initiative ergreifen, so tun Sie es. Das könnte für ihn eine Hilfe sein, da er nach der vorherigen Zurückweisung vielleicht ein wenig vorsichtig ist und sich fragt, ob Sie ihn wirklich so sehr begehren wie er Sie. Lassen Sie ihn spüren, daß es so ist!

Diese Vorteile kann es haben, wenn wir uns selbst gestatten, auch einmal „Nein" (oder „Später") zum Sex zu sagen:

Wir vermeiden Unmut oder Groll. Es gibt nichts, was in einer Beziehung schneller eine Mauer errichten kann als Groll. Denn bei den Frauen entsteht in einer solchen Situation häufig der Eindruck, als würden ihre Gefühle nicht zählen, als hätten sie in bezug auf die sogenannten „ehelichen Pflichten“ keine Wahl.

Es vertreibt Märtyrertum. Wieviel Freude wird der Liebesakt einem Mann wohl bereiten, wenn er das Gefühl hat, eine leidende Märtyrerin zu umarmen? Lassen Sie sich also nicht unwillig auf den Geschlechtsverkehr ein, wenn Sie viel lieber etwas anderes tun würden. Diesen Rat gebe ich Ihnen zum Wohle Ihres eigenen und des Selbstwertgefühles Ihres Mannes. Ob es Ihnen gefällt oder nicht: Ihr Mann spürt, was Sie empfinden.

Es fördert Ehrlichkeit. Jakobus ermutigt die Gläubigen in seinem Brief zur Ehrlichkeit: „Es sei aber euer Ja ein Ja und euer Nein ein Nein“ (Jakobus 5,12). Wenn Ihr Mann weiß, daß Sie ehrlich genug sind, auch einmal Nein zu sagen, wenn Ihnen danach zumute ist, dann weiß er auch, daß Ihr Ja tatsächlich ein Ja ist. Es gibt keine Hintergedanken, kein Zweifeln, ob Sie ihn tatsächlich begehrenswert finden oder ob Sie nur aus reiner Pflichterfüllung zur Liebe bereit sind.

Sex und Selbstopfer

Nachdem dies alles nun gesagt ist, möchte ich noch mit ein paar Worten auf das sogenannte Selbstopfer eingehen.

Es ist wirklich in Ordnung, zum Sex Nein zu sagen.

Doch es ist auch in Ordnung, sich zu sagen: „Mein Mann möchte gern mit mir schlafen, ich aber nicht, was soll ich tun? Natürlich könnte ich Nein sagen, oder ich könnte mich statt dessen auf die Bedürfnisse meines Mannes konzentrieren und ihm heute abend meine Liebe schenken. Mmmm ... Ich denke, ich wähle letzteres.“

Das Prinzip hier lautet: Wenn Sie sich selbst die Freiheit nehmen, Nein zu sagen, dann sollten Sie sich auch die Freiheit nehmen, Ja zu sagen, auch wenn Sie nicht in der richtigen Stimmung sind. Sie haben eine selbstlose Entscheidung getroffen und beschlossen, daß die Bedürfnisse Ihres Mannes an einem bestimmten Abend wichtiger sind als Ihre eigenen. Sie haben sich das Privileg genommen, ein kleines Opfer für jemanden zu bringen, den Sie lieben. Das sind die besten Augenblicke in einer Ehe, diese Momente des Selbstopfers auf seiten beider Partner!

Vielleicht können diese Prinzipien am besten in den folgenden drei Aussagen zusammengefaßt werden:

Sagen Sie *Ja*, wenn Sie den Geschlechtsverkehr wollen.

Sagen Sie *Ja*, wenn Sie den Geschlechtsverkehr zwar nicht wollen, aber gern auf die Bedürfnisse Ihres Mannes eingehen möchten.

Sagen Sie *Später*, wenn Sie im Augenblick absolut nicht mit Ihrem Mann schlafen können.

Sexuelle Intimität ist ein Geschenk. Es ist das Geschenk, das Gott allen Männern und Frauen gemacht hat, und es ist ein Geschenk, das Männer und Frauen sich gegenseitig machen. Es ist ein Geschenk, das es verdient hat, in der bestmöglichen Umgebung ausgepackt und beachtet zu werden, in einer Umgebung, wo Aufrichtigkeit, gesunde Grenzen und liebende Opfer Hand in Hand gehen.

Unterstreichen Sie Ihre Weiblichkeit

Cindy Growe ist eine meiner drei Freundinnen, mit denen ich während des Studiums an der Biola-Universität Ende der siebziger, Anfang der achtziger Jahre Wohnung, Spaß und Schokoladenkekse geteilt habe. Vor einigen Jahren kam sie aus Kalifornien angereist, um mich in Texas zu besuchen. Wir feierten ein großes Wiedersehen, zumal zu dieser Zeit auch die Dritte im Bunde, Bonnie Bell, mit ihrer Familie nur wenige Kilometer von uns entfernt wohnte.

Bei Cindys Ankunft schmiedeten wir eine Menge Pläne, wie wir unsere gemeinsame Zeit verbringen wollten. Wir würden viel Spaß haben, das war klar (trotz der Abwesenheit des vierten Musketiers Becky Thayer).

Ein Wunsch von Cindy war, daß wir gemeinsam in eine Kneipe zum Square Dance gingen, einem in den südlichen Staaten der USA beliebten Volkstanz.

Larry und Bonnies Mann Dave lehnten unsere Einladung höflich ab. Also zogen wir Frauen alleine los. Wir tranken eine Cola nach der anderen, lernten viele neue Tanzschritte und kamen in Hochstimmung heim. In dieser Nacht fühlten wir uns mutig und miteinander verbunden, waren begeistert von unserer Freundschaft und dem Abenteuer, das wir gerade gemeinsam erlebt hatten.

Ich verwandelte mich danach nicht in einen Fan von verrauchten Cowboybars, doch es war ein herrlicher Abend, an den ich mich gern zurückerinnere. Vor allem vermittelte mir die Kameradschaft mit diesen beiden Frauen in einer kleinen, verborgenen Ecke meines Seins das Gefühl von Weiblichkeit; diesem stillen Winkel, den zu erreichen sogar die Männer schwierig finden.

Ich habe lange gebraucht, bis ich erkannte, daß es einen solchen Winkel gibt. In den ersten Jahren meiner Ehe litt ich unter dem tragischen Irrtum, allein mein Mann müsse die Quelle alles Guten in meinem Leben sein. Ich erwartete von ihm, daß er mein Bedürfnis nach Freundschaft und Romantik erfüllte und mir, wenn ich niedergeschlagen war, Entscheidungshilfen und emotionale Unterstützung gab. Immerhin war er mein Ritter in der glänzenden Rüstung. Ich erwartete nichts weniger von ihm, als daß er mein Beschützer, mein Liebhaber, mein Ratgeber, mein Freund und von Zeit zu Zeit mein Hofnarr war.

Und obendrein, als sei das alles noch nicht genug gewesen, wollte ich auch mein Selbstvertrauen als Frau durch ihn vermittelt bekommen. Seine Worte, seine Taten und wie er auf mich reagierte, waren die Faktoren, die bestimmten, wie ich mich als Frau fühlte.

Ich erkenne jetzt, daß meine Vorstellungen von der Ehe und von der Quelle meiner weiblichen Identität unrealistisch waren. Ich lud meinem armen Mann eine entsetzliche und unzumutbare Verantwortung auf, so daß es ein Wunder war, daß er daraufhin keinen chronischen Ausschlag oder ähnliches bekam.

Ich bin jedoch nicht die einzige Frau, die diese falsche Vorstellung von der Ehe hat. Irgendwie leiden wir unter der Einbildung, unsere Männer müßten unser ein und alles sein; sie allein seien für unser Glück verantwortlich; sie allein hätten die Macht, alle unsere Bedürfnisse zu erfüllen. Mehr noch, unserer Meinung nach haben allein sie dafür zu sorgen, daß wir uns hübsch, weiblich, geborgen, verwöhnt, erfüllt und begehrenswert fühlen.

Was denken wir uns eigentlich dabei? Zum Glück stellen unsere Männer nicht dieselben Ansprüche an uns. Männer neigen im Gegenteil dazu, ihr Selbstwertgefühl und männliches Zutrauen aus einer Reihe anderer Quellen zu beziehen: aus ihrem Beruf, ihrem Vermögen, ihrem Sport, ihren Hobbys, dem Umgang mit ihren Freunden und auch von ihren Frauen. Ich bin froh, daß auch ich auf dieser Liste vorkomme, aber ich bin genauso froh, daß ich nicht allein auf der Liste stehe. Stellen Sie sich vor, welcher Druck auf mir lasten würde, wenn ich allein dafür verantwortlich wäre, daß mein Mann sich männlich fühlt! Und doch legen wir eine solche schwere Bürde nur zu oft auf die breiten (aber menschlichen) Schultern der Männer, die wir lieben.

Auch schönen Frauen fehlt es oft an Selbstwertgefühl

So wie manche Frauen die Männer in ihrem Leben dafür verantwortlich machen, daß sie sich fraulich fühlen, versuchen andere ihr Selbstwertgefühl als Frau aus ihrer Attraktivität zu beziehen, über die sie verfügen oder auch nicht. Eine meiner Freundinnen gestand mir zum Beispiel, daß sie in der festen Überzeugung aufwuchs, nicht sehr fraulich zu sein, weil ihre Brust kleiner war als die der Frauen, denen ihr Vater auf der Straße nachsah und in Zeitschriften wie dem *Playboy* bewunderte. Sie erinnerte sich: „Mein Vater machte immer Bemerkungen über Frauen mit großen Brüsten, und er sah sich regelmäßig Pornozeitschriften an. Ich wuchs in dem Glauben auf, daß ich so auszusehen hatte wie die Frauen in diesen Zeitschriften. Als Folge davon hatte ich sehr große Minderwertigkeitskomplexe, bis ich Christ wurde. Als ich Jesus kennenlernte und erkannte, daß Gottes Wege anders sind als die Wege und Gedanken der Welt, bezog ich mein Selbstwertgefühl aus einer anderen Quelle. Ich erkannte, daß meine Weiblichkeit ein Geschenk von Gott ist; sie war von ihm bestimmt und nicht von meiner Körbchengröße abhängig."

Auf der anderen Seite kennen wir alle auffallend hübsche Frauen, Frauen mit einer beneidenswerten Figur, die gleichermaßen mit einem schwach ausgeprägten Selbstwertgefühl zu kämpfen haben. Warum? Ich habe einige Theorien zu dieser Frage: Erstens, vergessen Sie nicht, daß die Schönheit einer Frau häufig die Ursache von Konkurrenzdenken anderer Frauen ihr gegenüber ist, was der gutaussehenden Frau die Möglichkeit nimmt, Freundschaften zu schließen.

Zweitens, denken Sie an die Langzeitwirkung häufiger Komplimente von Männern: Frauen, die die Männer anziehen wie der Honig die Bienen, lernen vielleicht, ihr Selbstwertgefühl als

Frau aus dieser Art der Anerkennung zu beziehen. Das hört sich zunächst ganz gut an, bis auf die Tatsache, daß es Blödsinn ist, sein Selbstwertgefühl allein auf äußere Quellen aufzubauen. Frauen, die ihren Wert als Frau von ihrer Schönheit und ihrer Attraktivität für Männer abhängig machen, bewegen sich auf dünnem Eis. Sie werden verletzlicher als andere Frauen mit einem eher bescheideneren Aussehen.

Und die Statistik sagt ...

Es gibt außerdem eine dritte Quelle, von der viele von uns ihre Auffassung bezüglich wahrer Weiblichkeit, aber auch bezogen auf ihre eigene Fraulichkeit prägen lassen.

Diese Quelle ist die öffentliche Meinung, die sich in den Medien widerspiegelt. Bücher, Filme, Fernsehen, Shows, Zeitschriften und die Meinung bekannter Persönlichkeiten beeinflussen unsere Vorstellung von dem, was es bedeutet, eine richtige Frau zu sein.

Legen Sie Ihren eigenen Garten an

Im Gegensatz zu allem, was ich in den vorangegangenen Abschnitten angedeutet habe, ist es nicht unbedingt verkehrt, sich durch die Meinungen und Reaktionen der Menschen um uns herum beeinflussen zu lassen. Immerhin tut uns die wohlwollende Anerkennung in den Augen eines Fremden sehr gut. Auch Lob und Komplimente unserer Männer steigern unser Selbstwertgefühl. Die Werte, die unsere Eltern uns durch ihre Erziehung mitgegeben haben, waren hoffentlich in erster Linie konstruktiv und haben zweifellos unsere Meinung von uns selbst, unserem Geschlecht und unserer Umwelt beeinflußt. Hinzu kommen außerdem die ethischen Grundsätze unserer Gesellschaft, die eine weitere wichtige Rolle in unserem eigenen Wertesystem spielen.

Problematisch wird es erst, wenn wir unser Selbstwertgefühl als Frau nur aus dieser äußeren Prägung beziehen.

Stellen wir uns das Ganze doch mal als – sagen wir – Gemüse vor.

Stellen Sie sich vor, Sie würden in einer Zeit leben, in der es noch keine Lebensmittelgeschäfte und Supermärkte gab. Glücklicherweise haben Sie jedoch eine Reihe von Freunden, die Gartenarbeit mögen und Sie mit dem Überfluß ihrer Ernte beglükken. Sie selbst haben aber noch nie in Ihrem Leben eine Hacke in der Hand gehalten, und trotzdem können Sie jeden Tag frisches Gemüse essen. Natürlich haben Sie auch hin und wieder Grund zur Klage, wenn Ihre Freunde Ihnen den Ausschuß andrehen und die besten Stücke für sich behalten. Gelegentlich sind sie auch einmal so beschäftigt, daß sie ganz vergessen, Ihnen etwas abzugeben.

Deshalb wünschen Sie sich sogar manchmal, Sie könnten selbst Bohnen anbauen, damit Sie nicht länger auf Ihre Freunde angewiesen sind.

Aber insgesamt halten Sie das Ganze für ein recht gutes System.

Ich denke, Sie haben das Bild verstanden. Wenn es darum geht, unsere weichere Seite, unser ureigenstes Gefühl von Weiblichkeit und unseren Wert als Frau zu feiern, müssen wir uns nicht unbedingt von der Gnade und den Handreichungen anderer abhängig machen. Wir müssen nicht nach der Bestätigung unseres Wertes als Frau hungern. Im Endeffekt sind Sie und ich selbst dafür verantwortlich, wie unsere Identität als Frau aussieht. Es liegt also an uns, unsere Erfahrungen, Beziehungen und persönliche Einstellung zu kultivieren, die uns helfen, unsere Möglichkeiten als das sanftere Geschlecht voll auszuschöpfen. Wir können uns an unseren Pflug begeben und damit anfangen, unser Selbstwertgefühl als Frau eigenhändig „anzubauen“, und wenn wir erst damit begonnen haben, werden wir bestimmt nicht mehr zurücksehen.

Und wie sieht es in Ihrem Garten aus?

Bei der Vorbereitung für dieses Kapitel fragte ich eine Reihe von Frauen nach ihren gartenbaulichen Geheimnissen. Eine der Fragen, die ich ihnen stellte, war die folgende:

Wie pflegen Sie ihre Weiblichkeit? Mit anderen Worten, womit können wir uns ein wenig verwöhnen, damit wir uns mal so richtig weiblich fühlen? Wie behalten Sie eine gesunde Selbsteinschätzung von sich als Frau? Was steht zuoberst auf Ihrer Prioritätenliste? Wie wichtig ist es, sich voll und ganz mit seinem Geschlecht zu identifizieren? Wie können wir es im von Männern dominierten Alltag schaffen, uns unsere Weiblichkeit zu bewahren?

Hier sind einige Antworten.

So können Sie Ihre Weiblichkeit pflegen

Viele der Frauen, mit denen ich gesprochen habe, erzählten mir von ganz bestimmten Ritualen, durch die sie ihre weibliche Seite zum Vorschein bringen. Meine Schwester Renée zum Beispiel läuft tagsüber in Bluejeans und Sweatshirts herum und ist vorrangig mit der Betreuung ihrer beiden Buben im Vorschulalter beschäftigt. Da ihr Mann Harald Soldat und sehr häufig von zu Hause fort ist, bleibt die Erziehung ihrer beiden Jungs größtenteils ihr überlassen, und sie hat wenig Zeit für Luxus wie Make-up oder Schmuck. Als meine Schwester mich vor einiger Zeit besuchte, hatte sie es tatsächlich geschafft, sich ihre Nägel zu lackieren – wozu sie doch glatt nur drei Tage brauchte. Am Dienstag lackierte sie die rechte Hand, und es war Freitag, als sie sich endlich die linke vornahm. Doch ihr Lieblingsritual – der kleine Luxus, der ihre weibliche Seite wieder neu zum Vorschein bringt – ist ein Schaumbad, nachdem die beiden Jungen im Bett liegen.

Eine meiner Freundinnen läßt sich regelmäßig die Hände maniküren. Eine andere Freundin dekoriert ihr eheliches Schlafzimmer mit Bändern und Spitze. Noch eine andere Frau legt jeden Tag ein gekonntes Make-up auf, obwohl sie den ganzen Tag außer ihren beiden Grundschulkindern, ihrem Baby, zwei Hunden und neun Guppys kaum jemanden zu Gesicht bekommt. Meine Freundin Carol mag es besonders, mit Freundinnen in einem alten Teesalon in Dallas Tee zu trinken. Sie sagt: „Selbst wenn ich meinen Mann überreden könnte, mich zu begleiten, so würde es ihm nicht gefallen. Er trinkt seinen Tee gern aus Bechern; Teetassen machen ihn verrückt. Darum rufe ich, wenn ich mir mal etwas Gutes tun möchte, meine Freundinnen an, und wir gehen zusammen dorthin. Das ist Frauensache, und uns gefällt es, weil wir auf diese Weise etwas haben, das nur wir tun."

Welche Rituale oder Gewohnheiten vermitteln Ihnen das Gefühl, weiblich zu sein? Welche Hobbys oder kleinen Genüsse bereichern Ihre Identifikation mit Ihrem eigenen Geschlecht? Egal, welchen Lebensabschnitt Sie gerade erleben – frisch verheiratet, Mutterschaft, Lebensmitte oder die reiferen Jahre –, suchen Sie stets neue Wege, Ihre Weiblichkeit zu pflegen.

Die richtige Sichtweise

Erinnern Sie sich noch an die Frau, die ich oben erwähnt habe? Deren Vater sich so ausführlich mit weiblichen Brüsten beschäftigte? Die Frau, deren Selbstwertgefühl so niedrig war, bis sie Christ wurde? Heute spricht sie offen von der Notwendigkeit, daß Frauen in Kontakt mit ihrem Schöpfer treten, bevor sie ihr Potential als Frau richtig ausschöpfen können.

„Immerhin hat Gott uns alle geschaffen", sagt sie. „Er weiß besser als jeder andere, was es bedeutet, eine Frau zu sein. Wenn wir wirklich Frau sein wollen, müssen wir verstehen, wer wir in Christus sind und unsere Rolle als Frau begreifen. Es bedeutet auch, Gottes Sichtweise vom Wert der Weiblichkeit anzunehmen. Trotz allem, was Menschen denken oder predigen: Gott hat uns nicht als Menschen zweiter Klasse geschaffen, sondern als Gehilfin und gleichberechtigte Partnerin. Doch wichtig ist, daß wir Christus kennen. Ohne diese Beziehung zu unserem Schöpfer werden wir die Motivation bezüglich seiner Schöpfung niemals voll begreifen. Wir werden niemals zu dem erblühen, zu dem er uns geschaffen hat."

Wie können wir denn beginnen, Gottes Sichtweise zu übernehmen? Wenn wir die Bibel lesen und auswendig lernen, lernen wir die Gedanken Gottes in seinen eigenen Worten kennen. Wenn wir das Geschenk der Erlösung durch den Tod und die Auferstehung Jesu Christi annehmen, bekommen wir ein neues Leben und können in eine richtige Beziehung zu Gott eintreten. Das Gebet führt uns in die Gegenwart Gottes und gibt uns ein Forum für das Gespräch mit ihm. Die Predigten in der Gemeinde, die Bibelstunden und Bücher helfen uns, unser Wissen zu erweitern und dieses Wissen praktisch in unserem Leben umzusetzen. Transparente Freundschaften mit anderen Frauen, die ebenfalls an Gott glauben, ermutigen und inspirieren uns. Sie vermitteln uns Vorbilder für unser Bestreben, unser uns von Gott gegebenes Potential als Frau voll auszuschöpfen.

So setzen Sie Ihre Weiblichkeit an die erste Stelle

1982 mußte sich eine Bekannte von mir, ich nenne sie einmal Joyce, einer Totaloperation unterziehen. Fast fünfzehn Jahre danach beschreibt sie diese Operation als einen direkten Angriff auf ihre Weiblichkeit. Nach der Operation war das Zusammenspiel verschiedener Faktoren dafür verantwortlich, daß sie sich ihrer Weiblichkeit beraubt, ja sogar geschlechtslos fühlte: Ihre Hormonerzeugung war unterbrochen, ihr Körper mußte sich von dem Trauma des Eingriffs erholen, eine vorzeitige Menopause stellte sich ein, und außerdem mußte sie sich psychisch und emotional auf die neue Situation einstellen.

„In dem ersten Jahr nach der Operation", erinnert sie sich, „empfand ich ein sehr starkes Gefühl des Verlustes. Ich vermißte meine Periode und die Herrschaft der weiblichen Hygiene, die mich während des größten Teils meines Lebens wie ein Uhrwerk an meine Weiblichkeit und Einzigartigkeit als Frau erinnert hatte. Auch meine Libido litt darunter, und ich vermißte die sexuellen Triebe, die jeden Monat zu meinem Zyklus dazugehört hatten. Zudem empfand ich nicht mehr dieselben Gefühle beim Geschlechtsverkehr wie zuvor. Das alles war für mich sehr verwirrend, und ich fragte mich, ob bei dem Eingriff vielleicht versehentlich einige Nerven geschädigt worden waren oder ob diese Empfindungen fehlten, weil meine Hormone beeinträchtigt waren, oder ob es ganz einfach eine psychische Angelegenheit war, weil ich wußte, daß mein Uterus fehlte. Was immer auch der Grund war, der Genuß beim Geschlechtsverkehr fehlte."

Monatelang bemühte sich Joyce, mit ihrem Verlust fertigzuwerden. Ein Jahr nach dem Eingriff beschloß sie, ihre Situation nicht länger stillschweigend zu akzeptieren. Sie hatte genug: „In diesem Augenblick traf ich die Entscheidung, für meine Weiblichkeit zu kämpfen. Ich bin immer sehr gern sinnlich und weiblich gewesen, und ich wußte, ich konnte mich nicht mit weniger zufriedengeben. Ich konnte keinen neuen Uterus bekommen oder meinen Zyklus wieder in Gang setzen, doch ich konnte etwas anderes tun. Ich wollte meine Weiblichkeit zurück, und ich war bereit, dafür zu kämpfen."

Joyce bat ihren Arzt, ihr eine Hormontherapie zu verschreiben. Dies war bis dahin nicht geschehen, weil ihre Eierstöcke unberührt geblieben waren. Als er schließlich zustimmte und sie mit der Östrogen- und Progesterontherapie begann, spürte sie sofort eine Verbesserung.

Außerdem machte sie täglich sogenannte Kegel-Übungen. Diese Übungen waren ursprünglich dazu bestimmt, Frauen mit einer Blasenschwäche zu helfen, doch sie haben den erfreulichen Nebeneffekt, die Empfindungen in der Vagina zu stärken, so daß der Genuß während des Geschlechtsverkehrs gesteigert werden kann. (Einige Erläuterungen zu den Kegel-Übungen finden Sie am Ende dieses Kapitels. Sie sind dem Buch *Meine Liebe schenk' ich dir* von Cliff und Joyce Penner entnommen.)

Ergänzend machte sie eine zweite Übung, die diese Sensibilisierung unterstützen sollte. Dazu müssen Sie sich auf den Boden knien und die Hände aufstützen. Ziehen Sie dann den Bauch ein, kneifen Sie die Pobacken und die Vagina zusammen und machen Sie einen Katzenbuckel. Halten Sie eine Weile diese Position, dann entspannen Sie sich und machen den

Rücken wieder gerade. Wiederholen Sie diese Übung sieben- bis zehnmal nacheinander.

Außerdem suchte sie neue Wege, ihr Gefühl für ihre Weiblichkeit durch Freundschaften und Hobbys zu steigern und indem sie ihren Körper verwöhnte. Wenn sie heute mit anderen Frauen darüber spricht, wie diese ein Gefühl für ihr Frausein entwickeln können, gibt sie folgenden Rat: „Seien Sie viel mehr mit anderen Frauen zusammen. Frauenfreundschaften können uns helfen, mit der weicheren Seite unseres Ichs in Kontakt zu bleiben. Außerdem können bestimmte Hobbys unsere weiblichen Eigenschaften zum Vorschein bringen: ein süßer Schoßhund zum Beispiel braucht gerade die Aufmerksamkeit, die eine Frau so gern gibt und empfängt. Außerdem kann das bewußte Zeitnehmen für die Körperpflege einer Frau helfen, sich schöner zu fühlen. Neue Kleider, neues Bettzeug, ein neuer Duft, eine Maniküre oder Pediküre, all das kann das Gefühl für die eigene Weiblichkeit steigern. Das ist auch möglich, wenn das nötige Geld für all das nicht da ist, denn so gut wie jeder hat schließlich eine Badewanne. Ein schönes Bad mit einem gutriechenden Badezusatz, schöne Schwämme und Öle, ein wenig klassische Musik und Kerzen, und man hat sich auch ohne viel Geld verwöhnt."

Sie fügt außerdem hinzu: „Unsere Geschlechtlichkeit besitzt eine große Macht. Doch sehr oft verbannen wir sie und wenden uns von ihr ab. Aber es bleibt eine Tatsache, daß *wir* selbst es sind, die uns das Gefühl von Weiblichkeit vermitteln. Jede Frau hat eine weiche Seite, und es ist an ihr, zu tun, was nötig ist, um mit dieser weichen Seite im Kontakt zu bleiben. Ein Mann kann uns das nicht abnehmen; diese Verantwortung müssen wir schon selbst übernehmen."

Wie können wir nun unseren eigenen Garten des Geschlechtsbewußtseins bebauen? Suchen Sie jeden Tag nach Wegen, weiblich zu sein. Bemühen Sie sich, Gottes Sichtweise in bezug auf den Wert und die Bedeutung Ihrer Rolle als Frau anzunehmen. Stellen Sie Ihre Weiblichkeit an die erste Stelle, und tun Sie, was nötig ist, um Ihre weichere Seite zu entdecken, neu einzufordern oder zur Geltung zu bringen.

Die Liste von Dingen, die Ihnen dabei helfen können, sieht

vielleicht ganz anders aus als die Vorschläge, die ich in diesem Kapitel gemacht habe; das ist egal. (Als ich verschiedene Frauen zu diesem Thema befragte, stellte ich fest, daß außer mir keine „mit Freundinnen einen draufmachen" auf die Liste gesetzt hatte.) Wichtig ist, daß Sie nur tun, was Ihnen auch wirklich Freude bereitet.

Kegel-Übungen

1. Schritt: Entdecken Sie Ihren PC (Pubococcygeus)-Muskel. Wenn Sie auf der Toilette sitzen, spreizen Sie Ihre Beine. Beginnen Sie mit dem Urinieren. Dann halten Sie für drei Sekunden ein. Wiederholen Sie diesen Vorgang mehrmals, bevor Sie Ihre Blase entleert haben. Einigen Frauen fällt es schwer, den Urin einzuhalten. Diese Frauen müssen ihren PC-Muskel stärken. Andere Frauen müssen daran arbeiten, den PC-Muskel zu entspannen. Wenn Ihnen beides keine Schwierigkeiten bereitet, sollten Sie den PC-Muskel fünfundzwanzigmal am Tag spannen und entspannen, um ihn in gutem Zustand zu erhalten. Diejenigen, die die Kontrolle ihres Muskels verbessern wollen, machen mit dem zweiten Schritt weiter.

2. Schritt: Wiederholen Sie die folgende Übung zehn- bis zwanzigmal ein- bis viermal pro Tag: Spannen Sie den PC-Muskel langsam immer stärker, während Sie bis vier zählen. Dann halten Sie den Muskel so fest angespannt wie Sie nur können, während Sie wieder bis vier zählen. Entspannen Sie den Muskel langsam, während Sie wiederum bis vier zählen.

3. Schritt: Wiederholen Sie die folgende Übung ein- bis viermal pro Tag: Ziehen Sie langsam Ihre Vagina zusammen, indem Sie sich vorstellen, Sie wollten die Schamlippen enger zusammenführen, so als würden Sie eine Aufzugtür schließen. Stellen Sie sich vor, Ihre Vagina sei ein Aufzug. Sie beginnen im untersten Stock. Bringen Sie die Muskeln von Etage zu Etage immer höher. Atmen Sie dabei gleichmäßig und entspannt. Halten Sie nicht die Luft an. Fahren Sie bis zum fünften Stockwerk hoch.

Dann fahren Sie wieder hinunter, entspannen Sie den Muskel immer nur eine Etage nach der anderen. Wenn Sie wieder unten angekommen sind, stellen Sie sich vor, Sie würden die Aufzugtür (die Vagina) öffnen und etwas herauslassen.

4. Schritt: Wiederholen Sie die folgende Übung ein- bis viermal pro Tag: Spannen und entspannen Sie den PC-Muskel an der Öffnung der Vagina in rascher Reihenfolge.

Diese Übungen werden die vaginale Empfindsamkeit bezüglich sexueller Stimulation steigern, das freiwillige Zusammenziehen und Entspannen der Vagina verbessern und die Vagina in besserem Zustand erhalten.

Ergreifen Sie die Initiative

Es gibt eine Menge Gründe, warum Sie von sich aus die Initiative zum Geschlechtsverkehr suchen können, und zwar nicht nur am Geburtstag Ihres Mannes, wenn Sie vergessen haben sollten, ihm ein Geschenk zu kaufen. In diesem Zusammenhang zählt auch nicht, daß Sie von sich aus mit Ihrem Mann schlafen möchten, weil Sie Ihren Eisprung haben und schwanger werden wollen. Und mit Ihrem Mann zu schlafen, weil Sie gerade einen Eßzimmertisch gesehen haben, der so gut zu Ihrer Einrichtung passen würde, ist ebenfalls kein guter Grund.

Nein, ich spreche davon, aus reinem Spaß die Initiative zu ergreifen.

Ich habe über diese Angelegenheit mit verschiedenen Frauen gesprochen und die folgenden Übereinstimmungen festgestellt: Alle Frauen haben mir gesagt, daß ihr Mann es sich wünschen würde, wenn sie häufiger die Initiative ergriffen, als sie es tatsächlich tun. Ergänzend fügten sie hinzu, daß sie selbst gern häufiger die Initiative ergreifen würden, sowohl um ihrer Männer als auch um ihrer selbst willen.

Wo liegt dann eigentlich das Problem? Wenn wir doch im Schlafzimmer gern öfter einmal auch die aktive Rolle übernehmen würden, was hält uns dann davon ab?

Die Gründe, die die befragten Frauen mir nannten, rangierten von nicht genügend Interesse über nicht genügend Selbstvertrauen bis hin zu nicht genügend Energie.

Das ist schwierig. Selbstvertrauen, Interesse und Energie wachsen wohl kaum auf Bäumen. Und doch bin auch ich der Meinung, daß alle drei Faktoren vorhanden sein müssen, wenn eine Frau ihren Mann erfolgreich verführen möchte.

Keine Erfahrung, kein Job ... kein Job, keine Erfahrung

Wer wird wohl je die Tage und Stunden der ersten Jobsuche vergessen? Es war einfach nicht fair – die Arbeitgeber wollten Erfahrung, doch Erfahrung konnte man ohne Stelle nicht sammeln. Es war wie in einem Karussell. Wenn man erst einmal draufsaß, konnte man so schnell nicht mehr aussteigen.

Sex ist wie ein solches Karussell. Ohne Interesse, Selbstvertrauen und Energie scheint es schwierig zu sein, es überhaupt erst zu besteigen. Viele von uns neigen jedoch dazu, zu vergessen, daß der Liebesakt eine Eigendynamik entwickelt. Zum Sex sind Interesse, Selbstvertrauen und Energie eigentlich gar nicht nötig – er *bringt sie hervor*.

Vor einiger Zeit habe ich einmal einen Cartoon gesehen, in dem ein kriegsmüder General im Glanze seiner Uniform in einem Zelt stand und seinem ihm unterstellten Offizier ungeduldig deutlich machte, daß er keine Zeit für ihn hätte. Hinter dem Zelt wütete die Schlacht; Männer, Pferde und Bajonette gingen aufeinander los. Direkt vor dem Eingang des Zelts stand ein Vertreter in einem Polyesteranzug und wartete geduldig. Er hielt ein Maschinengewehr im Arm.

Der Offizier brüllte seinen Untergebenen an: „Sie Idiot, sehen Sie denn nicht, daß wir die Schlacht verlieren? Ich habe jetzt keine Zeit, mit diesem Vertreter zu sprechen!"

Dieser Cartoon gefiel mir besonders, weil er so aus dem Leben gegriffen ist. Wie oft gehe ich achtlos an dem vorbei, was ich so dringend brauche.

Ich habe keine Energie, Gymnastik zu machen, die mir jedoch neue Energie geben würde.

Ich sage, ich bin zu einsam, um an einem gesellschaftlichen Ereignis teilzunehmen, auf dem ich neue Freunde und Bekannte kennenlernen könnte.

Ich sage, ich hätte keine Zeit, das Buch zu lesen, das mir Ideen liefern könnte, wie ich durch bessere Organisation meinen Tagesablauf in den Griff bekomme.

Und leider sage auch ich wie die meisten der befragten

Frauen, ich hätte nicht das Selbstvertrauen, Interesse oder die Energie, die Initiative zu ergreifen, mit meinem Mann ins Bett zu gehen, was wiederum – ja, Sie haben es erraten – meinem Selbstvertrauen, Interesse und meiner Energie Auftrieb verleihen würden.

Die Vorteile von gutem Sex

Die Aussage, daß der Liebesakt Ihre Libido, Ihr Selbstvertrauen und Ihre Energie steigern und Ihr Leben ganz allgemein bereichern kann, ist kein Märchen oder Wunschdenken. Immer mehr wissenschaftliche Untersuchungen beschäftigen sich mit dem Einfluß von Sex auf unser körperliches und emotionales Wohlergehen, und die Ergebnisse sind faszinierend!

Wie sich herausstellte, kann der Liebesakt die Produktion von bestimmten Hormonen steigern, streßmindernd wirken und vieles mehr. Wir wollen uns hier nur einige der herkömmlicheren Gründe ansehen, die Frauen dafür angeben, daß sie von sich aus nicht die Initiative im Bett ergreifen. Sie werden in diesem Zusammenhang sogar sehen, der Geschlechtsverkehr tatsächlich das Heilmittel für die „Krankheiten" sein kann, die ihn zu verhindern drohen!

Problem: „Ich bin einfach nicht in Stimmung."
Lösung: Tun Sie es für Ihre Libido!

Nach Meinung von Dr. Patricia Love, der Autorin von *Hot Monogamy* („Aufregende Monogamie"), wird unser Interesse am Geschlechtsverkehr größtenteils durch unsere Hormone bestimmt. Sie sagt, daß die Lust am Sex tatsächlich auch durch Erziehung und andere psychische und gesellschaftliche Faktoren beeinflußt sein kann, daß wir jedoch nur, wenn wir „die Rolle verstehen, die die Sexualhormone spielen", ein vollständiges Bild bekommen.

Doch die Tatsache, daß unsere Hormone unseren Sexualtrieb bestimmen, vermittelt uns wirklich nur die halbe Wahrheit. Die andere Hälfte ist, daß der Liebesakt das hormonelle Gleichgewicht in unserem Körper bestimmen kann. Einem Artikel in einer beliebten amerikanischen Frauenzeitschrift zufolge bewirkt der Geschlechtsverkehr, daß Hormone ausgeschüttet werden, die „die Leidenschaft anstacheln und die Lust lebendig halten". Dr. Dudley Chapman, Professor für osteopathische Medizin an der Universität von Ohio, erklärt, daß „Sex die Ausschüttung von Dopamin steigert, dem wichtigsten Hormon für sexuelle Lust".

Es stimmt, daß es manchmal Zeiten gibt, in denen wir wirklich nicht in Stimmung sind, egal wessen Idee es ist. Und doch schadet es nicht, wenn wir im Hinterkopf behalten, daß das Trainieren unserer Libido im Laufe der Zeit unseren Sexualtrieb stärkt.

Problem: „Aber ich fühle mich überhaupt nicht sexy."
Lösung: Tun Sie es für Ihr Selbstvertrauen!

Unser Selbstvertrauen, wenn wir mit unseren Männern schlafen, kann von einer ganzen Reihe von Faktoren abhängen. Eine meiner Bekannten ist eine sehr attraktive und schlanke Blondine, die sich sehr anmutig bewegt und stets für jeden ein Lächeln parat hat. Ausgerechnet sie spricht von mangelndem Selbstvertrauen in bezug auf ihr *Aussehen,* das sie davon abhält, sexuell die Initiative zu ergreifen. Eine andere Bekannte wird von Fragen bezüglich ihrer „Leistung" gequält: Werde ich einen Orgasmus haben? Werde ich meinem Mann eine gute Liebhaberin sein?

Unser Selbstvertrauen ist wie ein Bankkonto. Jedesmal, wenn wir ein Erfolgserlebnis haben – ob wir nun bei der Arbeit einen neuen Kunden geworben oder ein gutes Essen gekocht haben –, erhöht sich das Guthaben auf unserem Selbstvertrauenskonto. Selbst das Bücherschreiben fällt unter dieses Prinzip. An irgendeinem Punkt während der Anfangsphase eines jeden Buches, das ich geschrieben habe, durchlebte ich eine Selbstvertrauenskrise. Ich raufte mir die Haare und jammerte meinem Mann vor: „Warum um alles in der Welt habe ich zugestimmt, dieses Buch zu schreiben? Ich war ein solcher Dummkopf! Ich kann es nicht! Ich kann es einfach nicht!" Mittlerweile habe ich fünf Bücher herausgebracht, und ich kann ehrlich sagen, daß es immer dasselbe war. Gut daran jedoch ist, daß mit jedem erfolgreich zu Ende geführten Projekt das Guthaben auf meinem Selbstvertrauenskonto wächst, und während der Kontostand ansteigt, nimmt meine Furcht ab.

Erinnern Sie sich, um Ihr sexuelles Selbstvertrauen zu stärken, an eine Reihe von schönen Nächten. Sabotieren Sie sich aber nicht selbst, indem Sie die Initiative ergreifen, wenn aus irgendwelchen Gründen die Gefahr eines Fehlschlages besteht. Achten Sie auf günstige Gelegenheiten, und nutzen Sie sie. Versuchen Sie, die guten Gefühle einer leidenschaftlichen Begegnung nicht verblassen zu lassen, deshalb sollten Sie die nächste Gelegenheit ergreifen. Ihre Leidenschaft und Ihr gestärktes Selbstvertrauen werden Sie voranbringen, und ich zweifle nicht daran, daß die Ergebnisse Sie angenehm überraschen werden.

Problem: „Ich bin zu müde."
Lösung: Tun Sie es für Ihre Energiereserve!

Es gibt wenige Dinge im Leben, die Ihnen Ihre Energie schneller rauben können als der gute alte Streß. Und doch gibt es nach Dr. Reed Moskowittz, dem Begründer und Direktor einer Anti-Streß-Klinik in New York, kein dem Geschlechtsverkehr vergleichbares Mittel, Streß abzubauen. Er sagt: „Sex ist ein Gegenpol für die Frustrationen des zivilisierten Lebens. Er trägt dazu bei, daß sich unsere Körper regenerieren und erneuern."

Sexuelle Intimität, und vor allem der Orgasmus, bewirkt einen enormen Adrenalinstoß. Der Herzschlag beschleunigt sich, Muskeln ziehen sich zusammen, und wenn alles vorüber ist, entspannt sich der ganze Körper. Aller Streß ist abgebaut.

Geschlechtsverkehr – und manchmal auch das einfache Kuscheln – bewirkt eine Ausschüttung von Hormonen, die die allgemeine körperliche Gesundheit stärken. Man hat zum Beispiel herausgefunden, daß Frauen, die mindestens einmal in der Woche Geschlechtsverkehr haben, einen höheren Östrogenspiegel haben als Frauen, bei denen das nicht der Fall ist. Östrogen senkt unter anderem den Cholesterinspiegel, hält die Blutzirkulation in Gang, macht unsere Haut weicher und hilft, Depressionen zu vermeiden.

Häufiger Geschlechtsverkehr setzt außerdem Endorphine frei, die nicht nur das Gefühl der Euphorie hervorrufen, sondern auch die Anzahl der weißen Blutkörperchen erhöhen, die unser Immunsystem intakt halten. Zudem macht Sex uns munter und stimuliert die Blutzirkulation und unser Nervensystem.

Wissen Sie, selbst die uralte Ausrede, daß Sie Kopfschmerzen haben, fällt flach, wenn wir uns die Vorteile des Geschlechtsverkehrs ansehen. Während einer Studie berichtete die Mehrheit der teilnehmenden Frauen, daß Geschlechtsverkehr sogar den *Schmerz ihrer Migräne gelindert habe.*

So weit ich weiß gibt es keine wirklich nachvollziehbaren Entschuldigungen, um dem Geschlechtsverkehr mit Ihrem Mann aus dem Wege gehen zu können. Vielleicht ist die einzige legitime Entschuldigung, die übrig bleibt, daß Sie Ihre Haare waschen müssen. Doch ich kann Ihnen nur raten: Wenn Sie weichere Haut, mehr Energie, weniger Kopfschmerzen und ein stärkeres Herz haben wollen, dann gehen Sie ruhig unter die Dusche und waschen Sie Ihre Haare. Aber bitten Sie Ihren Mann, Ihnen dabei zu helfen.

Sagen Sie mit Begeisterung Ja

Vor einigen Wochen gingen Larry und ich mit Dave und Diana Pizza essen. Unsere Freunde waren begeistert, als sie hörten, daß ich ein neues Buch begonnen hatte, und sie fragten mich wißbegierig, mit welchem Thema es sich beschäftigen würde. Ich erklärte, es sei ein Buch für Frauen über Sexualität. Ich beschrieb es sogar als eine Art Handbuch für Frauen, die Sex lieben.

Dave neckte mich und antwortete: „Frauen, die Sex lieben? Oh, es ist also ein Roman!"

Wir lachten. Er hatte ja schließlich einen Witz gemacht.

Glaube ich zumindest.

Doch Tatsache ist, daß viele Leute Frauen als diejenigen sehen, die an Sex kein Interesse haben und ihre Männer mit Schaum vor dem Mund, frustriert und mit unerfüllter sexueller Begierde stehenlassen. Männer sind die Initiatoren, Frauen die kühlen Wächter vor den Toren der Leidenschaft.

Aber ist das wirklich nur ein Klischee? Ist es möglich, daß Sie und ich vielleicht tatsächlich manchmal in diese Schablone passen?

Überlassen wir die sexuelle Aktivität zu häufig den Männern in unserem Leben?

Können wir, ja sollten wir in bezug auf Sex ein wenig mehr Begeisterung zeigen?

Jeder möchte begehrt werden

Eine meiner Bekannten sagte einmal, daß sie in ihrer Ehe immer versucht hat, ihrem Mann zu verstehen zu geben, daß sie für ihn bereit sei, wann immer ihm der Sinn nach Liebe stehe. Sie genießt den Sex und möchte, daß es ihrem Mann bewußt ist, daß sie seine Annäherungsversuche willkommen heißt. Dies ist eine sehr gute Einstellung. Auf jeden Fall eine sehr viel gesündere Auffassung, als seinen Mann spüren zu lassen, daß Sex für einen weniger wichtig ist als zum Beispiel das Zähneputzen.

Doch ich bin ins Nachdenken gekommen. Ist „Ich bin glücklich, wenn du mich willst" dasselbe wie das Übermitteln der Botschaft: „Ich will dich"?

Und wer möchte nicht begehrt werden?

Es ist leicht, sich einzureden, unsere Männer brauchten nicht dieselbe Aufmerksamkeit und das gleiche Maß an Streicheleinheiten wie wir. Sicher, ich bin auch der Meinung, daß unsere *Interpretation* vieler Bedürfnisse unterschiedlich ist, aber die Bedürfnisse an sich unterscheiden sich nicht. *Jeder* möchte sich geliebt, geschätzt und auch körperlich und emotional begehrt fühlen. Es stimmt, daß die Art, wie mir diese Botschaft übermittelt wird, sich sehr von der Art unterscheidet, wie ich meinem Mann diese Botschaft übermitteln kann. Doch hinter diesen kulturellen, Persönlichkeits- und Geschlechtsunterschieden schlummern viele fundamentale Ähnlichkeiten.

Mit anderen Worten, auch Männer möchten sich sexy fühlen. Sie möchten spüren, daß wir sie begehren, uns an ihnen freuen, sie brauchen. Es ist wichtig für sie zu wissen, daß die körperliche Nähe, die wir miteinander teilen, uns genauso viel bedeutet wie ihnen. Sie möchten hören, daß sie attraktiv sind, daß wir ihren Körper begehrenswert finden, daß sie uns „anturnen". Sie möchten spüren, daß wir Sex nicht nur passiv über uns ergehen lassen, sondern daß wir sogar tatsächlich *Begeisterung* für diesen Teil der Ehe zeigen können.

Wodurch können wir größere Begeisterung zeigen?

Es gibt vielleicht einige Frauen, die gerade den vorangegangenen Abschnitt gelesen haben und sich nun sagen: „Oh, ich verstehe, sie will, daß ich *lüge*!"

Nein, nein, lügen sollten Sie nicht. Natürlich ist mir bewußt, daß vor allem bei Frauen die Leidenschaft mal stärker und mal schwächer vorhanden ist. Der monatliche Zyklus, die Zeit des Kindergebärens, die Anforderungen des Alltags, all diese Dinge können unsere Begeisterung für die Liebe dämpfen. Und doch bin ich der Meinung, daß es möglich ist, unseren Männern zu verstehen zu geben, daß sie sexuell begehrenswert sind, selbst in den Augenblicken, in denen unsere Begeisterung sehr zu wünschen übrig läßt. Nachfolgend einige Ideen:

Machen Sie ihm Komplimente. Wir müssen den Tatsachen ins Auge blicken: Wir können nicht alle mit Männern verheiratet sein, die wie James Dean aussehen. Und doch besitzen die Männer, die wir geheiratet haben, körperliche Merkmale, die wir zu Beginn unserer Beziehung anziehend gefunden haben und die wir sehr wahrscheinlich immer noch anziehend finden. Mein Mann zum Beispiel hat sehr sinnliche Lippen. Als wir miteinander gingen und auch als frischgebackenes Ehepaar sagte ich ihm sehr häufig, daß er schöne Lippen und auch tolle Arme habe. Während ich dies jedoch schreibe, fühle ich mich sozusagen überführt, daß ich mich nicht mehr erinnern kann, wann ich ihm dies zum letzten Mal gesagt habe. Das ist traurig, da sich meine Gefühle für ihn in den dreizehn Jahren unserer Ehe nicht verändert haben, und ich bin sicher, daß er dieses Kompliment immer noch gern hört.

Man nimmt den eigenen Partner sehr leicht als selbstverständlich hin, nicht wahr? Gibt es denn keine Komplimente, die Ihr Mann lange nicht mehr gehört hat? Vielleicht warten Sie einfach auf einen geeigneten Moment und holen einige aus dem Archiv, entstauben sie und sagen sie Ihrem Mann.

Flirten Sie mit Ihrem Mann. Wissen Sie noch, wie das geht? Bestimmt. Suchen Sie den Blickkontakt mit ihm. Suchen Sie nach Gelegenheiten, seinen Arm, seine Hand oder Schulter zu berühren. Lachen Sie herzlich über seine Scherze. Lehnen Sie sich an ihn an, und schenken Sie ihm Ihre ungeteilte Aufmerksamkeit, wenn er Ihnen erklärt, wie er es geschafft hat, den verstopften Abfluß unter dem Spülbecken in der Küche freizubekommen. Wenn Sie ihn abends begrüßen, tun Sie das mit einem leidenschaftlichen Kuß. Würzen Sie Ihre Unterhaltung mit Bemerkungen wie: „Ich habe dich heute sehr vermißt." Dies dürfte nicht allzu schwierig sein; wenn Sie sind wie ich, dann haben Sie in der Zeit vor Ihrer Hochzeit mehr Energie auf die Vervollkommnung dieser Fertigkeiten verwandt als auf Ihr Studium. Wenn Sie sie zum ersten Mal nach Jahren wieder hervorholen, fühlen Sie sich vielleicht zuerst ein wenig unbeholfen, doch das wird nicht lange andauern.

Suchen Sie Wege, Ihrem Mann zu sagen, daß Geschlechtsverkehr Ihrer Meinung nach eine angenehme Beschäftigung ist. Ob nun Sie oder Ihr Mann die Initiative ergreifen, suchen Sie nach Gelegenheiten, Ihre Begeisterung für Sex mit ihm in Worte zu fassen. Wenn Sie sich an ihn kuscheln und ihn küssen, könnten Sie vielleicht sagen: „Ich habe mich darauf gefreut ..." oder „Ich bin froh, daß du das vorgeschlagen hast ..." oder „Das war wirklich eine gute Idee."

Eine meiner Bekannten erzählte, daß sie und ihr Mann häufig schon morgens planen würden, sich abends zu lieben. Dieses Vorausplanen gibt ihr Zeit, sich geistig darauf vorzubereiten und ihre Kraft tagsüber einzuteilen. Sie nutzt diese Zeit, um ihren Mann wissen zu lassen, daß sie sich auf ihre „Verabredung" freut. Manchmal ruft sie ihn im Büro an, nur um ihm zu sagen, daß sie sich auf den Abend freut.

Sprechen Sie nach dem Geschlechtsverkehr positiv darüber. Wir wissen bereits, daß es im wirklichen Leben anders zugeht als im Film, wo sich die Paare stundenlang im Nachglühen ihrer Liebe sonnen. Nein, im wirklichen Leben haben wir nur wenig Zeit dafür, und zwar solange, bis einer der Partner einschläft oder barfuß ins Badezimmer tapst. Doch selbst in diesem kurzen Zeitraum haben Sie Gelegenheit, zu sagen: „Wow, das war toll ..." oder „Es hat mir Spaß gemacht ..." oder „Habe ich dir eigentlich schon mal gesagt, daß du ein sehr guter Liebhaber bist?"

Unsere Kommentare müssen nicht unbedingt auf die Minuten nach unserem Geschlechtsverkehr begrenzt sein. Auch am

Morgen danach haben wir noch die Gelegenheit, unsere Begeisterung mit unserem Partner zu teilen. Eines Morgens zum Beispiel, als ich gerade das Müsli fürs Frühstück zubereitete, kam Larry herunter, umarmte mich und sagte einfach: „Es war schön gestern abend."

Kaitlyn wollte natürlich wissen, was sie verpaßt hatte. „Gestern abend? Was war denn gestern abend?"

Ich lenkte sie mit Schokoflocken für ihr Müsli ab, und sie fragte nicht mehr weiter nach. Was jedoch blieb, war das warme Gefühl, das sich durch Larrys Bemerkung in mir breitgemacht hatte. Dies ist ein Gefühl, das sicher auch Ihr Mann gern empfindet. Ob zehn Minuten oder zehn Stunden, nachdem das Feuerwerk abgeklungen ist, suchen Sie nach Wegen, ihm mitzuteilen, daß die Erinnerung an Ihre Liebesnacht immer noch lebendig ist.

Ergreifen Sie die Initiative. Wenn es darum geht, die Initiative zu ergreifen, ist eine Bekannte von mir ein Brunnen kreativer Ideen. Eines Tages zum Beispiel kaufte sie einige Accessoires für ihren Mann: Hosenträger, einen Gürtel, eine Krawattennadel und eine Krawatte. An dem Abend darauf verkündete sie nach dem Essen: „Ich bin heute einkaufen gegangen und habe dir ein paar Geschenke mitgebracht, aber ich habe sie versteckt, und du mußt sie suchen!" Sie hatte die Sachen tatsächlich versteckt, die Krawatte in ihrem Höschen, die Krawattennadel an ihrem Büstenhalter, den neuen Gürtel und die Hosenträger trug sie unter ihrer Kleidung. Keine Frage, daß diese Frau durch einen solchen gut durchdachten und kreativen Einfall ihrem glücklichen Mann ihre Begeisterung für ihn zeigte.

Man kann sich etwas einfallen lassen, um seine Bereitschaft deutlich zu machen, man kann sie aber auch einfach durch eine Bemerkung oder eine Berührung kundtun. Auf welche Art dies geschieht, ist egal. Wichtig ist, daß unsere Männer spüren, daß wir mit Begeisterung dabei sind.

Investieren Sie Zeit und Energie in Ihre Beziehung. Doug Fields, Autor des Buches *Creative Romance* („Kreative Romantik") hat eine Liste mit „einfallsreichen Verabredungsideen" zusammengestellt, um Eheleute zu ermutigen, in ihre Ehen zu investieren. Viele seiner Ideen können jedoch auch dazu verwendet werden, Ihrem Mann zu verstehen zu geben, daß Sie ihn körperlich begehrenswert finden und daß Sie sich über die Intimität freuen, die Sie mit ihm haben. Hier einige Auszüge daraus:

- Schreiben Sie die besten Eigenschaften Ihres Mannes in alphabetischer Reihenfolge auf.
- Machen Sie Bermerkungen über die kleinen Veränderungen, die Ihr Partner in seinem Aussehen vornimmt.
- Streicheln Sie Ihrem Mann den Rücken.
- Denken Sie daran, Ihrem Mann in die Augen zu sehen, wenn er Ihnen von seinem Tag erzählt.
- Sagen Sie Ihrem Mann ab und an: „Ich bin froh, daß ich dich geheiratet habe!"
- Schicken Sie Ihrem Mann einen Liebesbrief.
- Setzen Sie sich im Restaurant neben Ihren Mann.
- Massieren Sie Ihrem Partner die Füße.
- Sagen Sie Ihrem Partner: „Ich bin lieber hier bei dir als irgendwo sonst auf der Welt."
- Flüstern Sie Ihrem Partner in einem überfüllten Raum etwas Romantisches ins Ohr.
- Parfümieren Sie die Bettlaken.
- Servieren Sie ihm Frühstück im Bett.
- Ein Kuß im Regen.
- Bürsten Sie ihm das Haar.
- Lassen Sie ein Lied im Radio für ihn spielen.
- Zwinkern Sie Ihrem Partner von der anderen Seite des Raumes aus zu, und lächeln Sie ihn an.
- Lassen Sie ihm am Ende eines anstrengenden Tages ein heißes Schaumbad ein.
- Kaufen Sie neue Satinbettwäsche.
- Nehmen Sie sich Zeit, während des Tages an ihn zu denken, dann sprechen Sie mit ihm über diese Gedanken.

Und schließlich, fragen Sie Ihren Mann, was ihm zeigt, daß Sie mit Begeisterung mit ihm schlafen. Mein Mann würde sagen: Wäsche. Ein anderer Mann würde vielleicht sagen, er freut sich, wenn seine Frau den ersten Schritt tut. Ein dritter fühlt sich durch eine verbale Bestätigung geliebt und begehrt. Ihr Mann würde sagen ... wer weiß? Am besten fragen Sie ihn. Allein die Tatsache, daß diese Frage Sie überhaupt beschäftigt, wird Ihrem Mann zeigen, daß Ihr Liebesleben Ihnen wichtig ist.

Fachen Sie die Romantik an

Zunächst möchte ich Ihnen einmal sagen, was ich romantisch finde:

Einen Strauß Frühlingsblumen. Ein Abendessen mit Steaks bei Kerzenlicht. Ein Geschenk, das ich mir schon immer gewünscht habe. Auch Schmuck kann romantisch sein; die Brandung des Meeres hören; mit dem Mann, den ich liebe, abends schwimmen gehen und sogar gemeinsam duschen. Auch zusammen einfach nur faulenzen kann romantisch sein.

Larry und ich waren gerade frisch verheiratet, als mein 22. Geburtstag bevorstand. Ich erinnere mich noch, daß er mich fragte, was ich mir zum Geburtstag wünschte. Ich dachte einen Augenblick nach und spulte im Geist meine Liste mit Dingen ab, die ich romantisch finde.

„Blumen wären schön", schlug ich vor.

„Blumen?" Larry verzog das Gesicht. „Sie sind nichts Bleibendes. Such dir etwas anderes aus, etwas, das nicht nach ein paar Tagen tot in grünem Wasser steht."

Ich ging meine Liste weiter durch. „Es gibt einige Bücher, die ich zu gern lesen würde ..."

Larry zog die Stirn in Falten. „Bücher? Bücher sind in Ordnung, aber das wollte ich dich sowieso schon mal fragen: Wie wäre es, wenn du in die Bücherei gehen würdest? Dort kannst du soviel lesen, wie du willst, und es kostet uns keinen Pfennig."

„Die Bücherei?" Ich war außer mir. „Ich bin Schriftstellerin, Larry. Ich liebe Bücher. Ich liebe den Geruch, das Gefühl, die vollen Regale. Die Bücherei schlag dir aus dem Kopf. Ich möchte meine eigenen Bücher haben."

„In Ordnung, aber da ich keine Bücher kaufen möchte, such' dir ein anderes Geschenk aus."

Ich seufzte. „Vielleicht ein Schmuckstück?"

Er schüttelte den Kopf. „Ich möchte keinen Schmuck für dich aussuchen. Woher soll ich wissen, was dir gefällt? Welche Wünsche hast du sonst noch?"

Ich weiß nicht mehr, wie die Unterhaltung schließlich endete. Doch es ist zwecklos zu sagen, daß dies nicht der Geburtstag meiner Träume war. Ich hatte all die Dinge genannt, die mir viel bedeuteten, und obwohl er mir eine Freude machen wollte, versuchte er dies mit *seiner* Liste von Lieblingsdingen zu tun, und nicht mit meiner.

Aber auch ich habe häufig ähnliche Fehler gemacht.

Ich erinnere mich noch, wie ich zu Beginn unserer Ehe versucht habe, Larry mit den Aufmerksamkeiten zu beeindrucken, die ich eigentlich von ihm bekommen wollte. In einem Jahr zum Beispiel plante ich zu seinem Geburtstag eine Überraschungsparty. Ich lud alle unsere Freunde und Bekannten ein, auch die, zu denen unsere Bekanntschaft noch sehr flüchtig war. Ich fand die ganze Angelegenheit total aufregend, denn genau so etwas hätte ich gern von ihm geschenkt bekommen. Sicher würde Larry genauso begeistert sein.

Er stand den Abend tapfer durch. Anscheinend hatte ich vollkommen vergessen, daß mein Mann kein Freund von Überraschungen ist und daß er kleine, intime Treffen großen Gruppen vorzieht.

Romantik, eine Fremdsprache?

Warum ist es nur so schwierig, unseren Partnern richtig zuzuhören und die Sprache zu lernen, die sie auch wirklich verstehen können? Jahrelang ging ich von der Annahme aus, daß die Freundlichkeiten und romantischen Gesten, die mich erfreuten, auch meinem Mann etwas bedeuten würden. Ich schickte eine Botschaft nach der anderen und erkannte dabei nicht, daß meine Botschaften von ihm einfach nicht verstanden wurden. Es war, als würde ich eine Macintosh-Diskette in einen IBM-Computer einlegen.

Auf der anderen Seite verwirrte mich die Tatsache, daß ich überhaupt keine Botschaften von Larry bekam. Wo waren die

Blumen und Karten, die Komplimente, die mein Feuer anfachen würden? Ich erkannte nicht, daß er durchaus Botschaften der Liebe, Bestätigung und Romantik schickte, denn leider blieben auch seine Botschaften unentschlüsselt und unbemerkt.

Wollen Sie die Romantik in Ihrer Ehe neu entfachen? Ich wünschte, ich könnte Ihnen einen einstündigen Kursus anbieten, der Ihre Ehe über Nacht revolutionieren würde. Leider geht das nicht so schnell. Man braucht dazu Zeit, Geduld, und manchmal bedeutet es auch, daß man die Fremdsprache der Liebe erst lernen muß. Wenn dies leichter gesagt als getan ist, dann ist das nun mal so. Aber vielleicht können wir den Prozeß vereinfachen, indem wir uns drei Schritte ansehen, durch die wir sozusagen in romantischer Hinsicht zweisprachig werden können:

1. Erlernen Sie die Sprache der Liebe

Romantik zu entfachen, bedeutet, Ihrem Mann Ihre Liebe in einer Sprache zu übermitteln, die er versteht, auch wenn dies nicht unbedingt Ihre Muttersprache ist! Worin besteht nun der erste Schritt, um die Worte und Gesten zu erkennen, die Ihren Mann am direktesten ansprechen?

Ich denke, der erste Schritt ist, ihn einfach direkt zu fragen. Daß es so leicht ist, hätten Sie nicht gedacht, oder? Fragen Sie Ihren Mann einfach, welches Verhalten – erregendes und einfach nur liebenswürdiges – ihm etwas „sagt".

Sie könnten ihn bitten, Ihnen zu beschreiben, was ihm ...

... Trost spendet,
... sexuelle Erregung bereitet,
... das Gefühl geben könnte, geschätzt zu sein,
... zeigen würde, daß Sie ihn respektieren,
... zeigen würde, wie tief Ihre Liebe zu ihm ist.

Sie könnten ihn bitten, Ihnen einige seiner sexuellen und nichtsexuellen Träume aufzuzählen. Wünscht er sich eine Weltreise? Wollte er schon immer einmal in einem Heißluftballon fliegen? Mag er Überraschungen, oder zieht er es vor, im voraus zu planen? Welche Gesten oder welche Umgebung geben ihm das Gefühl der Nähe zu Ihnen?

Schreiben Sie seine Antworten auf, und stellen Sie so eine Wunschliste zusammen. Einige der Dinge auf dieser Liste scheinen unerreichbar zu sein. Doch auf diese Weise bekommen Sie viele Ideen, die Sie bei dem Versuch verwenden können, Ihre Worte und Taten auf die Bedürfnisse und Wünsche Ihres Mannes abzustimmen – Sie lernen dadurch die Sprache, die er am besten verstehen kann.

Während Sie ihm zuhören, seien Sie offen, und kritisieren Sie nicht seine Antworten. Sie mögen denken, daß Ihr Mann größere Chancen hat, im Lotto zu gewinnen, als daß sich einer seiner Wünsche erfüllt, aber äußern Sie diesen Gedanken Ihrem Mann gegenüber in keinster Weise. Das bedeutet, es ist Ihnen nicht gestattet, die Augen zu verdrehen, zusammenzuzucken oder in schallendes Gelächter auszubrechen.

Larry zum Beispiel ist der Meinung, daß Camping sehr romantisch ist. Ich dagegen bevorzuge die Übernachtung in einem Hotel mit Zimmerservice. Larry sagt, daß es ihm viel bedeutet, wenn ich mich an ihn kuschele und mir mit ihm gemeinsam ein Fußballspiel ansehe. Ich muß gestehen, daß Fußball mich nicht besonders interessiert. Doch worum geht es hierbei? Wie sehr möchte ich ihm zeigen, daß ich ihn liebe? Wie wichtig ist es mir, eine Umgebung zu schaffen, in der er sich mir emotional sehr nah fühlt? Wie sehr möchte ich die Sprache sprechen, die er wirklich versteht?

2. Erkennen Sie die Sprache der Liebe

Das ist schon schwieriger.

Es ist eine Sache, die Sprache zu lernen, die Ihr Mann verstehen kann, eine ganz andere Sache aber ist es, zu erkennen, was Ihr Mann Ihnen zu sagen versucht, wenn er in seiner Sprache mit Ihnen kommuniziert.

Jahrelang dachte ich, Larry würde mir nicht sagen, daß er mich liebt. Larry dagegen schickte mir täglich Botschaften, die genau das aussagen sollten. Er hielt mein Auto in Ordnung, damit ich sicher fahren konnte. Er schloß Versicherungen ab, damit ich versorgt war, falls ihm etwas zustoßen sollte. Hingebungsvoll kümmerte er sich um die Wäsche, wann immer die

Hausarbeit liegenblieb, weil ich ein Buch fertigstellen mußte. Er arbeitete hart, sorgte für seine Familie, war treu. War das denn nicht genug?

Wenn ich ehrlich bin, nein.

Ich erinnere mich, daß ich nach einigen Jahren beschloß, nach Liebesbotschaften konkret Ausschau zu halten, die Larrys Art entsprachen. Es stimmt, ich bekam keine Blumen, keine poetischen Karten, keine romantischen Überraschungen. Doch er übermittelte mir seine ureigenste Art von Botschaften. Die Frage war nur, konnte ich lernen, sie zu entschlüsseln? Konnte ich lernen, sie zu schätzen? Würde das genug sein?

Zwei Dinge passierten. Das erste war, daß ich Zeichen – andere Zeichen als die, nach denen ich jahrelang Ausschau gehalten hatte, aber immerhin Zeichen – von Larrys tiefer Liebe zu mir wahrnahm. Dies entfachte zwar nicht mein romantisches Feuer, doch es half mir, mich besser zu fühlen. Ich schmollte nicht mehr, und ich ging nicht mehr in Verteidigungsstellung.

Das zweite war, daß ich ein tieferes Verständnis von Larrys Sprache der Liebe bekam. Ich begann in seinem Verhalten mir gegenüber zu erkennen, wie er gern behandelt werden wollte. Larry liebt eine ordentliche Umgebung. Wollte ich ihm das Gefühl geben, geliebt und geschätzt zu sein? So war das sehr einfach. Halte das Haus sauber, und vergiß in diesem Monat einmal nicht, einige Rechnungen zu bezahlen. Nicht gerade meine Vorstellung von Romantik, das kann ich Ihnen sagen – aber seltsamerweise spricht ihn das an.

Welches ist die Art der Kommunikation *Ihres* Mannes? Welche Botschaften übermittelt er Ihnen? Können Sie anfangen, diese Botschaften zu schätzen? Vermitteln diese Botschaften Ihnen Erkenntnisse darüber, wie Sie ihn besser erreichen können?

3. Lehren Sie die Sprache der Liebe

Ja, hier liegt die größte Schwierigkeit. Leider werden Sie hier vermutlich nicht über Nacht erfolgreich sein. Ihre Sprache der Liebe dem Partner zu vermitteln kann dauern. Vielleicht Jahre.

Sie haben bereits Ihren Mann nach seiner „Wunschliste" gefragt und Ihre Worte und Gesten darauf abgestimmt, seinen Bedürfnissen zu begegnen.

Sie haben sich bemüht, seine Liebesbeweise Ihnen gegenüber zu erkennen und anzuerkennen, wie sehr sie sich auch von dem unterscheiden mochten, wonach Sie sich sehnen.

Jetzt ist es an der Zeit, Ihrem Mann erkennen zu helfen, wie er Ihnen seine Liebe besser übermitteln kann. Welche Worte und Gesten sprechen Sie direkt an?

Vor Jahren habe ich einmal eine Liste aufgestellt und sie Larry gegeben. „Dies sind romantische Dinge, die ich besonders mag", erklärte ich.

Großer Fehler!

Ich glaube nicht, daß ihm mein Ansatz gefiel. Die Liste wanderte in irgendeine Schublade und wurde nicht wieder hervorgeholt.

Nein, wir brauchten Jahre des Redens, Verhandelns und Kompromisseschließens. In gelegentliche mutige und tiefgehende Gespräche flossen verstohlene Hinweise und Bemerkungen ein. Allmählich wich meine „Hier, tu das"-Haltung sanfteren Erklärungen, mit Worten wie: „Aus dem und dem Grund bedeutet mir dies und jenes so viel."

Aber vielleicht mag gerade Ihr Mann Listen. Vielleicht reicht bei Ihnen nur eine einzige Liste und hin und wieder ein kleiner Hinweis. Vielleicht müssen Sie die Sache aber auch ganz anders beginnen. Welche Methode Sie auch wählen werden, behalten Sie bitte die folgenden Vorschläge im Hinterkopf:

- Machen Sie ihm keine Vorwürfe. Vermeiden Sie Aussagen wie: „*Nie* tust du das und das ..."
- Nutzen Sie entspannte und intime Augenblicke, um dieses Thema anzuschneiden, dann wird Ihr Mann Ihren Ideen gegenüber sehr viel offener sein.
- Lassen Sie nicht zu, daß die Nichtbeachtung irgendeines Punktes auf Ihrer „Liste" das ganze Unterfangen zunichte macht. Denken Sie daran: Ihr Ziel ist es, Ihren Mann zu ermutigen, Ihnen mit Worten und Taten zu begegnen, die Ihnen etwas bedeuten. Es ist gar nicht nötig, daß er alle Punkte auf

Ihrer „Wunschliste" erfüllt. Denn auch Sie werden vermutlich nicht alle Punkte auf *seiner* Liste erfüllen können.

- ▷ Seien Sie direkt, ohne auf Konfrontationskurs zu gehen. Ihr Mann weiß vielleicht wirklich nicht, daß eine Liebkosung die Tür zu Ihrer Libido aufschließt oder daß Sie ihn schon immer einmal unter dem Sternenhimmel lieben wollten. Haben Sie ihm dies gesagt, oder haben Sie nur gehofft, er könnte Ihre Gedanken lesen und sind jetzt ärgerlich, daß er das nicht tut?
- ▷ Erklären Sie ihm, wenn möglich, was für ihn dabei rauskommt. Helfen Sie Ihrem Mann zu verstehen, daß er, wenn er Ihre Sprache der Liebe sprechen lernt, auch selbst davon profitieren wird. Denn niemand hat es gern, wenn seine Liebesbotschaften ungeöffnet zurückgegeben werden. Lassen Sie Ihren Mann wissen, daß er, wenn er Romantik entstehen lassen und Ihnen seine Liebe übermitteln will, dies am besten durch ganz bestimmte Worte und Taten erreicht.

Fließendes Sprechen braucht Zeit

Wenn Sie schon einmal eine Fremdsprache erlernt haben, wissen Sie, daß man Zeit braucht, um sie fließend sprechen zu können. Manchmal braucht man sein ganzes Leben dazu. Mehr Romantik in Ihre Ehe zu bringen, dauert genauso lang. Es ist nichts anderes als das lebenslange Bemühen, die Sprache der Liebe zu beherrschen.

Doch es lohnt sich.

Es hat sich nun zufällig ergeben, daß ich dieses Kapitel ausgerechnet heute am 13. Februar schreibe, einen Tag vor dem Valentinstag. Von meinem Arbeitszimmer kann ich in unsere Küche sehen. Auf unserem Küchentisch steht eine Vase mit einem Dutzend rosa Rosen. Sie wurden versehentlich einen Tag zu früh abgegeben und waren eine Überraschung von meinem Mann. Neben seinem Geschenk lag außerdem eine Karte, die mir noch wertvoller ist als das Geschenk selbst, weil sie in der „zweiten Sprache" meines Mannes geschrieben wurde, einer Sprache, die er allein für mich gelernt hat.

Wir beide haben bereits einen langen Weg zurückgelegt. Doch wir lernen immer noch. Und wenn wir das hinkriegen, dann schaffen Sie es auch.

Bemühen Sie sich. Nehmen Sie sich die Zeit dazu. Lernen Sie seine Sprache. Lehren Sie ihn Ihre Sprache. Üben Sie Geduld, seien Sie fleißig, glauben Sie an den Erfolg. Auch Sie können eine zweite Sprache des Herzens erlernen.

Haben Sie Spaß

Im letzten Monat kaufte ich einen Kalender von Gary Larson, dem Cartoonisten – Sie wissen schon, so ein Abreißkalender, wo jeder Tag des Jahres eine eigene Seite hat. Leider ist es erst November, und ich muß noch einige Zeit warten, bis ich ihn endlich benutzen kann. Es kann allerdings jedoch sein, daß der Kalender in seiner ursprünglichen Funktion nie eingesetzt werden wird, weil ich ihn ständig durchblättere und über die Zeichnungen lache, die von Larsons schnellem Verstand und seiner eigenwilligen Perspektive des Lebens zeugen. Ich habe sogar schon einige Seiten mit meinen Lieblingscartoons herausgerissen und Freunden geschickt oder gefaxt. Wenn der Januar beginnt, werde ich vermutlich kaum noch Verwendung für einen Kalender mit nur 117 Blättern haben.

Wir alle lachen gern, oder etwa nicht? Humor löst Spannungen. Er überwindet Verlegenheit und erweitert unsere Perspektive. Häufiges Lächeln reduziert sogar die Entstehung ungewollter Falten in unserem Gesicht (das ist keine Erfindung!). Und sogar in der Bibel wird davon gesprochen, daß ein fröhliches Herz eine gute Medizin ist.

Warum sollten wir nicht ein wenig von dieser magischen, heilenden Kraft des Humors in unsere Schlafzimmer holen? Immerhin ist in beinahe jedem anderen Lebensbereich Platz für Fröhlichkeit.

Sex macht da keine Ausnahme. Er kann leidenschaftlich sein. Er kann quälend sein. Aber er kann auch sehr viel Spaß machen.

Lachen hilft uns, die Lage zu meistern

Es gibt eine Menge Gründe, warum auch das Lachen seinen Platz in unserem Schlafzimmer hat.

Zunächst einmal ist Humor eine wundervolle Möglichkeit, die ungeschickten Augenblicke des Lebens zu meistern. Weil nun unsere Sexualität am besten in einer Atmosphäre der Verletzlichkeit und Transparenz gedeiht, können viele peinliche Augenblicke entstehen. Durch Humor können wir diese Augenblicke jedoch geschickt überbrücken. Ganz anders als wir es häufig im Film dargestellt sehen, ist Sex im wirklichen Leben fehlerhaft, unvollkommen und sehr, sehr menschlich. Manchmal ist die beste Reaktion, einfach mit den Schultern zu zucken, zu lächeln und die fröhliche Seite schätzen zu lernen.

Nehmen wir zum Beispiel Jim und Nanette. Sie sind seit acht Jahren verheiratet und hoffen, bald eine eigene Familie zu haben. In der Zwischenzeit engagieren sie sich in der Kinder- und Jugendarbeit ihrer Gemeinde. Im letzten Winter nahmen sie als Helfer an einer Jungscharfreizeit teil, wo ihnen eine Gruppe von Mädchen zugewiesen wurde.

Am Nachmittag des dritten Tages verließen die Mädchen ihre gemeinsame Unterkuft, um mit einigen der Jungs eine Schneeballschlacht zu machen. Zum ersten Mal seit mehreren Tagen waren Jim und Nanette allein. Sie saßen auf der Couch in ihrer gemütlichen Hütte auf einem schneebedeckten Berg und begannen mit der Art von Zärtlichkeiten, die bei Verliebten nicht ungewöhnlich sind.

Nanette sagte verschmust: „Ich habe heute morgen meine Temperatur gemessen. Ich habe einen Eisprung."

Jim stöhnte. „Oh, prima. Und wir sitzen hier in einer Hütte in den Bergen und passen auf acht Schulmädchen auf. Wann sollen wir hier miteinander schlafen?"

Nanette zuckte mit den Schultern. „Wir könnten jetzt. Sie sind alle draußen."

„Ja, richtig. Und wenn eine von ihnen zurückkommt?"

Nanette kicherte. „Wir sind schon die richtigen Aufsichtspersonen, was?"

„Außerdem tut mir mein Rücken immer noch weh. Die Betten sind nicht gerade die besten. Bist du wirklich in Stimmung?"

„Nein. Aber wir brauchen ja keine Stunde dazu. Drei Minuten und fertig."

„Vielleicht hast du recht. Wir könnten uns beeilen, bevor jemand zurückkommt."

Ihr Gespräch wurde jäh von einem Klopfen an der Tür unterbrochen. Die Tür öffnete sich einen Spalt, und ein Junge steckte seinen Kopf herein. Er sagte: „Hi, 'tschuldigung, ich suche Jennifer."

Jim antwortete: „Sie ist nicht hier. Sie sind alle draußen und machen eine Schneeballschlacht."

„Oh, ich sollte sie aber hier abholen."

„Tut mir leid, sie ist mit den anderen rausgegangen."

Der Junge wollte gerade wieder gehen, als sich eine dünne Stimme von der Galerie über Nanette und Jim meldete. Jennifer meinte verlegen und errötend: „Warte, ich bin hier oben."

In einer solchen Situation kann man schreien und auch weinen.

Oder man kann zusammenzucken, grinsen, mit den Schultern zucken und lächeln und dabei lernen, über die Fehler und Schwächen des Lebens und der Liebe zu lachen.

Lachen schafft einen Übergang

Das Lachen hilft uns, mit verschiedenen Situationen fertigzuwerden. Es kann auch den Übergang von einem emotionalen Zustand in einen anderen schaffen.

Larry und ich brauchten lange, bis wir das lernten. Schon ganz zu Beginn unserer Ehe hatte sich bei uns eine Art Alltagstrott ergeben. Auch wir erlebten die normalen kleinen Kabbeleien, die in jeder Ehe vorkommen. Doch wir wußten noch nicht so recht, wie wir den Übergang von Spannung und Unstimmigkeiten zurück zur Harmonie schaffen konnten. Unser „schnellster" Übergang schienen zwei Tage der kühlen Begegnung und noch kälterer Nächte zu sein. Glauben Sie mir, diese Art des Umgangs mit kleinen Streitereien ist für eine Ehe nicht besonders förderlich.

Irgendwann machten wir uns also auf die Suche nach Alternativen. Die bisher beste – und es war mein Mann, der diese neue Politik eingeführt hat – ist das gemeinsame Lachen.

Es gibt einfach Zeiten, wo wir beide ein wenig mißmutig sind, aufeinander herumhacken und in der Gefahr stehen, über

Kleinigkeiten ernsthaft in Streit zu geraten. Dann sagt oder tut Larry auf einmal etwas sehr Übertriebenes oder Lustiges und bringt mich zum Lachen. Wenn das passiert, dann ist die Spannung fort, der gefährliche Augenblick vorbei, und wir sind wieder Freunde.

Wieviel Macht hat doch ein Lächeln! Es kann mich von einer Welt in eine andere bringen! So wie gemeinsames Lachen den Übergang von Spannung zu Harmonie schaffen kann, so kann es auch einen wundervollen Übergang zu sexueller Intimität schaffen. Sie haben sicher erkannt, daß ich hiermit nicht meine, daß Sie über die knochigen Beine Ihres Mannes spotten oder einen Witz über kahlköpfige Männer mittleren Alters machen sollen.

Über Ihren Mann zu lachen, wird auch eine Art Übergang schaffen, aber der wird Sie sicher nicht dahin bringen, wo Sie gern hin möchten. Nein, ich spreche von etwas ganz anderem.

In den ersten Jahren ihrer Ehe erkannten Stanley und Carol, daß sie etwas brauchten, das ihnen den Übergang von den Strapazen des Familienlebens in die Intimität der Partnerschaft erleichterte. Dies war besonders wichtig für sie, weil sie frisch verheiratet waren und Carol für Stanleys Kinder aus einer früheren Ehe eine Mutter sein mußte.

Jeden Abend zogen sie sich in ihr Schlafzimmer zurück, nachdem sie die Kinder zu Bett gebracht hatten. Dort zündeten sie an die vierzig Kerzen an, die Carol gekauft und im Zimmer verteilt hatte. In der darauf folgenden Stunde entspannten sie sich zunächst und lasen bei Kerzenlicht. Doch dann begann der Spaß.

Der Trick war, daß sie abwechselnd versuchten, alle vierzig Kerzen auszublasen, während sie vom Partner gekitzelt wurden. Zuerst mußte sich Carol, dann Stanley dem Kitzeln aussetzen. Lachen und Kerzenausblasen schließen sich natürlich gegenseitig aus. Manchmal endeten die Bemühungen damit, daß sich die beiden lachend auf ihr Bett fallen ließen; und häufig führte das wiederum zu romantischen Augenblicken.

Lachen, welch ein Geschenk! Es hilft uns, mit bestimmten Situationen fertigzuwerden. Gemeinsames Lachen kann eine Brücke von einer emotionalen Stimmung zu einer anderen schaffen. Und es kann auch eine tiefe Verbindung zwischen Freunden und Liebenden herstellen.

Lachen verbindet

Lustige Kosenamen, Scherze, deren Bedeutung nur wir verstehen, komische Rituale, törichte Geheimnisse. Solche Dinge bereichern unsere Beziehungen und tragen dazu bei, dauerhafte Bindungen untereinander zu schaffen. Dieser ganz persönliche Humor kann nicht mit einem Dritten geteilt werden, wie sehr wir uns auch bemühen.

Nehmen Sie zum Beispiel meine Schwester und mich. Wenn Michelle und ich zusammen sind, gibt es Augenblicke, in denen mein Mann nur ungläubig mit dem Kopf schütteln kann. Er findet es unglaublich, daß wir wegen einfacher Sätze wie „Das italienische Haar" oder „Brenn, Keks, brenn!" in schallendes Gelächter ausbrechen können. Manchmal versuche ich ihm unsere Insiderwitze zu erklären, doch sobald man sie jemandem erklärt, verlieren sie ihren Witz.

Dieselbe Bindung entsteht, wenn Liebende miteinander lachen: eine Bindung, in die kein anderer miteinbezogen wird.

Eine meiner Freundinnen gestand mir zum Beispiel im Vertrauen, daß eines Abends ihr Mann ihren Brüsten Namen gegeben hat. Die linke heißt Sam und die rechte George. Natürlich fragte ich sie, warum er ausgerechnet die Namen Sam und George gewählt hatte. Doch das wollte sie mir nicht erzählen. Außerdem mußte sie zu sehr über den Anlaß lachen, der ihren Mann dazu gebracht hatte, diese Namen auszuwählen.

Komische Situationen, witzige Einfälle und Erlebnisse haben zwar ebenso in allen möglichen anderen Lebensbereichen ihren Platz, doch wenn wir sie in den privatesten Bereich unserer Ehe hineinlassen, kann derselbe Humor auch unsere intimen Augenblicke mit unseren Partnern bereichern.

Schaffen Sie Gelegenheiten für die Liebe

In der vergangenen Woche machte Kaitlyn eine interessante Beobachtung. Wir saßen in einem Schaukelstuhl auf unserer Veranda. Ihre Hand lag auf meinem immer dicker werdenden Bauch, und sie erzählte mir von den Ratschlägen, die sie dem neuen Baby geben möchte, sobald es in einigen Monaten auf der Welt ist. Vor allem möchte sie ihm sagen, daß von den ersten acht Jahren (das ist die Zeitspanne, über die Kaitlyn aus eigener Erfahrung berichten kann) das beste Alter drei Jahre ist.

Als ich Kaitlyn fragte, warum drei Jahre besser ist als acht Jahre, verdrehte sie ihre Augen und seufzte verzweifelt auf, als ob ich das wissen müßte.

„Wenn man acht ist, hat man zuviel *Verantwortung*", erklärte sie.

Zuviel Verantwortung. Woher hatte sie das nur? Nein, Moment mal, ich weiß es. Erst gestern hat sich mein Mann darüber beklagt, keine freie Zeit mehr zu haben. Kaitlyn saß derweil im Zimmer und bekam jedes Wort mit. Als er fertig war, blickte sie ihn an und nickte mitleidig. „Ich weiß, was du meinst", sagte sie. „Ich habe auch keine freie Zeit." Als Larry sie erstaunt anblickte, erklärte Kaitlyn: „Ich habe *immer* etwas zu tun, Daddy! Schule, Hausaufgaben, Ballett, Klavierspielen, Rollerskating, mit den Barbies spielen, Zeichentrickfilme anschauen, unseren Hund füttern, im Haus spielen, Computerspiele spielen, malen, Bücher lesen ..."

O ja, das freie Leben eines Kindes. Sie und ich, wir lächeln darüber, weil wir wissen, was Verantwortung wirklich bedeutet. Dazu gehören Hypotheken und Autos, überfällige Rechnungen und die freiwillige Arbeit in der Gemeinde. Verantwortung heißt, lange zu arbeiten und das auch noch fortzusetzen, wenn man abends endlich nach Hause kommt. Ihr Effekt ist, daß man spät ins Bett sinkt und dabei zu müde ist, sich vorher auszuziehen. Und nicht zuletzt bedeutet es, daß man niemals genügend Zeit hat, sich unter der Dusche die Haare zu waschen *und* die Beine zu rasieren.

Wenn meine Freundin Carol ihren Tagesablauf beschreibt, klagt sie nicht etwa über fehlende Freizeit, sondern sie stöhnt darüber, daß sie keine Zeit für ihre dringendsten Bedürfnisse hat. „Manchmal müßte ich so dringend ein Bad nehmen, doch ich habe wirklich nicht die Zeit dazu. Ich chauffiere die Kinder durch die Gegend, koche Essen, überwache die Hausaufgaben, bereite das Abendessen zu. Wenn ich dann wirklich einmal eine freie Minute habe und mich auf das bewußte stille Örtchen zurückziehen möchte, folgen mir auch dann noch ihre kleinen Stimmchen. Ich höre mich dann durch die verschlossene Tür rufen: ‚Ich muß mal Pipi! Kann ich nicht einmal eine Minute für mich haben, um einfach nur Pipi zu machen?'"

Keine freie Zeit.

Es ist also keine große Überraschung, daß sich diese Verantwortung unseres erwachsenen Lebens und der Mangel an Freizeit irgendwie in unsere intimsten Momente mit unseren Männern schleichen. Wer von uns würde nicht sagen, daß wir, wenn wir mehr freie Zeit hätten,

- spontanere Liebhaber sein könnten,
- im Bett mehr Energie haben würden,
- uns mehr Mühe geben würden, romantische Überraschungen für unsere Männer zu planen,
- wie Cindy Crawford aussehen würden.

Ich gebe zu, Sie und ich sind beschäftigt. Zeit ist ein Problem. Unablässig werden Forderungen an uns gestellt. Und wenn der Abend kommt, sind wir buchstäblich erledigt. An manchen Abenden kriechen wir ins Bett, und es steht uns absolut nicht mehr der Sinn nach Romantik. Wir machen damit keinen Witz, wenn wir unseren Männern sagen, daß wir mit Sex einverstanden wären, wenn sie versprechen würden uns dabei nicht aufzuwecken.

Auf der einen Seite haben wir vollkommen recht: Wir haben einfach nicht genügend Zeit, allen Menschen alles zu sein. Und mittlerweile scheint alle Romantik durch viele Anforderungen, unsere ständig präsente Verantwortung und zu erfüllende Bedürfnisse in unserem Leben in den Hintergrund gedrängt worden zu sein.

Und doch – lesen Sie aufmerksam weiter, auch wenn Ihnen vielleicht nicht gefällt, was ich sage – irgendwie schaffen wir es trotz allem, Zeit für Dinge zu finden, die wir wirklich wollen, nicht wahr?

Im vergangenen Jahr schrieb ich ein Buch für Eltern, die sich im geistlichen Kampf für ihre Kinder mehr engagieren wollen. Eines der Kapitel schrieb ich über Prioritäten in bezug auf unser Gebetsleben und legte dar, daß wir, wenn wir die Zeit, die wir jeden Tag für Unwichtiges einsetzen, für das Gebet nutzen würden, reichlich Gelegenheit hätten, für unsere Kinder zu beten.

Eine Beobachtung, die ich bezüglich unserer Zeiteinteilung gemacht hatte, war folgende: Wußten Sie, daß ein durchschnittlicher Erwachsener in seinem Leben *drei ganze Jahre* damit verbringt, sich im Fernsehen *Werbung* anzusehen?!

Das stimmt. Ich spreche nicht davon, sich insgesamt drei Jahre lang die Acht-Uhr-Nachrichten oder einen Film in der Woche anzusehen. Ich spreche von drei Jahren *reiner Werbung.* Ich meine, wenn ich Zeit für die Werbung habe, dann habe ich doch bestimmt auch dann und wann ein wenig Zeit für den Vater meiner Kinder.

Ist es denn tatsächlich möglich, selbst inmitten von Trubel und Betriebsamkeit für die Dinge Zeit zu finden, die uns wirklich wichtig sind?

Ich denke schon.

Manche Frauen kommen auf mich zu und sagen: „Ich würde auch furchtbar gern ein Buch schreiben, aber ich habe einfach keine Zeit."

Dann erzähle ich gewöhnlich von den Zeitproblemen, mit denen ich während des Schreibens meines ersten Buches konfrontiert war.

Mein erstes Buch entstand, als ich noch voll berufstätig war. Ich schrieb vor der Arbeit, nach der Arbeit und mitten in der Nacht.

Mein zweites Buch schrieb ich zu Hause, mit einem neugeborenen Baby, während ich gleichzeitig noch einige Stunden in der Woche ins Büro ging. Ich schrieb spät in der Nacht und in jenen wirklich stillen Morgenstunden, bevor mein süßer kleiner Liebling mit dem Rosenknospenmündchen aus seinem Schlaf erwachte und darüber nachdachte, ob ein warmes Frühstück nun erstrebenswert sei und mir dann seine Absichten signalisierte indem er wie eine Feuersirene zu schreien begann.

Ich schreibe leidenschaftlich gern. Und ich finde die Zeit dazu. Zumeist in stillen Stunden, wenn alle Welt schläft, doch ich finde die Zeit. Auf der anderen Seite macht mir die Hausarbeit überhaupt keinen Spaß. Und wissen Sie was? Ich habe nie genug Zeit, die Wäsche fertigzumachen. Nie. Ich frage Sie also: Ist das nur ein Problem der Zeiteinteilung?

Ich glaube nicht.

Worum es hier eigentlich geht, ist folgendes: Wir schaffen uns Zeit für Dinge, die wir gern tun. Manchmal kostet uns das einige Mühe, ein wenig Planen und das Opfer so mancher ruhiger Stunden, um etwas zu erreichen, was wir uns in den Kopf gesetzt haben. Aber es ist möglich.

Das gilt für das Bücherschreiben.

So ungern ich das auch zugebe, es gilt auch für die Hausarbeit.

Und es gilt auch für den Sex. Dieses „Keine-Zeit-für-Sex-oder-Romantik" mag für einen Abend gelten oder auch für eine Woche oder zwei, aber nicht für Monate, und ganz bestimmt nicht für immer. Wenn wir es jedoch regelmäßig zulassen, daß unser Alltag die Romantik erstickt, wird dieser Kreislauf schwer zu durchbrechen sein. Er wird unsere Ehe im Laufe der Zeit unterminieren, wenn wir uns nicht ganz energisch Einhalt gebieten.

Wir können uns Zeit für die Liebe schaffen.

Doch nur, wenn wir es wirklich wollen.

Wollen wir uns überhaupt Zeit für die Liebe schaffen?

Seit elf Jahren beklagt sich Anne über ihr unbefriedigendes Sexualleben mit ihrem Mann. Wenn man Annes Seite der

Geschichte hört, könnte man meinen, daß sie seit mehr als einem Jahrzehnt bereit und willig ist, während ihr Mann nicht dazu zu bewegen ist, mit ihr zu schlafen.

Vor einiger Zeit ist sie jedoch zu der Erkenntnis gekommen, daß ihre Geschichte nur die erste Hälfte ihrer Ehe beschreibt. Während der zweiten Hälfte war Anne ganz und gar nicht bereit und willig, wie sie immer meinte, sondern in Wirklichkeit begann sie, eine schützende Mauer um ihre Sexualität zu bauen. In den vergangenen fünf Jahren übermittelte Anne ihrem Mann beständig versteckte – und doch recht deutliche – Botschaften, die besagen sollten: „Bleib mir vom Leib." Sie sagt zwar, sie wünsche sich ein intensiveres Sexualleben – doch ihre Handlungsweise meint etwas ganz anderes.

Es gibt nun eine Vielzahl von Gründen, warum sich eine Frau von ihrem Mann sexuell zurückzieht. Dazu gehören: die Angst vor Zurückweisung, nicht verarbeiteter Groll auf den Partner oder sogar auf die Eltern, ein erlebtes Trauma wie sexuelle Belästigung oder Vergewaltigung, ein angeschlagenes Selbstwertgefühl, mangelndes Vertrauen aufgrund eines Treuebruchs des Ehemannes, die wachsende Anziehungskraft eines anderen Mannes – oder gar eine Affäre –, der immer stärker werdende Schutzwall gegen Wunden und Verletzungen in einer Ehe, in der emotionaler oder körperlicher Mißbrauch begangen wird, Minderwertigkeitsgefühle in bezug auf die eigene Attraktivität und so weiter. Die Liste könnte endlos fortgesetzt werden.

Ich weiß von mir jedoch, daß ich in der Regel einen wichtigen Punkt übersehe, wenn ich feststelle, daß ich – über einen beträchtlichen Zeitraum hinweg – ein nicht gerade ideales Liebesleben rechtfertige, indem ich meinen überfüllten Terminplan oder Müdigkeit oder etwas, das mein Mann tut oder nicht tut, die Schuld zuschiebe. In diesen Augenblicken täte ich gut daran, ins Badezimmer zu gehen und mich im Spiegel als den eigentlich Schuldigen an dieser Situation zu betrachten.

Was ist mit Ihnen? Vertreten auch Sie wortgewandt die Ansicht, daß Sie mehr Zeit für die Liebe haben möchten? Natürlich kommt es durchaus vor, daß die Hektik des Alltags über Tage und manchmal Wochen hinweg jeden Funken von Erotik im Keim erstickt. Doch auf lange Sicht ..., nun eigentlich können

Taten lauter sprechen als Worte. Sie sagen, daß Sie sich größere sexuelle Intimität mit Ihrem Mann wünschen. Unterstützen Sie in diesem Fall Ihre Worte mit Taten? Oder erzählen diese eine ganz andere Geschichte?

Als Anne mir erzählte, daß ihr nach und nach immer klarer geworden sei, daß sie, ungeachtet ihrer Äußerungen, eigentlich keine größere Intimität mit Bill haben wollte, fragte ich sie, woran sie diese Beobachtung festgemacht habe. Welches waren die Anzeichen – die Taten, die schließlich am deutlichsten darauf hinwiesen?

Anne erzählte mir, sie habe zwanzig Pfund zugenommen, im Büro Überstunden gemacht und weniger Zeit zu Hause verbracht, sie habe sich lange vor ihrem Mann ins Schlafzimmer zurückgezogen, ihre schönen Nachthemden gegen besonders haltbare und unmoderne vertauscht, sich dicht an die Wand gedrückt, wenn er ins Bett ging und am Wochenende weniger Zeit und Energie auf ihr Aussehen verwendet.

Andere Frauen, mit denen ich gesprochen hatte, erwähnten, daß sie ihren Mann seltener ansahen, sogar ganz alltägliche Berührungen wie Händchenhalten oder dicht nebeneinander auf der Couch zu sitzen vermieden, außerdem umgingen sie intime Gesprächsthemen, die sie emotional verletzlich oder transparent gemacht hätten.

Falls eine dieser Verhaltensweisen Ihre eigene widerspiegelt, dann ist besseres Zeitmanagement nicht die richtige Lösung. Sie haben vielleicht tiefer sitzende Probleme zu bewältigen, bevor die Uhr in Ihrem Schlafzimmer jemals die richtige Zeit für die Liebe anzeigen kann.

Wollen Sie sich nun mehr Zeit für die Liebe schaffen? Wenn Sie Ihre eigenen Wünsche mit vorsichtigen „Bleib-mir-vom-Leib-Botschaften“ sabotiert haben, lautet Ihre Antwort vielleicht Nein. Aber lassen Sie den Mut nicht sinken: Sie können dieses Nein in ein volles Ja verwandeln. Hier einige Vorschläge, wie Sie das anpacken können:

Seien Sie ehrlich mit sich selbst. Nehmen Sie nicht Ihren vollen Terminkalender oder Müdigkeit oder gar Ihre Kinder als Ausrede, etwas nicht zu tun, was Sie sowieso nicht tun wollen.

Tauschen Sie Entschuldigungen gegen Lösungen ein! Wenn

Ihnen klar wird, daß Sie aus irgendeinem Grund das nahe Beisammensein mit Ihrem Mann meiden, machen Sie sich daran, den Konflikt zu lösen, der Sie davon abhält. Vielleicht hilft Ihnen allein schon die Erkenntnis, daß Sie verborgenen Groll hegen, diesen sollten Sie dann loslassen und die sexuelle und emotionale Intimität mit Ihrem Mann erneuern. Wenn das Problem komplizierter ist, könnten andere Schritte notwendig werden. Beten und Fasten, ein Austausch mit einem Freund oder ein seelsorgerliches Gespräch sind Möglichkeiten, die Sie in Betracht ziehen sollten.

Planen Sie Zeit für Romantik in Ihren Tagesablauf ein. Wenn die grundlegenden Schwierigkeiten aus dem Weg geräumt sind, können Sie durchaus mit den kleineren Problemen wie einem überfüllten Terminkalender fertig werden. Es ist zu schaffen. Investieren Sie Zeit in Ihre Ehe, es lohnt sich!

Es gibt leider keine Zauberformel dafür, wie Sie für Ihr Liebesleben Zeit schaffen können. Doch denken Sie daran, wir finden immer Zeit für Dinge, die wir gern tun. Und wo ein Wille ist, da ist auch ein Weg. Uns fehlt also nur der Wille; die dazugehörige Zeit werden wir dann schon finden.

Durchschiffen Sie auch aufgewühlte Meere

Ich erinnere mich noch daran, wie ich zum ersten Mal in einem Schlauchboot auf einem Fluß fuhr. Ich war sechzehn und machte mir viel mehr Gedanken darum, was die Gischt meiner Wimperntusche antun könnte, als um die Felsen und Stromschnellen, die mich flußabwärts erwarteten.

Fünf Jahre später ging ich mit derselben Einstellung in eine Ehe. *Felsen? Stromschnellen? Turbulenzen? In meiner Ehe? Sie machen wohl Witze!* Alles wurde nur noch schlimmer, als ich bei den ersten Schwierigkeiten, die wir miteinander hatten, einen voreiligen Schluß zog. Ich sah andere Ehepaare um uns herum, die ihre Probleme anscheinend mit Leichtigkeit bewältigten, und ich nahm an, daß ihr Liebesleben idyllisch sein mußte. Ich war sicher, daß niemand sonst durch so rauhe See navigieren mußte wie Larry und ich. Panik machte sich in mir breit. Ich fühlte mich allein und hoffnungslos. Und ich war sicher, daß die Probleme, vor denen wir standen, auf der ganzen weiten Welt einzigartig waren.

Jetzt weiß ich, daß ich unrecht hatte. In jeder Ehe gibt es Probleme. Sie zeigen sich womöglich bereits in der ersten Woche, vielleicht aber auch erst in der tausendsten. Die Gründe dafür können offensichtlich oder ganz und gar nicht offensichtlich sein. Sie tauchen auf, wenn wir über unser Liebesleben nachdenken und zugeben, daß ... nun, daß es besser sein könnte.

Probleme können durch Desillusionierung entstehen oder Langeweile oder durch die Ankunft eines Kindes, das uns wie ein kleiner Außerirdischer in Windeln die Kraft aus unserem Körper saugt und sie dazu verwendet, seine eigene Energie zu nähren, indem er bis drei Uhr morgens jammert und weint.

Probleme können auch durch Unstimmigkeiten bezüglich Ihrer Vorstellung von „idealem“ Sex und der Ihres Mannes entstehen; vielleicht unterscheidet sich die Stellung, die Häufigkeit Ihrer Lust oder die Art der Einstimmung, die Sie brauchen, von dem, was ihm Spaß macht, was er braucht und sich wünscht.

Oder sie werden vielleicht durch das langsame aber stetige Aufbauen einer Steinmauer zwischen Ihnen und Ihrem Mann zum Vorschein gebracht, einer Mauer, die aus Verletzungen und nicht verarbeitetem Groll gebaut wurde.

Probleme können auch die Folge eines Konfliktes, einer Angewohnheit oder einer Wunde aus der Zeit vor Ihrer Ehe sein, zum Beispiel ...

... die Erinnerung an einen Ex-Partner.
... verzögerte emotionale Auswirkungen eines Mißbrauchs während Ihrer Kindheit,
... die überall lauernden und verführerischen Klauen wechselnder vorehelicher Beziehungen,
... die schwer zu erschütternden Wertesysteme, die einem in der Kindheit vermittelt wurden, zum Beispiel, Sex sei schmutzig,
... der Glaube, daß es die Pflicht der Frau sei, sich ihrem Mann sexuell unterzuordnen,
... die Überzeugung, daß irgendwo in der Bibel, an einer bestimmten Stelle, die alle kennen, die aber niemand recht benennen kann, stünde, daß Christen keinen Spaß am Sex haben dürften, sondern ihn nur zum Zwecke der Zeugung ausüben dürften.

Vielleicht gibt es auch irgend etwas an den „Reaktionen" unserer Körper während des Geschlechtsverkehrs, das uns den Spaß an unserem Liebesleben langsam nimmt, zum Beispiel Impotenz oder vorzeitige Ejakulation beim Mann oder Orgasmusprobleme bei der Frau. Es können auch die durch das Altern rostig gewordenen Gelenke oder eine plötzliche Krankheit oder Behinderung Ihre Sexualität und vielleicht sogar Ihre Ehe bedrohen.

Der Ursachen ungeachtet, gibt es in jeder Ehe Augenblicke, in denen im Schlafzimmer die Wellen hochschlagen. Felsen und Fluten drohen Ihre Beziehung zum Kentern zu bringen. Das

Traumschiff ist leckgeschlagen, und niemand kann Sie jetzt retten.

Die Informationsinsel

Wenn wir auf dem aufgepeitschten Meer der Liebe segeln, können uns präzise und praktische Informationen eine willkommene Grundlage bieten, auf der wir unser Liebesleben bereichern und vielleicht sogar heilen können.

Für jeden Bereich unseres Ehelebens gibt es eine Fülle von Informationsmitteln, die uns helfen, unsere Schwächen und Fehler zu überwinden. Wenn ich zum Beispiel nicht kochen kann, ist es doch möglich, einen Kochkurs zu belegen, mir eine Sendung im Fernsehen übers Kochen anzusehen oder eine Freundin um ein einfaches und leckeres Rezept zu bitten.

Besteht Ihr Problem vielleicht darin, daß Ihr Baby Koliken oder eine Windelallergie hat? Jede Frau, die Windeln oder Babynahrung im Einkaufswagen hat, wird Ihnen nur zu gern Ihre Fragen beantworten.

Leiden Sie darunter, daß Sie nicht sicher sind, ob Sie schon jemals einen Orgasmus gehabt haben, oder daß Ihr Mann neunmal pro Woche mit Ihnen schlafen möchte? Hat er Schwierigkeiten, seine Erektion zu erhalten, oder haben Sie Schmerzen während des Geschlechtsverkehrs? Haben auch Sie sich in solchen Situationen jemals gefragt, ob Ihre Freunde oder Nachbarn vielleicht eine ähnliche Erfahrung gemacht haben, und wenn ja, würden Sie nicht auch zu gern wissen, was sie getan haben, um das Problem zu lösen? Doch ein solches Thema schneidet man nicht an, wenn man über den Gartenzaun hinweg ein paar Worte miteinander spricht oder entscheidet, wer in der kommenden Woche die Kinder zur Schule bringt.

Und doch, ich denke, daß die meisten Enttäuschungen in bezug auf Ihr Sexualleben einfach die Folge von Informationsmangel sind.

Wenn Ihr Mann zum Beispiel zu schnell ejakuliert, so daß Sie keinen Orgasmus haben können, gibt es einfache Übungen, die er allein oder mit Ihnen zusammen machen kann und die ihm helfen können, eine Erektion länger aufrechtzuerhalten und den Samenerguß zu verzögern.

Ist Ihnen eigentlich bewußt, daß die meisten Frauen über ihre Unfähigkeit klagen, einen Orgasmus zu erleben? Und auch hierfür gibt es Lösungen. Studien haben zum Beispiel gezeigt, daß ein zwanzigminütiges Vorspiel uns Frauen in die Lage versetzt, einen Orgasmus zu erleben, und doch dauert das Vorspiel bei den meisten Ehepaaren weniger als fünfzehn Minuten. Sie können einen Orgasmus bekommen, indem Sie einfach nur die Zeit des Vorspiels verlängern oder Ihrem Mann zeigen, wie er Sie besser stimulieren kann. Vielleicht sollten Sie sich auch einfach nur auf einen besseren Übergang von Ihrer Rolle als Angestellte, Hausfrau, Mutter etc. zu Ihrer Rolle als Liebhaberin einigen.

Sexuelle Fähigkeiten müssen wie jede andere Fähigkeit gelernt werden. Das Verständnis für die Unterschiede zwischen den Geschlechtern im allgemeinen und die einzigartigen Bedürfnisse und Wünsche Ihres Partners im besonderen ist nicht rein instinktiv vorhanden. Diese Dinge müssen gelernt werden, und das erfordert Zeit und Information.

Unglücklicherweise beziehen wir eine Menge unserer Informationen über Sex aus den Medien, die entschlossen zu sein scheinen, höchst unrealistische und nicht plausible Karikaturen des wirklichen Lebens zu zeichnen und in Fernsehfilmen, in der Werbung, in Zeitschriften, Romanen und an Plakatwänden zu verbreiten.

Wenn wir *präzise* Informationen in bezug auf unsere Sexualität wollen, sind wir besser beraten, ein Eheseminar zu besuchen, das Thema mit einem Arzt oder einem vertrauenswürdigen Freund zu besprechen, der vielleicht schon ein wenig weiter ist als wir, oder wenn wir ein Buch lesen, das von einem glaubwürdigen Autoren geschrieben wurde. *Hautnah* (Verlag Schulte & Gerth) zum Beispiel ist ein ausgezeichnetes Buch für Ehepaare, die ausführliche Erklärungen und Informationen in bezug auf ihre Sexualität suchen. Es wurde von den christlichen Sex-Therapeuten Ed und Gaye Wheat geschrieben, die dort ganz unverkrampft und realitätsnah Hilfen in bezug auf die häufigsten sexuellen Barrieren beschreiben. Unter anderem werden auch die oben erwähnten Ejakulations- und Orgasmusprobleme angesprochen.

Und schließlich gibt es noch zwei andere wichtige Quellen unschätzbarer Informationen, die Ihr Sexualleben bereichern können:

1. Sie selbst.
2. Ihr Mann.

Sie selbst wissen mehr über Ihre sexuellen Bedürfnisse – was bei Ihnen funktioniert oder auch nicht – als jeder andere. Ihr Mann *braucht* diese Information. Sie dagegen müssen wissen, was er denkt und fühlt. Patricia Love, die ich bereits als Autorin des Buches *Aufregende Monogamie* genannt habe, schreibt: „Meine Klienten bezahlen mir gutes Geld, damit ich ihnen übersetze, was ihre Partner ihnen bereits seit Jahren sagen." Lernen Sie, auf die Experten in Ihrem Schlafzimmer zu hören. Sie und Ihr Mann haben es in der Hand, Ihr Liebesleben zu verbessern. Sprechen Sie miteinander und hören Sie aufeinander!

SOS ... SOS: Wir brauchen Hilfe vom Fachmann

Es wäre schön, wenn jedes sexuelle Problem mit einer Dosis fundierter Information behoben werden könnte. Manchmal jedoch ist Hilfe von außen vonnöten, damit ein Ehepaar sein Schiff wieder in ruhigeres Gewässer steuern kann.

Eine meiner Freundinnen zum Beispiel kommt gerade in einem langsamen Prozeß zu der Erkenntnis, daß sie den Einfluß von sexueller Belästigung in ihrer Kindheit auf ihre Ehe nicht mehr leugnen kann. Beinahe zehn Jahre lang hat sie sich bemüht, die Spannungen zwischen sich und ihrem Mann und die sexuellen Barrieren, die von tragischen Vorkommnissen in ihrer Kindheit herrühren, zu ignorieren. Leider verschwinden die psychischen und emotionalen Auswirkungen sexuellen Mißbrauchs nicht durch das Wissen, daß ein Orgasmus ein zwanzigminütiges Vorspiel braucht oder daß die Kegel-Übungen das sexuelle Vergnügen steigern können. Nein, Evas Probleme können vielleicht erst in Monaten – womöglich sogar in Jahren – einfühlsamer Hilfe eines christlichen Therapeuten, Pastors oder Seelsorgers gelöst werden.

Ungeachtet der Quelle Ihrer Information, die Sie und Ihr Mann wählen – Seminare, Bücher, Therapie, Seelsorge, medizinischer Rat oder verbesserte Kommunikation – der erste Schritt ist, daß Ihnen Ihre Ehe so am Herzen liegt, daß Sie etwaige sexuelle Hindernisse überwinden wollen. Scheuen Sie sich nicht davor, um Hilfe zu bitten; erfolgreiche Ehen sind schließlich nicht die Folge von problemfreien Beziehungen (die es übrigens nicht gibt). Erfolgreiche, bereichernde Ehen sind die Folge harter Arbeit der Eheleute, die wissen, wie sie Hilfe bekommen können, *wenn* (achten Sie darauf, daß ich nicht *falls* gesagt habe) Probleme entstehen.

Überwinden Sie Ihr negatives Körperbild

Sie können nicht sagen, die Vorsehung habe keinen Sinn für Humor. Als ich vor mehr als einem Jahr für dieses Buch die einzelnen Kapitel festlegte, hatte ich keine Ahnung, daß ich dieses schreiben müßte, während ich im neunten Monat schwanger bin.

Körperbild? Um ein vollständiges Bild von meinem Körper sehen zu können, müßte ich erst in die Stadt fahren und mich in der Glasfront eines Wolkenkratzers betrachten; unser Badezimmerspiegel ist zu klein dafür.

Zu unserer beider Glück handelt dieses Kapitel nicht vom Aussehen unseres Körpers, sondern davon, wie wir unseren Körper *empfinden.* Vielleicht wäre eine bessere Überschrift für dieses Kapitel: „Verbessern Sie Ihre Einstellung Ihrem Körper gegenüber".

Unser Körperbild hat mit Selbstvertrauen zu tun. Dieses ist wiederum von einem geistigen Bild Ihrer Persönlichkeit abhängig, das positive Gefühle hervorruft. Woher wissen Sie, daß Sie ein gutes Körperbild haben? Wenn Sie sich lieber in eine Ecke verkriechen, als einen Blick auf Ihren nackten Körper zu werfen, dann lesen Sie weiter. (Wenn Sie dagegen ohne die leisesten Vorbehalte bei eingeschaltetem Licht mit Ihrem Mann schlafen können, dann sollten vielleicht *Sie* dieses Kapitel schreiben.)

Gestern bin ich mein Adreßbuch durchgegangen und habe mit einigen meiner Freundinnen über dieses Thema gesprochen.

Ich wünschte, ich könnte sagen, daß ich eine Frau, irgendeine Frau gefunden habe, die nicht bereit war, eines ihrer Körperteile oder gleich mehrere gegen ein größeres, schmaleres oder strafferes auszutauschen. Meine „Umfrage" ergab, daß wir alle uns einig sind: wir sehnen uns danach, in unser Gebetskämmerchen zu gehen, all die Dinge aufzuzählen, die uns nicht gefallen, und dann zu sagen: „Entschuldige, Gott, könnte ich das nicht in einer anderen Größe bekommen?“

In meiner Teenagerzeit beklagte ich immer die Größe meiner Nase. Mit Ausnahme meiner Nase gefiel ich mir recht gut. Und auch jetzt, zwanzig Jahre später, wäre es mir immer noch ganz recht, wenn meine Nase ein wenig kleiner und auch mein Körper ein wenig schlanker wäre. Meine Freundin Nancy beklagt ihr dünnes Haar und ihre breiten Hüften; Cheryl trägt nie Sandalen, weil ihr ihre Füße nicht gefallen; meine Schwester Michelle saß einmal an meinem Küchentisch und vergoß Tränen über ihre verschrumpelten Daumen.

Natürlich haben wir alle schon mal das Sprichwort gehört, daß niemand vollkommen ist, körperlich und auch in anderer Hinsicht. Rein rational wissen wir, daß dies eine ziemlich genaue Beschreibung der gesamten Menschheit ist. Doch rein gefühlsmäßig geht es Ihnen vermutlich so wie mir: Ich bin überzeugt davon, daß es auf jeden Fall einen vollkommenen Körper geben sollte, und daß es keinen Grund dafür gibt, warum es nicht meiner sein sollte.

Selbst Schauspielerinnen und Models sind vor den Gesetzen und Fehlern der Natur nicht geschützt. Vor einigen Jahren erfuhr ich von der Existenz sogenannter „Körperteilmodels“. Dies sind Männer und Frauen, die für Schauspieler und Schauspielerinnen einen bestimmten Körperteil als Ersatz zur Verfügung stellen. Das funktioniert folgendermaßen: Sagen wir, Ihre Lieblingsschauspielerin spielt eine Szene, in der eine Nahaufnahme von ihrer Hand gemacht werden muß. Es ist nun durchaus möglich, daß die fehlerlose Hand, die Sie später auf Ihrem Bildschirm sehen, nicht die von Julia Roberts ist, sondern die gepflegte Hand eines Handmodels. Und nicht nur Hände sind gefragt: Oberschenkel, Brüste und sogar das Gesäß werden „gedoubelt“.

Ich weiß nicht, was Sie von dieser Trickkiste Hollywoods halten, doch mich macht sie wütend. Jahrelang habe ich mich mit den makellosen Frauen auf dem Bildschirm verglichen, um schließlich festzustellen, daß diese Makellosigkeit einfach gar nicht existiert. Nicht einmal die Geldsäcke und Machtmogule Hollywoods können eine einzige Frau ausfindig machen, die einen „vollkommenen“ Körper hat. Was tun sie also, um sie uns doch präsentieren zu können? Sie schaffen eine Zelluloidmischung und bieten sie der Gesellschaft als die vollkommene Frau dar. Natürlich macht sich niemand die Mühe, uns darüber aufzuklären, daß das heißeste neue Starlet faltige Hände und das Handmodel einen Damenbart hat. Sie und ich bekommen nur das Endprodukt zu sehen: die vollkommene Frau.

Frankenstein wäre stolz.

Gesucht: Großartiges Körperbild, großartiger Körper nicht erforderlich

Wenn wir einen vollkommenen Körper bräuchten, um ein gutes Körperbild zu entwickeln, kämen wir alle in Schwierigkeiten. Nein, makellose Frauen sind Fabelwesen wie Einhörner und Elfen. Und was die Frauen betrifft, die ein wenig vollkommener sind als wir, so haben Geschichten von bildschönen Frauen mit Eßstörungen, Zwangsvorstellungen und Minderwertigkeitskomplexen dieses Bild zu einem Klischee gemacht.

Was ist denn nun die Antwort? Wenn ein vollkommener Körper nicht der wichtigste Faktor bei der Entwicklung eines gesunden Körperbildes ist, was ist es dann? Wie können wir unsere Unsicherheit ablegen und selbstsicherer werden?

Ich bin auf diesem Gebiet keine Expertin. Damit meine ich, ich kann mich nicht guten Gewissens vor Sie hinstellen und Ihnen sagen, daß ich mit meinem Körper vollkommen zufrieden bin. Allerdings habe ich mittlerweile diese Kämpfe hinter mir gelassen. Auch ich habe diese Schlacht ausgetragen und verloren. Wie Sie habe ich viele Cremes, Lotionen und Pillen in unserem Badezimmer angesammelt, die, wenn wir den Werbeslogans glauben könnten, selbst einen Orang-Utang zu einem bezaubernden Wesen machen würden.

Aber das ist vielleicht auch in Ordnung. Wenn ich vollkommen wäre, würden Sie mir nämlich nicht vertrauen. Und wenn ich sogar vollkommen *und* selbstsicher wäre, dann müßten Sie gegen den Drang ankämpfen, mich von einem angeheuerten

Killer verschleppen und in der Morgendämmerung erschießen zu lassen.

Also, von Frau zu Frau, wie schaffen wir es nun? Wie können wir uns unsere Fehler vergeben und den Körper lieben und genießen, den wir nun einmal bekommen haben?

Einige Vorschläge möchte ich Ihnen dazu machen.

Perspektive

Wie viele von uns würde meine Freundin Jackie gern dreißig Pfund abnehmen. Zum einen raubt das zusätzliche Gewicht ihr viel Energie, und zum anderen fühlt sie sich nicht mehr sexy. Oh, ihr Mann hat sich niemals beklagt, doch Jackie fühlt sich während des Liebesaktes eher verlegen als erregt.

Vor einigen Monaten bekam Jackie, als sie ihrer zwölfjährigen Tochter bei den Hausaufgaben half, eine neue Sichtweise bezüglich ihrer Körperfülle, die zu einem wiederbelebten Feuer in ihrem ehelichen Bett führte. Jackie erklärte:

„Melissa mußte einen Aufsatz über Peter Paul Rubens schreiben, einen der berühmtesten Maler des siebzehnten Jahrhunderts. Mit besonderer Vorliebe hat er nackte, dralle, üppige Frauen des Barock gemalt. Drall und üppig ist eigentlich noch sehr milde ausgedrückt. Melissa und ich blätterten ein Buch mit Abbildungen seiner Gemälde durch, und mir fiel auf einmal auf, daß die Frauen, die er gemalt hat – und die in der damaligen Zeit als schön galten –, alle schlichtweg *fett* waren. Sie hatten dicke Oberschenkel, sehr starke Hüften und große Brüste, und sie waren sinnlich, selbstsicher und schön. Je länger ich mir sein Werk ansah, desto mehr begann ich über mich selbst nachzudenken. Vielleicht konnte auch ich sinnlich, selbstsicher und schön sein."

Noch am selben Abend stellte sie ihre neue Erkenntnis auf die Probe. Sie berichtete, daß sie weniger gehemmt und wagemutiger war. Nachdem das Feuerwerk der Leidenschaft zu Ende war, faßte ihr Mann – erschöpft und ausgelaugt – den Abend mit einem einfachen „Wow" zusammen.

Später, als sie sich in den Arm ihres Mannes kuschelte, erzählte Jackie, was ihr eine neue Perspektive gegeben und ihr geholfen hatte, ihren Körper mit all seinen Rundungen zu akzeptieren. Als sie geendet hatte, küßte ihr Mann sie zärtlich auf die Stirn und sagte: „Vielleicht solltest du Melissa häufiger bei den Hausaufgaben helfen."

Muß Jackie immer noch dreißig Pfund abnehmen? Für ihre körperliche Gesundheit schon. Muß sie dreißig Pfund abnehmen, bevor sie sich schön, sexy und selbstsicher fühlen kann? Nein. Können Sie und ich eine neue Perspektive unseres Körpers bekommen, wie unvollkommen er auch sein mag? *Ja.* Nachfolgend einige Ideen:

- Holen Sie sich einmal ein Buch über Gemälde bekannter Künstler, und sehen Sie sich die abgebildeten Schönheiten an, die durch die Jahrhunderte hindurch den Blick von Malern auf sich gezogen haben.
- Nehmen Sie Ihre Unvollkommenheiten nicht so ernst. Wenn Ihr Problem die Badezimmerwaage ist, gefällt Ihnen vielleicht der Spruch auf einem Autoaufkleber, den ich neulich gesehen habe: „Ich bin vielleicht fett, aber du bist häßlich, und ich kann abnehmen!"
- Wenn Sie Zeitschriften lesen, dann achten Sie auf Bekenntnisse von „schönen" Menschen, die Einblicke hinter ihre Fassade und in ihre wirkliche Welt geben. In einer Frauenzeitschrift fand ich ein Interview mit Courtney Cox, das mir besonders gut gefiel. Diese Schauspielerin und ehemalige Freundin von Michael Keaton sagte von sich selbst: „Ich höre immer noch die Stimme meines Bruders Richard. Wir fuhren in seinem Wagen, und er sagte: ‚Hey, Kleine, dir wachsen ja Haare am Kinn.' Sie glauben doch nicht, daß ich nicht jeden Morgen mein Gesicht nach unerwünschten Härchen absuche?" Also, denken Sie immer daran, daß *wir alle* nur Menschen sind. Sie sind kein Mensch zweiter Klasse, weil Ihre Hände schwitzen und Sie morgens Mundgeruch haben oder weil Sie einige Pfunde zuviel wiegen. Glauben Sie es oder nicht, Elizabeth Taylor hat morgens Mundgeruch, und die göttliche Garbo wußte, was Blähungen sind. Seien Sie also nicht zu hart mit sich selbst.

Ich lernte einmal eine Frau kennen, die damit prahlte, daß ihre Brüste, obwohl sie vier Babys gestillt habe, immer noch sehr straff und fest seien. Sie war etwas über vierzig, hatte große, verarbeitete Hände und vorzeitig ergrautes Haar, das sie bei der Arbeit zu einem lockeren Pferdeschwanz zusammenband.

Sie war Schneiderin und hatte sich ein kleines Geschäft aufgebaut. Ihr Atelier war ihr Eßzimmer, und während sie für ein Kleid an mir Maß nahm – ich sollte bei der Hochzeit meiner Schwester Brautjungfer sein –, schwärmte mir diese Frau von ihrer Brust vor.

Vier Kinder? Straffe Brüste. Nicht, daß ich ihr nicht glaubte, aber wenn diese Frau mir erzählen würde, daß im Juli die Sonne scheinen würde, würde ich mir eine zweite Meinung einholen wollen. Als wir dieses Gespräch führten, war Kaitlyn zwei Jahre alt. Ich hatte sie fünfzehn Monate gestillt, und meine Brust war durchaus nicht mehr straff.

Einige Dinge hinterlassen einfach Spuren. Ich wünschte, es gäbe eine Alternative, aber es gibt sie nicht. Schwangerschaft und Stillzeit gehen nicht spurlos an einer Frau vorüber; denken Sie nur an Fettpölsterchen an den Hüften und erschlaffte Brüste. Eine Familie zu versorgen, bedeutet schlaflose Nächte, dunkle Ringe unter den Augen und vom Geschirrspülen rauhe Hände. Teenager zu erziehen, verursacht Sorgenfalten auf der Stirn, vorzeitig ergrautes Haar und arthritische Finger, weil man unablässig seine Brieftasche umklammert halten muß.

Vor einigen Tagen betrachtete ich eingehend meine Hände. Ich war ein wenig erstaunt zu sehen, daß die glatte, straffe Haut meiner Jugend nicht mehr da war. Ich habe die Hände einer Mutter, einer Hausfrau, einer Frau, die eher vierzig als dreißig ist. Ja, ich habe die Hände einer Frau: Ich habe auch ein Heim, eine Familie, einen Beruf und einen Hund. Ich habe Aufgaben und Menschen, die ich liebe. Und ich habe bereits eine Geschichte, denn ungefähr die Hälfte meines Lebens liegt hinter mir; meine Narben und Lachfältchen können das belegen.

Das alte, bekannte Sprichwort „Alter vor Schönheit“ sagt etwas über den Wert von Erfahrung aus, und Alter steht dem

Wert reiner Schönheit gegenüber. Beneiden Sie andere nicht um ihre Jugendlichkeit. Lernen Sie statt dessen die kleinen Opfer zu respektieren und sogar zu lieben, die nach und nach von Ihrem Körper gefordert werden.

Tun Sie Dinge, die Ihr Selbstvertrauen stärken

Ich habe früher immer gedacht, daß man nur wegen des Gewichts und guten Aussehens Sport treibt und Diät hält. Jetzt weiß ich es besser. In erster Linie geht es *nicht* darum, abzunehmen und die Muskeln zu kräftigen, obwohl dies sicherlich Nebenerscheinungen sind.

Immer wenn ich mal wieder eine Diät begann und gleichzeitig Gymnastik machte, um mein Aussehen zu verbessern, war ich schnell entmutigt. Ich bin dreimal hintereinander ins Fitneß-Studio gegangen und blickte dann fragend in den Spiegel, ob ich bereits eine Verbesserung meiner Figur feststellen konnte. Doch leider hatte sich nichts getan, und frustriert wäre ich am liebsten auf dem Heimweg bei McDonald's vorbeigegangen, um mich zu trösten.

Jetzt weiß ich, daß die Vorteile eines gesunden Lebensstils – Vorteile, die fast sofort spürbar sind – *Energie* und *Selbstvertrauen* sind.

Wenn ich diszipliniert lebe (ungeachtet dessen, was die Badezimmerwaage zu sagen hat), bin ich in meinen Beziehungen, meinem Beruf, in der Erziehung und auch bei der Liebe selbstbewußter.

Welche gesunden Lebensgewohnheiten stärken bei Ihnen Energie und Selbstbewußtsein? Die Cousine meines Mannes erzählte mir einmal, sie hätte ein ganzes Jahr lang keinen Zucker gegessen. Wollte sie abnehmen? Nein. Lori ist eine attraktive, zierliche Frau, die keine Gewichtsprobleme hat. Sie hatte einfach entdeckt, daß sie sich ohne Zucker besser fühlt. Finden Sie heraus, was bei Ihnen funktioniert, und bemühen Sie sich bewußt darum, diese gesunden Gewohnheiten in Ihren Alltag zu übernehmen.

Betonen Sie Ihre schönsten Züge

Ihnen ist vermutlich aufgefallen, daß sich mein „Rezept" für ein besseres Körperbild bisher nicht auf Veränderungen des Körpers bezieht. Ich habe statt dessen darüber geschrieben, daß wir unsere Einstellung ändern, unsere Wertvorstellungen überprüfen und uns gesunde Lebensgewohnheiten aneignen sollten.

Wir arbeiten sozusagen von innen nach außen. Und nun ist es an der Zeit, sich mit dem Äußeren zu beschäftigen: mit den Faktoren, die zu körperlicher Schönheit beitragen.

Wann immer es möglich ist, zeigen Sie sich von Ihrer schönsten Seite. Durch Make-up, schicke Kleidung, gepflegte Fingernägel, also durch Kleinigkeiten kann man sein Aussehen sehr stark verbessern. Es ist zum Beispiel erstaunlich, was ein guter Haarschnitt für das Selbstbewußtsein tun kann. Und lackierte Fußnägel, auch wenn sie in dicken Socken und Stiefeln versteckt sind, tragen sehr viel dazu bei, sich sexy zu fühlen.

Kaufen Sie sich weiche Seidenunterwäsche. Halten Sie Diät, und nehmen Sie fünf Pfund ab. Experimentieren Sie mit einer neuen Frisur oder Haarfarbe. Tragen Sie auffällige Ohrringe. Lackieren Sie Ihre Nägel. Legen Sie sich Kontaktlinsen zu.

Gehen Sie zur Kosmetikerin und lassen Sie sich dort verwöhnen. Wenn Sie Ihr Aussehen verbessern können, warum sollten Sie es nicht tun?

Beten Sie

Viele Frauen konzentrieren sich zu sehr auf die Äußerlichkeiten, die ich gerade beschrieben habe. Für den Versuch, ihre Unsicherheit zu beheben, die tief unter der Oberfläche verborgen liegt, investieren sie unzählige Stunden und geben eine Menge Geld aus. Das Resultat ist Frustration.

Körperliche Verschönerungen sind am wirksamsten, wenn sie mit der sorgfältigen Beachtung der inneren Kräfte Hand in Hand gehen, wie mit denen, die ich zuvor genannt habe. Eine gute Perspektive, richtige Prioritäten und das durchgängige Praktizieren gesunder Lebensgewohnheiten sollte zu jeder Kampagne zur Aufmöbelung Ihres Körperbildes dazugehören.

Und keinesfalls wollen wir das Gebet vergessen.

Wenn Sie mit Ihrem Körper nicht zufrieden sind, bringen Sie das im Gebet vor Gott:

- Bitten Sie ihn, Ihnen Weisheit zu geben bei dem Versuch, Ihre negativen Gefühle zu ändern und ein positiveres Bild von Ihrem Körper zu bekommen.
- Bitten Sie ihn, Ihnen zu helfen, Ihr Selbstwertgefühl in der Beziehung zu ihm zu suchen und nicht in dem Bild, das Ihnen aus dem Badezimmerspiegel entgegenlacht.
- Danken Sie ihm täglich für den Körper, den er Ihnen gegeben hat, für Ihre Gesundheit, für die Zeit hier auf der Erde und schließlich für die Gelegenheit, ihm frohen Herzens zu dienen.

Denken Sie daran: Wenn Sie an Jesus Christus glauben, ist Ihr Körper die Wohnung des Heiligen Geistes. Das allein verleiht Ihrem Körper einen unschätzbaren Wert, wie fehlerhaft Sie ihn auch empfinden. Das Paradoxe ist, daß Ihr Körper, wenn Sie an Christus glauben, gar nicht wichtig ist. Eines Tages wird Ihr Körper zu Staub werden, und Ihr Geist wird in den Himmel fahren, um in der Gegenwart Gottes zu leben.

Diese Vorstellung kann Ihnen bei Ihrem Kampf mit Unsicherheit und Minderwertigkeitsgefühlen in bezug auf Ihr Aussehen helfen, eine ausgewogenere Sichtweise zu bekommen. Ihr Wert als Mensch stützt sich nicht auf Ihre Haarfarbe oder die Größe Ihrer Nase, sondern auf Ihre Beziehung zu Jesus Christus. Ihr Körper ist ein unglaubliches Geschenk, das gepflegt und geliebt werden sollte, doch letztendlich verblaßt seine Bedeutung im Licht der Gesundheit und des Wohlergehens Ihrer Seele.

Vielleicht spricht dieser letzte Abschnitt Sie nicht an. Vielleicht haben Sie Christus noch nicht gebeten, Herr Ihres Lebens zu werden, haben das Geschenk seines Todes und seiner Auferstehung noch nicht als einzigen und besten Weg für sich angenommen, um mit einem Gott in Gemeinschaft zu treten, der Sie liebt. Wenn dies auf Sie zutrifft, dann können Sie heute die Situation in Ordnung bringen:

Bitten Sie Jesus, Ihnen die Dinge zu vergeben, die Sie in der

Vergangenheit getan und die Sie von Gott getrennt haben. Sagen Sie ihm, daß Sie seinen Tod und seine Auferstehung als Brücke zwischen sich und Gott anerkennen.

Bitten Sie ihn, Ihnen seinen heiligen Geist zu schicken, damit er in Ihr Herz einzieht und Sie empfänglich macht für seine Führung und Leitung.

Bitten Sie ihn, Ihnen zu helfen, Kontakt zu einer Gemeinde und anderen Gläubigen zu finden, die Ihnen helfen können, mehr über Gott und seine Pläne für Sie zu erfahren.

Danken Sie ihm, daß er Sie an diese wichtige Kreuzung in Ihrem Leben geführt hat, daß er Sie so sehr geliebt hat, daß Sie Gemeinschaft mit Gott haben können und für das umgestaltende Werk, das er nun in Ihrem Leben beginnen wird.

Wenn Sie dieses Gebet gesprochen haben, erzählen Sie es jemandem. Rufen Sie einen Pastor in Ihrer Stadt an. Nehmen Sie Kontakt zu einem Freund oder Verwandten auf, der an die Bibel glaubt und Sie aufgefordert hat, mit Gott ins reine zu kommen.

Praktizieren Sie Treue und Pflichterfüllung in Ihrer Ehe

Ein Mann und seine schöne junge Frau erlitten Schiffbruch und retteten sich auf eine einsame Insel. Sie waren jedoch nicht ganz allein, denn mit ihnen war ein gutaussehender Seemann gestrandet.

Jeden Tag kletterte dieser junge Seemann auf die höchste Palme der Insel, um das Meer nach einem Schiff abzusuchen, das ihnen Rettung bringen könnte. Jedesmal, wenn er zu ihrem Lager zurückkehrte, schimpfte er den Ehemann aus, daß er nicht diskret genug sei. „Es ist dir vielleicht gar nicht klar, aber ich kann von der Palme aus alles sehen, und ich habe gesehen, wie du deine Frau leidenschaftlich geliebt hast!"

Der Ehemann leugnete jedesmal, und der junge Seemann schüttelte erstaunt den Kopf: „Es muß ein Flimmern in der heißen Luft gewesen sein, aber von hier oben sah es aus, als würden sich zwei Leute am Strand lieben."

Dies passierte mehrere Tage hintereinander, doch eines Tages war es dem Mann zuviel, und er beschloß, selbst einmal nachzusehen. Da seine Kondition nicht besonders gut war, brauchte er eine Weile, bis er den rauhen Stamm hochgeklettert war, doch als er es geschafft hatte, staunte der Mann über das, was er sah. „Du hast recht!" rief er von seinem Ausguck herunter. „Von hier oben sieht es wirklich so aus, als würden sich zwei Menschen am Strand lieben!"

Man kann über diesen Scherz lachen, auch wenn er über eine so ernste Sache wie Untreue gemacht wird. Wie schön wäre es, wenn eheliche Untreue nur in den Geschichten von Schriftstellern und Kabarettisten vorkäme.

Leider ist Ehebruch jedoch ein sehr reales Problem, das häufig tiefe Wunden schlägt.

Ich muß zugeben, daß ich nicht recht wußte, welch tiefe Wunden Untreue schlagen kann, bis ich einmal mitten in der Nacht vom Klingeln unseres Telefons geweckt wurde. Eine meiner besten Freundinnen hatte entdeckt, daß ihr Mann sie mit einer anderen Frau betrog, und weil sie sich keinen anderen Rat wußte, rief sie mich um drei Uhr morgens an. Abwechselnd war sie vollkommen ruhig und hysterisch, fuchsteufelswild und am Ende, während sie dem Schmerz über ihre zerbrechende Ehe Ausdruck verlieh.

Es ist schwierig, die Kosten eines erschütterten Vertrauens zu benennen. Auch wenn wir über das Bild eines gehörnten Ehemannes lachen und in einer Gesellschaft leben, die fortwährend die Freuden von ungehemmtem Sex in den schillerndsten Farben zeichnet, ist es eine Tatsache, daß Ehebruch immer tiefe Wunden hinterläßt.

Vertreiben Sie den Mythos „Immunität“

Trotz der unleugbar tragischen Auswirkungen von Untreue auf die Ehen um uns herum können sich viele von uns gar nicht vorstellen, daß ihnen je „so etwas“ passieren könnte.

Wie oft haben wir dem neusten Tratsch über die Untreue einer uns fremden Person gelauscht, während wir uns in dem Mythos, *unsere* Ehen seien irgendwie immun gegen solche Versuchungen, warm geborgen fühlten?

Wie viele von uns haben innerlich über die bewundernswerten – aber unbequemen – Vorsichtsmaßnahmen gelächelt, die andere Ehepaare getroffen haben, um Versuchungen von sich fernzuhalten? Als ich hörte, daß ein Freund von uns niemals allein mit einer anderen als seiner eigenen Frau im Wagen fuhr, mußte ich an die vielen Male denken, die ich mit einem Freund oder Kollegen im Auto gesessen habe. Würde Billy seinem Vorsatz treu bleiben können? Als Rechtsanwalt mußte er viel Zeit mit Klienten verbringen, welchen Geschlechts auch immer. Nahm er diese „Vorsichtsmaßnahmen“ nicht ein wenig zu ernst? Nahm *ich* sie nicht ernst genug?

Aus irgendeinem Grund leben sehr viele Ehepaare in dem

falschen Glauben, Ehebruch könnte nur anderen passieren, und ihre eigenen Ehen seien dagegen immun. Wenn ihre Leidenschaft dann doch einmal unerwartet aufflackert, scheinen sie überrascht, obwohl sie von Pastoren, Seelsorgern und erfahrenen Eheleuten ganz deutlich gewarnt wurden: Seid vorsichtig, keine Ehe ist gegen Versuchungen gefeit.

Meine Ansicht ist folgende: Die Frage, die von *jedem* Mann und *jeder* Frau hinsichtlich der Belastbarkeit seiner oder ihrer Ehe gestellt werden sollte, ist nicht: „Was würde ich tun, *falls* ich mich jemals von einer anderen Frau oder einem anderen Mann angezogen fühlen sollte?“, sondern: „Wie werde ich damit umgehen, *wenn* ich mich von einer anderen Frau oder einem anderen Mann angezogen fühle?“ Die Versuchung ist nicht nur eine Möglichkeit, sondern eher eine Wahrscheinlichkeit. Sexuelle Versuchung an irgendeinem Punkt in Ihrer Ehe ist buchstäblich garantiert. Sie gehört – zusammen mit Tod, Steuern und unerwünschten Telefonanrufen während des Abendessens – zu den wenigen Garantien, die Sie im Leben bekommen.

Wie können wir angesichts dieser Tatsache treu bleiben? Wie können wir unsere Männer ermutigen, treu zu bleiben? Wie können wir mit unseren Wünschen, Gedanken und unserer äußerst aktiven Libido fertig werden, damit unsere Ehe keinen Schaden nimmt und wir vor Gott rein bleiben?

Sind Sie aus freien Stücken treu oder nur aus Pflichterfüllung?

Es ist kein Zufall, daß in der Überschrift zu diesem Kapitel Treue und Verpflichtung neben dem Verb „praktizieren“ stehen. Im Gegensatz zur allgemein üblichen Meinung sind Treue und Pflichterfüllung nicht zu praktizieren, indem man etwas *nicht* tut. Mit anderen Worten: Weil kein außereheliches Verhältnis besteht, bedeutet das nicht gleichzeitig, daß Sie und Ihr Mann Treue und Pflichterfüllung *praktizieren* – es bedeutet vielleicht einfach nur, daß Sie bisher Glück gehabt haben.

Eine meiner Freundinnen steht momentan sehr stark in der

Gefahr, ein außereheliches Verhältnis zu beginnen. Sie ist wie ich freiberufliche Schriftstellerin und ihrem Mann bisher noch nicht untreu gewesen. Und doch hat es den Anschein, als würde Betty wenige, wenn überhaupt irgendwelche Vorsichtsmaßnahmen treffen, um ihre Ehe vor den heimtückischen Auswirkungen einer Affäre zu schützen. Keinesfalls möchte ich voreilige Schlüsse ziehen oder eine Freundin in irgendeine Schublade stecken, doch ich denke, ich kann ohne weiteres sagen, daß Bettys kokettes Verhalten – vor allem angesichts der häufigen Reisen ihres Mannes – eine Gefahr für ihre Ehe darstellt. Ihre Treue scheint manchmal kaum mehr zu beinhalten als eine Aneinanderreihung glücklicher Zufälle.

Ich betrachte mich selbst nicht als große Flirterin, doch während ich hier sitze und diese Gedanken niederschreibe, muß ich mich fragen: Unterscheide ich mich wirklich von Betty? Vielleicht kokettiere ich nicht mit anderen Männern, kleide mich nicht provokativ oder stelle mich bei der Weihnachtsfeier nicht ein wenig zu dicht neben die Kollegen meines Mannes, doch wie absichtlich ist meine Treue? Ist sie nur ein glücklicher Zufall oder strategisch geplant und praktiziert? Bin ich vorsätzlich treu oder nur, weil die Gelegenheit zur Untreue fehlt?

Treue und Verpflichtung in der Ehe sind zu wichtig, als daß sie dem Zufall überlassen bleiben könnten. Vor allem angesichts der Attacken von Streß, Zerstreuung, Versuchung und anderer Angriffe auf die Familien in unserer Zeit ist es unerläßlich, daß Eheleute aktive Schritte zum Schutz ihrer Ehe unternehmen.

Strategien zur Stärkung Ihrer Ehe

Erinnern Sie sich noch an die Freundin, die ich zu Beginn dieses Kapitels erwähnt habe? Weil ihr Mann seine Affäre nicht beendete, wurde sie quasi zu einer ungewollten Scheidung gezwungen, und sie ist, gelinde gesagt, der Männer ein wenig überdrüssig. Dies ist eine Phase ihres Schmerzes, die sie, dessen bin ich sicher, überwinden wird, doch im Augenblick sieht sie hinter jedem Busch einen Ehebrecher lauern. Selbst die treusten Ehemänner betrachtet sie mit Mißtrauen und ihre Frauen mit

Mitleid. Bedingt durch das tragische Ende ihrer Ehe hat sie sich (hoffentlich nur vorübergehend) der Meinung verschrieben, daß alle Männer Schurken und Hunde sind.

In dieser Situation ist es verständlich, daß jemand vom anderen Geschlecht enttäuscht ist, und obwohl es keine Garantien für eine Treue bis in den Tod gibt, so bin ich doch der Überzeugung, daß Ehen affärensicher gestaltet werden können. Hierzu gibt es Strategien und Techniken, die prophylaktisch wirken – bevor die Versuchung zuschlägt. Hier sind einige Vorschläge für Ehepaare, die entschlossen sind, ihre Ehen zu schützen:

Akzeptieren Sie die Tatsache, daß Sie und Ihr Mann nicht immun sind

Der Psychologe und Autor Norman Wright sagte bei einem Interview: „Die Menschen sitzen in meinem Büro und sagen: ‚Ich hätte nie gedacht, daß mir das passieren könnte.' Und bevor sie mir ihre Geschichte berichten, kann ich ihnen häufig die einzelnen Phasen aufzählen. Es gibt keinen vollkommenen Schutz für eine Ehe, aber wenn ein Mensch sagt: ‚Zu Hause ist alles in Ordnung', oder: ‚Ich brauche mir darum keine Gedanken zu machen, ich bin davor sicher', so sind das die ersten Alarmzeichen. Man muß *immer* auf der Hut sein."

Etwa zur selben Zeit interviewte ich Sylvia Nash, damals Direktorin einer christlichen Managervereinigung. Sie sagte folgendes: „Gordon MacDonald, ein bekannter Autor und Redner, wurde vor einigen Jahren gefragt: ‚Wenn Satan Sie irgendwo angreifen wollte, wo hätte er die größten Chancen?' Gordon antwortete darauf: ‚Ich will Ihnen einen Lebensbereich nennen, in dem er mich ganz bestimmt nicht kriegen würde, und das ist meine Ehe. Ich führe eine sehr gesunde und wundervolle Ehe, und meine Frau Gail und ich sind unsagbar glücklich.' Ein Jahr später begann er ein Verhältnis. Er und Gail haben ihre Ehe seither wieder in Ordnung gebracht. Diese Erfahrung hat bei ihnen einige Narben hinterlassen, doch sie hat ihrem gemeinsamen Dienst einen neuen Tiefgang verliehen. Wir alle denken, *das kann mir nicht passieren.* Und dann sagt Satan auf einmal: ‚Ach wirklich?‘ Satan ist lebendig, und wir tun gut daran, endlich aufzuwachen. Wir sind nun mal verletzlich.“

Vernachlässigen Sie den Sex mit Ihrem Partner nicht

Ob sexuelle Intimität als Folge eines überfüllten Terminkalenders oder eines sehr viel komplexeren Problems vernachlässigt wird, die dadurch entstehende Leere macht beide Ehepartner empfänglich für Trost außerhalb ihrer Beziehung. Indem Sie und Ihr Mann das Versprechen eingehen, Ihr Liebesleben beständig aufregend zu gestalten, bleiben Sie und Ihr Mann in Verbindung miteinander und aufeinander konzentriert, trotz der Vielzahl von Ablenkungen und Versuchungen, die auf Sie einstürmen.

Suchen Sie professionelle Hilfe für schwelende Verletzungen, wie klein Sie Ihnen auch erscheinen mögen

Es wäre doch schön, zu glauben, daß alle Verletzungen, die Eheleute sich gegenseitig zufügen, durch viele Gespräche, die Zeit und/oder Gebet geheilt werden könnten. Manchmal jedoch gerät selbst ein Ehepaar, das sich hingebungsvoll liebt, in eine Sackgasse. Der Schmerz verschwindet einfach nicht. Lassen Sie nicht zu, daß ein Geschwür eitert, Ihre Gefühle infiziert und so Ihre ganze Ehe verseucht. Wenn es Ihnen nicht gelingt, einen Konflikt mit Hilfe anderer Mittel zu lösen, zögern Sie nicht, in die Seelsorge oder psychologische Beratung zu gehen. Schnelle Hilfe kann verhindern, daß sich ein kleiner Hügel in einen Mount Everest verwandelt und eine Barriere schafft, die Sie und Ihren Mann voneinander isoliert und für Versuchung empfänglich macht.

Larry und ich haben selbst erlebt, wie sich ein Hügel in einen Berg verwandelt hat. An einem bestimmten Punkt in unserer Ehe stellten wir fest, daß wir eine aussichtslose Schlacht gegen heimtückische verborgene Strömungen in unserer Beziehung schlugen. Ich war depressiv, er frustriert; wir beide wurden uns immer fremder, hatten Angst und stritten miteinander. Als wir das Problem mit Hilfe einer christlichen Therapie angingen, fühlten wir uns wie drei Archäologen, die sich durch verschiedene Schichten Schlamm und Schmutz gruben: wir begannen mit den nur kurz zurückliegenden Ereignissen und arbeiteten uns in die Vergangenheit vor. Lange Zeit beschäftigten wir uns nur mit den Symptomen unserer eigentlichen Probleme, mit Nebeneffekten, die eine Eigendynamik entwickelt und zu eigenständigen Problemen geworden waren: Depression, Wut, Unversöhnlichkeit, Leugnung. Diese Probleme mußten zuerst bewältigt werden, bevor wir uns in neues emotionales Territorium vorarbeiten konnten. Und wissen Sie was? Während wir das taten, begann ich zu denken: „Wow, das ist gar kein neues Territorium; diese Themen sind mir bekannt."

Und so war es auch – am Ende unserer Therapie hatten Larry und ich uns mit Konflikten und Verletzungen auseinandergesetzt, die wir in den ersten Jahren unserer Ehe nicht hatten lösen können. Ungelöste Schwierigkeiten hatten uns Jahre später in anderer Form eingeholt.

Ich danke Gott, daß die vorübergehende Entfremdung zwischen Larry und mir nicht zum Ehebruch geführt hat. Doch bei vielen Ehepaaren sind ungelöste, amoklaufende Konflikte der Vorspann zu einer noch viel tragischeren Geschichte von Ehebruch und Scheidung. Lassen Sie Ihre Ehe nicht dazugehören: seien Sie wachsam, bemühen Sie sich darum, eine reine Weste zu behalten, und setzen Sie sich rechtzeitig mit Konflikten auseinander.

Legen Sie sich stets gegenseitig Rechenschaft ab

Norman Wright gestand in dem bereits erwähnten Interview, daß er seiner Frau gegenüber immer Rechenschaft ablege und daß dies eines der Mittel sei, durch die er seine Ehe schütze. Er berichtete: „Wenn mir eine Frau Avancen macht, spreche ich aus zwei Gründen mit meiner Frau Joyce darüber: erstens als Schutzmaßnahme meinerseits, und zweitens, damit sie darüber Bescheid weiß. Sehr oft ist eine Affäre von einem Hauch von Romantik umgeben, weil sie den Reiz des Verbotenen trägt. Wenn etwas offen ausgesprochen wird, verfliegt jedoch schnell das Interesse." Wenn Ihnen von einer anderen Person als Ihrem Partner romantische Aufmerksamkeit entgegengebracht wird, vertrauen Sie sich Ihrem Partner oder einem vertrauenswürdigen Freund an. Und wenn Sie selbst feststellen, daß ein anderer als Ihr Mann Sie anzieht, sprechen Sie mit einem vertrauenswürdigen Menschen, der Ihnen hilft und Sie daran erinnert, daß Sie in Gedanken und Tat rein bleiben sollen.

Ersticken Sie die Versuchung, bevor sie zur Sünde wird

Die Bibel gibt uns zwei sehr bekannte Beispiele, wie gottesfürchtige Männer erfolgreich der Versuchung widerstanden haben. Das erste ist in Matthäus 4 zu finden, wo Jesus seine Kenntnisse des Wortes Gottes dazu verwandte, den Versuchungen des Satans entgegenzutreten. Es gibt viele Bibelverse, die von der sexuellen Reinheit, der Heiligkeit des Ehebettes sprechen und wie wichtig es ist, gottesfürchtige Gedanken zu haben, und so weiter. Lernen Sie einige dieser Verse auswendig, damit Sie der Versuchung entgegentreten können.

Das zweite Beispiel für eine erfolgreiche Abkehr von der Sünde ist in 1. Mose 39 zu finden. In diesen Versen wird uns berichtet, wie ein rechtschaffener Mann mit Namen Joseph auf die Avancen der Frau seines Chefs reagierte: er nahm buchstäblich die Beine in die Hand und rannte aus dem Zimmer. Es ist durchaus nicht unehrenhaft oder feige, wenn man vor einer Versuchung davonrennt. Wenn Sie in eine solche Situation geraten, rennen Sie davon! Steigen Sie aus dem Wagen aus. Verlassen Sie den Raum. Legen Sie den Hörer auf. Wechseln Sie die Gemeinde. Kündigen Sie Ihre Stellung. Suchen Sie sich neue Freunde. Weh dem Menschen, der denkt, er könnte mit dem Feuer spielen und unverletzt daraus hervorgehen. Geben Sie der Versuchung keinen Raum, und ersticken Sie sie sofort, bevor die Sache so heiß wird, daß Sie sie nicht mehr anfassen können.

Entgegengesetzt der gängigen Meinung beginnt Ehebruch nicht erst mit Ihrem Lippenstift auf seinem Kragen oder einer Hotelrechnung in Ihrer Brieftasche. Ehebruch beginnt in Ihren Gedanken.

Eine Frau vertraute mir einmal an, ihre Affäre hätte begonnen, als sie sich gestattete, in ihrer Schwärmerei für einen anderen Mann zu verharren. George war ein Klient, der über das Maklerbüro, in dem Susan beschäftigt war, ein Haus kaufen wollte. Jede Woche, während sie durch die Stadt fuhren und nach dem Haus seiner Träume suchten, träumte auch sie – von ihm.

Anfangs glaubte Susan, sie würde sich mit ihren geheimen Gedanken zufriedengeben können. Wann immer sie Schuldgefühle empfand, redete sie sich ein, daß sie doch nichts Falsches tun würde: sie genoß lediglich das Aufwallen ihrer Gefühle, wenn sie und George zusammen waren.

Es dauerte jedoch nicht lange, bis sie Anhaltspunkte dafür bekam, daß auch sie ihm nicht gleichgültig war, und ihre Gedanken wurden zu Tagträumen. Schon bald stellte sie sich vor, wie schön es sein würde, wenn sie sich ihre gegenseitigen Gefühle eingestehen könnten. Sie wollte keine Affäre: sie wollte einfach nur hören, daß er sich von ihr angezogen fühlte wie sie sich von ihm.

Eines Tages kam es tatsächlich zu diesem Eingeständnis, und Susans Gedanken eilten bereits zum ersten Kuß voraus. Sie träumte unablässig davon, wie es sein würde, in Georges Armen zu liegen, trotz der Tatsache, daß sie eine Familie hatte. Mehrere Wochen später küßten sie sich zum ersten Mal, und Susan träumte davon, wie es sein würde, mit ihm zu schlafen.

Susans Gedanken öffneten jede verbotene Tür, und stets brauchte sie nicht lange, bis sie durch ihre Taten die Türschwelle tatsächlich überschritt. So wie Susans Gedanken ihre Entscheidungen bestimmten, so sind auch Ihre und meine Gedanken sehr mächtig. Lassen Sie es nicht zu, daß ungehemmte Träumereien gefährliche Wege aufzeigen, die Sie dann tatsächlich auch gehen. Für Ehemänner und Ehefrauen gilt gleichermaßen: die Kontrolle der eigenen Gedanken ist die wichtigste Verteidigung gegen eine Affäre. Pornographie, Liebesromane, sogar bestimmte Talkshows können uns in unseren Gedanken ermutigen, die Schwelle zu überschreiten und unsere Entschlossenheit schwächen, der Versuchung zu widerstehen.

Achten Sie auf Warnsignale

Vor einigen Jahren arbeitete ich mit an einem Buch mit dem Titel *Working Women, Workable Lives: Creative Solutions for Managing Home and Career* („Berufstätige Frauen, die ihr Leben im Griff haben"). Für dieses Buch schrieben meine Mitautorin Linda Holland und ich ein Kapitel darüber, wie man sich vor einem außerehelichen Verhältnis schützen kann. In diesem Kapitel führten Linda und ich einige Warnsignale auf, besonders für diejenigen, die vielleicht nicht bereit sind, zuzugeben, daß sie sich eine Affäre wünschen. Wie Sie sehen, gibt es viele Grenzen, die in Gedanken und emotional erst überschritten werden müssen, bevor die „Tat" wirklich ausgeübt wird. Sowohl Mann als auch Frau täten gut daran, bei sich selbst diese inneren Warnsignale zu erkennen.

- ▷ Stellen Sie fest, daß Sie besonders gern am Schreibtisch eines bestimmten Mitarbeiters vorbeigehen oder die Gesellschaft eines interessanten Menschen in Ihrer Gemeinde oder in Ihrem Freundeskreis suchen?
- ▷ Legen Sie neuerdings größeren Wert auf Ihre Kleidung oder Ihr Aussehen?
- ▷ Gibt es einen Freund oder Mitarbeiter, der Ihnen das Gefühl gibt, wieder sechzehn zu sein?
- ▷ Wir alle haben von Zeit zu Zeit unmoralische Gedanken, doch die meisten davon sind nur flüchtig. Wandern Ihre Gedanken immer wieder zu einem bestimmten Menschen?
- ▷ Stellen Sie fest, daß Sie sich auf Veranstaltungen freuen, bei denen eine besondere Person anwesend ist? Lange bevor Sie zugeben, daß Sie von jemandem angezogen werden, gehen Sie vielleicht gern zu Orten, wo Sie ihn sehen werden.
- ▷ Wie sprechen Sie in Gesprächen mit der Familie, mit Freun-

den oder Ihrem Partner von dem Menschen, von dem Sie sich angezogen fühlen? „Vergessen“ Sie, anscheinend belanglose Kontakte zu erwähnen? Oder brennt es Ihnen auf der Seele, von dem Ereignis zu sprechen, bei dem Sie ihn zuletztgesehen haben? Beides sind Warnzeichen.

- ▷ Wenn Sie über diesen Menschen nachdenken, rechtfertigen Sie die Beziehung vor sich selbst mit Ausreden wie: „Wir sind doch nur Freunde ...“? Rechtfertigen Sie die Beziehung zu sich oder anderen mit Umständen, die mit dem tatsächlichen Problem nichts zu tun haben? Linda und ich sprachen mit einer Frau, deren Schwester als erste mißtrauisch wurde und fragte: „Läuft da etwas zwischen John und dir?“ Die Frau protestierte: „Ist das dein Ernst? Er ist verheiratet und hat vier Kinder.“ Die Schwester war klug genug, um zu antworten: „Danach habe ich nicht gefragt.“ Die Tatsache, daß jemand verheiratet ist oder Kinder hat, ein Pastor oder der Mann Ihrer besten Freundin ist, hat keinen Einfluß auf die Anziehungskraft, die er auf Sie ausübt.
- ▷ Ist Ihr Gebetsleben erkaltet? Lesen Sie nicht mehr gern in der Bibel, und gehen Sie nur ungern in die Gemeinde?
- ▷ Haben Sie Angst vor ernsten Gesprächen mit Freunden, weil sie vielleicht irgend etwas vermuten und versuchen könnten, Sie von einem falschen Schritt abzuhalten?
- ▷ Wie sieht es mit Musik aus? Üben Lieder über Sex oder melancholische Liebeslieder einen neuen Reiz auf Sie aus? Lösen Sie neue Gefühle der Sinnlichkeit aus, oder lenken Sie Ihre Gedanken auf einen anderen Menschen als Ihren Ehemann?

Respektieren Sie kluge Grenzen

Eine Frau erzählte mir vor kurzem, sie sei erst zwei Wochen mit ihrem Mann verheiratet gewesen, als er ihr verkündete, er werde mit einer Kollegin essen gehen. Diese Frau war erstaunt – vor allem, da sie wußte, daß ihr Mann die betreffende Kollegin früher sehr attraktiv gefunden hatte. Doch sie sah dies als Gelegenheit, gemeinsam mit ihrem Mann dieser Freundschaft eine neue Richtung zu geben. Sie sagte ihrem Mann, sie würde sich freinehmen und sich ihnen anschließen. Er schüttelte jedoch den Kopf: „Du kennst diese Frau nicht einmal. Ihr wäre es sicher nicht recht, wenn du mitkämst. Das ist meine Freundschaft. Ich gehe allein."

Hatte der Mann meiner Bekannten ein Verhältnis? Vermutlich nicht. Respektierte er kluge Grenzen? Ganz bestimmt nicht. Er setzte sich sexueller Versuchung aus. Diese Ehe ist dann auch tatsächlich an einer außerehelichen Affäre gescheitert.

Seien Sie klug in Ihren Entscheidungen und der Wahl Ihrer Freunde. Es mag zwar nicht im Bürgerlichen Gesetzbuch stehen, daß es falsch ist, mit einer attraktiven Mitarbeiterin zum Mittagessen zu gehen oder eine Geschäftsreise mit einem Kollegen des anderen Geschlechts anzutreten. Lassen Sie jedoch nicht zu, daß Sie in eine Falle geraten und Ihre Taten mit der Entschuldigung rechtfertigen, daß Sie technisch gesehen nichts Falsches tun. Lassen Sie Klugheit und Vorsicht Ihre Führer sein.

Reden Sie miteinander, ohne anzuklagen

Sie haben alle Regeln beachtet. Sie und Ihr Mann haben sich bemüht, Ihre Ehe immer mehr zu festigen und jegliche Versuchung abgewehrt. Alles läuft glatt, und Sie sind zuversichtlich, daß Ihre Ehe vor allen gefährlichen Versuchungen geschützt ist. Und dann, eines Tages sehen, hören oder spüren Sie etwas, das Sie aufmerken läßt. Sie haben den Verdacht, daß eine der Freundschaften Ihres Mannes – sei es mit einer Kollegin, einer Nachbarin oder einer Freundin – nicht so neutral ist, wie sie sollte. Sie sind sich sicher, daß Ihr Mann keine Affäre hat; aber vielleicht steuert er darauf zu. Was tun?

In unserem Leben gibt es immer einmal Zeiten, wo Beziehungen eine unsichtbare Linie überschreiten und sich weiterentwickeln. Es kann Ihnen passieren – es kann Ihrem Mann passieren –, die Möglichkeit besteht, daß Ihnen beiden dies während Ihrer Ehe mehrmals passiert. Wir sind alle nur Menschen, und Männer und Frauen gleichermaßen können vollkommen unbeabsichtigt vor Liebe entbrennen. Es ist keine Sünde, sich von einem anderen Menschen angezogen zu fühlen, wichtig ist nur, wie Sie mit diesen Gefühlen umgehen.

Gewöhnen Sie es sich an, offen und ruhig über diese Angelegenheiten zu sprechen, vielleicht sogar *bevor* Sie in Versuchung geraten. Dann werden Sie und Ihr Mann besser darauf vorbereitet sein, mit einer explosiven Situation umzugehen, ohne zusätzlich noch Öl in die Flammen zu gießen.

Ich kenne die Frau eines Pastors, die eine solche Situation erlebt hat. Sie spürte genau, daß eine gemeinsame Freundin sich sehr zu ihrem Mann hingezogen fühlte. Sie machte sich jedoch keine Gedanken, bis sie merkte, daß auch ihr Mann diese Freundin sehr attraktiv fand. Die Frau hätte ihren Mann einfach mit ausgefahrenen Krallen zur Rede stellen können, sie wählte jedoch einen anderen Weg. Ganz ruhig sprach sie mit ihrem Mann über diese Angelegenheit. Als er in Verteidigungsstellung ging, versicherte sie ihm, daß sie nicht böse sei und daß er noch nichts Böses getan habe – noch nicht. Das sei jedoch der Grund, warum sie dieses Thema nun ansprechen müsse. Als er sie fragte, ob sie eifersüchtig sei, sagte sie ihm, das sei nicht der Fall; im Gegenteil, sie sei sich seiner Liebe und ihrer Ehe sicher; sie hänge keinen Eifersüchteleien nach, doch sie hätte nur eine Beobachtung gemacht und wolle ihren Mann auf eine mögliche Gefahr aufmerksam machen.

Schließlich gestand er ein, daß die Möglichkeit einer Gefahr bestand, und sie kamen überein, dieses Problem gemeinsam zu meistern. Das Ergebnis hätte ganz anders aussehen können, wenn diese Frau ihren Mann mit unfundierten Anklagen in eine Abwehrhaltung getrieben hätte.

Ziehen Sie sich aus fragwürdigen Beziehungen zurück

Alles was ich zu diesem Prinzip zu sagen habe, könnte ich in dem Satz zusammenfassen:

Sobald Sie irgendwelche Zweifel hegen, wenden Sie sich von der Freundschaft ab.

Das scheint auf den ersten Blick sehr hart zu sein. Es ist jedoch sehr viel weniger schmerzlich, als Ihrem Partner gestehen zu müssen, daß Sie sich mit jemand anderem eingelassen haben. Es ist auch wesentlich einfacher, als das Haus verkaufen und allein oder mit Ihren Kindern in eine Wohnung ziehen zu müssen.

Ich sage dies nur sehr ungern, aber den Täuschungen des Ehebruchs sind schon stärkere Ehen als Ihre und meine zum Opfer gefallen. Zwar möchte ich Ihnen keine Angst machen, doch ich möchte Sie warnen. Sobald Zweifel aufkommt, steigen Sie aus. Wie immer die Beziehung auch geartet sein mag – ob es sich um einen Kollegen, einen Bekannten, einen Schwager oder Freund handelt –, suchen Sie Wege, den Kontakt zu begrenzen oder abzubrechen. Wir sind in erster Linie unserer Ehe verpflichtet; es ist besser, um ihretwillen einen Fehler zu begehen, als die Zerstörung unseres Heimes aufs Spiel zu setzen.

Bemühen Sie sich um geistliches und moralisches Wachstum

Es ist nicht ungewöhnlich, daß man zu Beginn eines neuen Jahres eine ganze Reihe von guten Vorsätzen faßt. Und es hat den Anschein, als würden wir beständig danach streben, uns in allen möglichen Bereichen zu verbessern, doch was nehmen wir uns in bezug auf unsere geistliche und moralische Entwicklung vor? Genau wie in einer Ehe die Vernachlässigung der sexuellen Beziehung ein Vakuum schaffen kann, das Männer und Frauen für Versuchungen empfänglicher macht, so kann auch ein Vakuum in unserer geistlichen oder moralischen Entwicklung unsere Verletzlichkeit verstärken.

Wie können wir also in diesen Bereichen wachsen? Hier sind einige Ideen: Bleiben Sie durch das Gebet in ständigem Kontakt mit Gott. Halten Sie den Kontakt zu Freunden, die Gott lieben und von denen Sie durch ihre Worte und ihr Beispiel ermutigt werden. Erneuern Sie Ihr Herz und Ihren Sinn, indem Sie die Bibel lesen und studieren. Nehmen Sie an Konferenzen und Workshops teil, die Themen wie Ehe, Integrität oder geistliches Wachstum zum Thema haben.

Die schlechte Nachricht ist, daß das ständige Praktizieren von Treue und Verpflichtung nie außer acht gelassen werden darf. Die gute Nachricht ist, daß die Belohnung für diesen Einsatz unschätzbar groß ist. Schützen Sie Ihre Ehe, und fangen Sie noch heute damit an, bevor die Versuchung zuschlägt.

Vermeiden Sie zuviel Streß und Ablenkungen

Wenn Sie feststellen müssen, daß Sie sich auf Ihren nächsten Zahnarzttermin freuen, weil Sie dann einmal Gelegenheit haben, sich hinzusetzen und zu entspannen ...

... wenn Sie es sich angewöhnt haben, auf die letzte Sekunde in den Supermarkt zu laufen, um nur eben die nötigsten Sachen einzukaufen ...

... wenn Sie seit einem Jahr versuchen, ein Buch über Streßreduzierung zu lesen, über das erste Kapitel jedoch nicht hinausgekommen sind, weil das nervöse Zucken Ihres linken Auges Sie so stört ...

... dann wissen Sie, daß Sie zuviel Streß haben.

Es stimmt, daß ein wenig Streß im Alltag notwendig, ja sogar wünschenswert ist, doch sehr viele von uns haben zuviel davon. Was wiederum für unser körperliches Wohlergehen nicht gut ist, da Streß Kopf- und Herzschmerzen verursacht und noch viele andere Krankheiten. Streß ist auch für unsere Ehen nicht gut, denn Streß und Ablenkungen sind zwei der größten Feinde von Romantik und sexueller Intimität.

Impotenz, die Unfähigkeit, einen Höhepunkt zu erleben, Gewichtsverlust oder -zunahme und Depressionen können streßbedingt sein. Zudem kann Streß Konflikte zwischen Ehepartnern hervorrufen und der emotionalen Intimität schaden, die die Voraussetzung für guten Sex ist. Streß kann uns jegliche Lust nehmen und unsere Fähigkeit beeinträchtigen, den Sex zu genießen, auch wenn wir damit einverstanden waren.

Es gibt aber auch eine gute Nachricht: Wir können Streß und Ablenkung in den Griff kriegen. Wenn wir stets darauf bedacht sind, daß wir den Alltagsstreß nicht überhandnehmen lassen, so muß auch nicht die Qualität und/oder Häufigkeit Ihrer sexuellen Begegnung leiden.

Wie können wir also unser Liebesleben vor Streß und Ablenkungen schützen? Zuerst einmal wollen wir uns jedoch die Streßfaktoren in unserem Leben ansehen, bevor wir über wirkungsvolle Maßnahmen nachdenken. Es gibt einige allgemeingültige Schritte, durch die wir streßfreier leben können.

Streß im Großformat

Bei dem Versuch, Streß zu reduzieren, wollen wir uns die folgenden fünf Taktiken ansehen.

Der erste Schritt besteht darin, Ihre Verpflichtungen einzuschränken. Wenn Sie nie genügend Zeit haben, sollten Sie vielleicht wieder das einfache Wort „Nein“ in Ihren Wortschatz aufnehmen. Finden Sie einen freundlichen Weg, einige zeitraubende Aufgaben abzugeben. Treffen Sie keine neuen Verabredungen, wenn Sie nicht einen anderen Termin zuvor streichen konnten.

Der zweite Schritt ist, Ihre Umgebung zu vereinfachen. Wenn ich ehrlich bin, muß ich zugeben, daß die Hälfte der Sachen in meinen Schränken ein gefundenes Fressen für die Heilsarmee wäre. Hätte ich auch noch Zugang zu Ihren Schränken, bekämen wir vermutlich gemeinsam genügend Sachen zusammen, um einen kleinen Laden aufzumachen. Entrümpeln Sie Ihre Umgebung, und Sie werden feststellen, daß Sie neben all dem Platz in Ihren Schränken auch mehr Freiraum für Ihre Gedanken haben.

Drittens, organisieren Sie Ihren Alltag. Hiermit meine ich zum Beispiel meine frühere Abneigung gegen das Wäschesortieren. Seitdem ich in unserem Schlafzimmerschrank drei Wäschekörbe aufgestellt habe, einen weißen für die hellen, einen blauen für die dunklen Sachen und einen grünen für die Laken und Handtücher, ist meine Wäsche immer sortiert, und ich kann schnell erkennen, wann ich wieder einmal waschen muß.

Und schließlich: Schieben Sie unangenehme Dinge nicht auf. Für mich gibt es nichts Schlimmeres als zu wissen, daß fünf oder sechs unangenehme Aufgaben wie ein Damoklesschwert über mir schweben. Nehmen Sie sich einen Samstag (eine Woche oder einen Monat, je nachdem wie viele Aufgaben auf Sie warten) und fangen Sie einfach an. Bearbeiten Sie unerledigte Post, räumen Sie einen überquellenden Schrank auf, beenden Sie ein längst überfälliges Projekt, und es gibt bestimmt noch einiges mehr zu tun.

Setzen Sie sich in Gang. Hiermit meine ich natürlich sportliche Bewegung. Sie ist nach wie vor die beste Art, Streß abzubauen. Leider ist unser Lebensstil jedoch so, daß drei Viertel unser Hauptmuskelgruppen nicht gedehnt werden. Unsere Vorfahren führten kein so schweißfreies Leben wie wir: viele von ihnen schwitzten noch täglich bei ihrer schweren Arbeit auf dem Bauernhof oder in der Fabrik. Ich persönlich bin der Meinung, daß tägliche Bewegung nicht nur Streß reduziert, sondern auch jeglichen negativen Einfluß eliminiert, den Streß auf die Qualität oder die Häufigkeit von Sex ausüben kann (wobei wir gleichzeitig eine Erklärung dafür haben, warum die Familien früher zehn oder noch mehr Kinder hatten).

Schaffen Sie eine streßfreie Zone für zwei

Nachdem Sie alles in Ihrer Macht Stehende getan haben, um Ihren Streß generell zu vermindern, wenden Sie Ihre Aufmerksamkeit nun dem Ort zu, an dem Sie und Ihr Partner am häufigsten miteinander schlafen. Das ist vermutlich das Schlafzimmer. (Anmerkung der Autorin: Die folgenden Vorschläge sind auf alle Orte anwendbar. Wenn Sie spontan an den Wäscheraum, den Flurschrank oder die Garage gedacht haben, so macht das nichts. Lesen Sie trotzdem weiter.)

Ihr Schlafzimmer zu einer streßfreien Zone zu machen ist im Grunde ganz leicht. Gestalten Sie eine entspannende Umgebung, in der Streß und die Ablenkungen des Alltags nicht erlaubt sind. Beginnen Sie zunächst mit dem ästhetischen Erscheinungsbild. Das bedeutet, daß Sie Ihr Schlafzimmer stets sauber und aufgeräumt halten sollten: Mit anderen Worten, Ihr Schlafzimmer sollte so aussehen wie in *Schöner Wohnen*, auch wenn in der übrigen Wohnung das Chaos herrscht. Ihr Schlafzimmer sollte außerdem für andere Aktivitäten als Schlafen, Entspannen oder einander Lieben nicht zur Verfügung stehen. Schaffen Sie also die Stapel unbezahlter Rechnungen, die schmutzige Wäsche, die Sammlung ungelesener Zeitungen und die Aktenordner aus dem Zimmer. Wenn Sie sich einen solchen Freiraum schaffen, der von den Belastungen des Alltags unberührt ist, werden Sie einen stillen Zufluchtsort haben, in den Sie einfach nur eintreten und die Tür hinter sich schließen müssen, um einen kleinen Miniurlaub vom Alltag machen zu können. Diese Ruhezeiten können genutzt werden, um zu beten, zu entspannen oder Ihrem Mann Ihre ungeteilte Aufmerksamkeit zukommen zu lassen.

Genießen Sie die Vorteile von gutem Sex schon vor dem ersten Kuß

Auch wenn Sie alle Vorschläge befolgen, wird es immer noch Zeiten geben, in denen Sie selbst um zehn Uhr abends, wenn Sie eigentlich neben Ihrem Mann im Bett liegen sollten, den Kopf nicht freibekommen können. Die Probleme, die der morgige Tag bringen wird, beschäftigen Sie unentwegt. Was tun Sie in einem solchen Fall?

- ▷ Sie überreden Ihren Mann, den Sex zu vergessen und sich statt dessen ein paar alte Folgen von „Lassie“ mit Ihnen anzusehen.
- ▷ Sie schleichen hinunter in die Küche und räumen Ihre Vorratskammer auf.
- ▷ Sie kaufen sich einen Heimtrainer.

Es gibt aber noch eine weitere Alternative: Wenn es Ihnen nicht gelingt, Streß und Ablenkungen aus Ihrem Schlafzimmer fernzuhalten, stellen Sie sich vor, wie es in einer halben Stunde sein wird, genießen Sie die emotionalen und körperlichen Vorteile von gutem Sex. Wissen Sie noch, wie es ist? Sie räkeln sich im Nachglühen der Liebe und fühlen sich irgendwie anders: sinnlich und gelassen. Sie sind vielleicht entspannter, träger und sogar zufriedener. Während Sie sich in Ihrem Bett ausstrecken, sich dann mit einem Lächeln im Gesicht an Ihren Mann kuscheln, werden die Probleme des kommenden Tages immer kleiner.

Indem Sie sich diese Vorteile von gutem Sex im voraus vorstellen, können Sie gedanklich und körperlich einen fließenden Übergang zwischen Streß und Romantik schaffen. Und letztendlich werden Sie sich stets richtig entscheiden, denn Sex ist ein medizinisch erwiesenes Mittel zur Streßminderung.

Also, worauf warten Sie noch?

Bleiben Sie in Verbindung

Es war Dezember, und Larry, Kaitlyn und ich waren von Texas nach Kalifornien geflogen, um unsere Eltern zu besuchen. Die Tage zwischen unserer Ankunft und dem Weihnachtsfest waren angefüllt mit hektischem Treiben: einkaufen, Plätzchen backen, Geschenke einpacken, noch mehr einkaufen, Verwandte besuchen, Geld am Geldautomat holen, Weihnachtsbaum schmücken, Tannennadeln vom Teppich saugen und den Hund meiner Eltern davon abhalten, gegen den Weihnachtsbaum zu pinkeln, waren nur einige unserer täglichen Urlaubsbeschäftigungen.

An einem der Abende waren wir zu einer Weihnachtsparty bei einem alten Freund eingeladen. Wir waren ein wenig spät dran, weil meine Mutter, meine Schwester und ich nicht pünktlich vom Einkaufen zurückgekommen waren.

Wir zogen uns schnell um und saßen bald zusammen im Auto meiner Eltern. Mein Vater steuerte den Wagen mit Höchstgeschwindigkeit in Richtung Autobahn, denn er wollte die verlorene Zeit aufholen. Ich beschäftigte mich mit meinem Make-up und versuchte gerade, mir die Wimpern zu tuschen, ohne mir die Augen auszustechen. Kaitlyn dagegen hielt Ausschau, ob Polizeiwagen in der Nähe waren, weil sie weiß, daß ich das auch immer tue, wenn ich zu schnell fahre.

Inmitten dieses Trubels blickte meine Mutter meinen Vater an und sagte: „Wow! Das war ein Tag! Ich habe das Gefühl, als hätte ich dich eine Woche lang nicht gesehen!“

Mein Vater grunzte, blickte in den Rückspiegel und fuhr in rasender Geschwindigkeit auf die Überholspur.

Meine Mutter griff ungeachtet der Tatsache, daß wir kurz davor standen, abzuheben, zu ihm hinüber und wickelte eine seiner Locken um ihren Finger. „Ich weiß! Aber wir wollen uns trotzdem kurz in die Augen sehen. Nur eine Minute.“

Diesmal reagierte mein Vater. Er stöhnte: „Liebling, ich fahre!“

„Zehn Sekunden. Fünf! Ich habe dich den ganzen Tag nicht gesehen. Ich muß dir in die Augen sehen. Bist du bereit?“

Er schüttelte den Kopf. „Ich kann jetzt nicht, Geri, sonst bauen wir einen Unfall!“

„Dann eben an der nächsten Ampel.“

Bei der Geschwindigkeit waren wir in Windeseile an der nächsten roten Ampel angekommen. Und meine Eltern hielten sich an den Händen, drehten sich zueinander und sahen sich in die Augen. „Hallo“, sagte meine Mutter. „Hallo“, gab mein Vater herzlich zurück.

Die Ampel wurde grün, und mein Vater trat das Gaspedal wieder durch. Kaitlyn achtete immer noch auf Sirenen, und ich tuschte mir immer noch die Wimpern. Nichts hatte sich verändert, und doch eigentlich alles. Ich war gerührt von dem, was ich gerade miterlebt hatte: ein kleiner Hafen des Miteinander-in-Verbindung-Tretens inmitten eines tobenden Sturms der Hektik und Aktivität.

Das Leben auf der Überholspur

Es ist nicht leicht, mit unseren Männern in Verbindung zu bleiben, nicht wahr?

Mein Mann wurde vor kurzem befördert, und wir beide freuen uns über diese neue Herausforderung, doch das bedeutete natürlich gleichzeitig auch mehr Stunden im Büro und weniger Zeit zu Hause.

Neulich erzählte Kaitlyn ihrem Vater von dem, wie sie es nannte, „schönsten Traum, den ich je gehabt habe“. Sie zählte zuerst die Personen auf, die darin vorkamen. Es waren meine Wenigkeit, ihre Freundin Laura, Lauras Mutter, Rachel und ihre Mutter, Kaitlyns Lehrerin Mrs. Parks, Mrs. Parks' Töchter und schließlich ein lebensgroßer Ken, der Kaitlyn und ihre Freunde in die Spielzeugabteilung eines großen Kaufhauses begleitete, wo sie sich soviel Spielzeug aussuchen durften, wie sie wollten.

Larry fragte daraufhin: „Und was ist mit mir? Kam ich in dem schönsten Traum, den du je gehabt hast, nicht vor?“

Kaitlyn dachte einen Augenblick nach und sagte dann: „Nein, du warst auf der Arbeit."

Aua!

Uns alle schmerzte seine häufige Abwesenheit. Vor einigen Wochen bekam meine Freundin Carol an der örtlichen Universität, an der auch Larry unterrichtet, eine Stelle. Als sie mir von der Neuigkeit berichtete, fügte sie hinzu: „Und keine Angst, ich werde Larry im Auge behalten und dir jeden Tag berichten. Immerhin werde ich ihn häufiger zu sehen bekommen als du!"

Glücklicherweise bedeutet diese Beförderung nur eine vorübergehende Änderung in unserem Familienalltag. Danach werden wir vielleicht drei bis fünf Tage „Normalität" erleben, bis die nächste Beförderung, das nächste Buchprojekt, die nächste Krankheit oder was auch immer die Verbindung zwischen Mann und Frau auf die Probe stellt.

Aber Larry und ich befinden uns nun mal in diesem Sog des Alltags, oder wie sehen Sie das? Ich schätze, daß das bei Ihnen nicht anders ist. Sicherlich wissen auch Sie, wie es ist, wenn das Leben über Sie hinwegfegt. Ob es Ihnen gefällt oder nicht, wenn es Ihnen so geht wie mir, dann gibt es einfach Zeiten, in denen in der Ehe die Liebe hinter dem zu bewältigenden Alltag zurücktritt, in denen sich Ihre intimste Unterhaltung in der Woche nur um die „chemische Reinigung" dreht, in denen Ihre Beziehung zu Ihrem Mann am besten mit dem Bild der zwei Schiffe beschrieben werden kann, die sich nachts begegnen, und deren Steuermänner vor Erschöpfung am Ruder eingeschlafen sind.

Treten Sie mit Ihrem Mann körperlich und seelisch in Verbindung

Und was hat das alles nun mit Sex zu tun?

Nichts und doch alles.

Es stimmt, daß Sex – sogar sehr befriedigender Sex – auch ohne emotionale Intimität stattfinden kann. Doch eigentlich sollte Sex die Vereinigung zweier Körper, zweier Herzen und zweier Seelen sein. Jemand hat einmal gesagt, daß man bei Sex ohne Liebe das Gefühl hat, man sei im Vorraum des Palastes der Leidenschaft aufgehalten worden. Meiner Meinung nach gilt dasselbe für die Erfahrung zweier Menschen, die sich lieben, die jedoch die emotionale Verbindung zueinander in der Hektik des Alltags verloren haben.

Einige Frauen haben mir sogar gesagt, daß sie sich bei Sex ohne jegliche emotionale Verbindung „benutzt" fühlen. Vielleicht müssen wir noch mehr als unsere Männer mit unseren Lebenspartnern – täglich – in Verbindung treten und ihnen irgendwie übermitteln, wie sehr eine gute emotionale Verbindung unser Liebesleben und auch unsere Ehe in Schwung halten kann.

Aber wie können wir das anstellen?

Das Schiffsschaukel-Prinzip

Unsere emotionale Verbindung zu unseren Partnern ist einer Schiffsschaukel nicht unähnlich – wenn Sie an ihr arbeiten möchten, können Sie ziemlich sicher sein, daß Ihrem Mann gerade nicht der Sinn danach steht und umgekehrt.

Statistisch gesehen ist es sogar sehr wahrscheinlich, daß Ihr Mann, wenn Sie die Notwendigkeit sehen, mit ihm in Verbindung zu treten, darüber nachdenkt, den Rasen vor dem Haus neu einzusäen. Und wenn Ihrem Mann klar wird, daß er und Sie sich emotional voneinander entfernt haben, sind Sie vielleicht mitten in der Planung eines großen Abendessens mit 37 Gästen.

Welche Kräfte sind hier am Werk?

Statistisch gesehen sind es dieselben Kräfte, die am Werk sind, wenn Sie sich unter die Dusche stellen und dann das Telefon klingelt, oder wenn Sie einen wichtigen Termin haben und eines Ihrer Kinder die Windpocken bekommt.

Mit anderen Worten, es ist fast sicher, daß so etwas passiert.

Sie können natürlich einen einzigen Versuch machen, mit Ihrem Mann in Verbindung zu treten und dann verzweifelt die Hände ringen und sofort aufgeben. Meine Mutter hätte nach dem ersten Versuch aufgeben können, aber das tat sie nicht. Sie war statt dessen beharrlich. Und schließlich kam ihre Botschaft rüber.

Wenn Sie das Bedürfnis haben, die Verbindung zu Ihrem Mann aufzunehmen, doch er verspürt es nicht, geben Sie nicht auf. Bleiben Sie dran. Wiederholen Sie Ihre Botschaft immer wieder, und irgendwann wird sie schließlich durchkommen.

Das Gleichzeitigkeitsprinzip

Glauben Sie's oder nicht, es kann sein, daß Sie und Ihr Mann gleichzeitig das Bedürfnis haben, Ihre emotionale Verbindung zu erneuern.

Wie wir bereits gesehen haben, können Sie sich nicht darauf verlassen, daß „Gefühle" in einer solchen Übereinstimmung existieren, weil es sehr unwahrscheinlich ist, daß dies zufällig passiert.

Es kann jedoch ohne Zufall und durch den Kalender geschehen.

Gina und Stanley sind jetzt neun Jahre verheiratet, doch bereits vor ihrer Ehe haben sie etwas eingeführt, was diese langen Jahre überdauert hat. Jeden Mittwoch jeder Woche jeden Monats jeden Jahres, nun beinahe schon zehn Jahre lang, haben sie eine Verabredung miteinander. Allein!

Das sind vierhundertachtundsechzig Verabredungen.

Gina hat mir erzählt, daß sie nicht immer viel Zeit oder viel Geld für diese Verabredungen verplanen. Manchmal besteht ihre Treffen darin, daß sie in einem mexikanischen Restaurant zusammen einen Teller mit Nachos essen und einige Cola trinken. Oder sie stehen vor den Kindern auf und frühstücken ausgiebig zusammen. Manchmal treffen sie sich auch zum Mittagessen in der Stadt oder gehen gelegentlich zusammen ins Kino.

Wichtig ist ihnen nur, daß sie sich jeden Mittwoch Zeit füreinander nehmen, die sie allein damit verbringen, sich zu unterhalten und ihre emotionale Verbindung wiederherzustellen – ohne Kinder, Freunde oder Telefone.

Gina meinte: „Viele meiner Freundinnen sagen mir immer wieder: ‚Mein Mann und ich haben nie Zeit, uns einfach nur zusammenzusetzen und zu reden.' Ich bin sicher, daß Stanley und ich uns in jeder Situation diese Zeit nehmen werden. Es muß ja nicht immer lange sein, es muß nur oberste Priorität haben."

Das Pawlow-Prinzip

Vielleicht kennen Sie noch aus der Schule die Geschichte des russischen Wissenschaftlers, der Experimente zu Verhaltensänderungen machte, indem er Hunden beibrachte, beim Läuten einer Glocke Speichel abzusondern.

Keinesfalls möchte ich vorschlagen, Ihrem Mann beizubringen, dasselbe zu tun (obwohl das vielleicht ein interessanter Partywitz wäre), und doch sagt diese Geschichte einiges über Gewöhnung aus.

Wenn es bei Hunden funktioniert, daß sie, sobald sie eine Glocke hören, an Essen denken, warum können wir uns dann nicht ein Wort oder ein Ritual angewöhnen, das unsere Männer und auch uns selbst an eine von beiden besonders geschätzte Art des Zusammenseins erinnert? Dieses Wort oder Ritual könnte sehr gut ein Übergang von Isolation zu Zweisamkeit sein.

Es könnte wie bei meinen Eltern eine so einfache Geste wie bewußter Blickkontakt sein. Es könnte auch ein besonderer Kosename sein, den Sie in Ihren intimsten Augenblicken verwenden, und wenn Sie Ihren Mann dann bei anderen Gelegenheiten bei diesem Namen nennen, wird er an die zärtlichen Augenblicke denken, die Sie miteinander verlebt haben. Vielleicht kann auch ein Ritual, wie zum Beispiel dem anderen über den Rücken zu streicheln, einen solchen Übergang schaffen.

Wir neigen dazu, „eingefahrene Gleise" als negativ zu betrachten. Doch das ist nicht immer so. Es stimmt, daß durch wiederholte Verhaltensmuster ein tiefer und gefährlicher Graben gezogen werden kann, in den man leicht hineinfällt und aus dem man nur schwer wieder herauskommt. Doch man kann auch durch wiederholte zärtliche Worte und Taten solche Gräben ziehen, die Ihrer Ehe unvergleichlichen Tiefgang geben und sie sehr bereichern wird.

Das Haut-Prinzip

Noch ein letztes Prinzip, das Sie bestimmt aus dem Karussell des Lebens holt und die emotionale Verbindung zu Ihrem Partner herstellt, sobald Sie es anwenden. Es wird das Haut-Prinzip genannt.

Richtig, Haut.

Körperkontakt.

Enge, körperliche Begegnungen.

Unterschätzen Sie niemals die Macht einer Berührung als Mittel, emotionale Verbindung herzustellen. Eine Berührung, Umarmungen, ein Kuß oder eine Liebkosung können die Gefühle auf eine Art in Einklang bringen, wie Worte allein es nicht vermögen.

Selbst der Liebesakt an sich kann ein tiefes Gefühl der emotionalen Bindung geben. „Ein zärtliches und erfülltes Sexualleben bringt unsere besten Eigenschaften zum Vorschein", meint Ehetherapeut Roger Falge. Und warum auch nicht? Guter Sex ist immerhin die Vereinigung von Verletzlichkeit, Kommunikation und Vertrauen, Gefühl, Vergnügen und Berührung durch ein gegenseitiges Geben und Nehmen.

Sex ist unwiderruflich mit den größten Tiefen und verborgenen Quellen unserer Persönlichkeit verknüpft. Um es mit den Worten J. L. Casserleys auszudrücken: „Die Sexualität des Menschen ist eine zu edle und schöne Sache, eine zu tiefe Form der Erfahrung, um sie als eine reine Technik der körperlichen Erleichterung zu sehen." Unsere Sexualität formt unsere Psyche und wird von unserer Psyche geformt, und sie muß im Kontext des großen Ganzen gesehen werden. Eine befriedigende sexuelle Bindung zwischen einem Mann und einer Frau kann einfach nicht allein stehen und unabhängig von unserem emotionalen Zustand betrachtet werden.

Eine starke emotionale Bindung an Ihren Lebenspartner zu schaffen, sollte eigentlich leicht sein.

Doch leider ist das nicht so.

Es kann jedoch mit ein wenig Planung, Mühe und Aufmerksamkeit auch auf Ihrer Seite erreicht werden.

Schützen Sie die Geliebte in sich

Vor vier Monaten habe ich wirklich gelitten.

Mein Mann bestand darauf, daß ich mit ihm nach Maui flog.

Jetzt hören Sie auf, die Augen zu verdrehen, und lassen Sie mich Ihnen erklären, warum ich diese Reise zunächst als Zumutung betrachtete. Zum Zeitpunkt unserer Reise war ich im achten Monat schwanger. Im Gegensatz zu Demi Moore hielt ich mich in diesem Zustand nicht für eine Titelseitenschönheit. Badeanzüge und Bikinis gehörten in dieser Zeit nicht unbedingt zu meinem Lieblingsoutfit. Ich sollte mich in die Fluten stürzen? Wenn ich das wirklich getan hätte, hätte ich eine Flutwelle ausgelöst.

Mit anderen Worten, ich stand gerade nicht auf gutem Fuß mit mir selbst. Ich zog mich am liebsten in mein Schneckenhaus zurück. Außerdem mußten ein Zimmer gestrichen, Babysachen gewaschen und Mahlzeiten vorgekocht und im Gefrierschrank untergebracht werden. Ich fühlte mich also sehr mütterlich, und darum stand der Flug nach Maui nicht gerade ganz oben auf meiner Liste mit Dingen, die zu erledigen waren.

Wir wollen doch mal ehrlich sein: Es gibt Zeiten im Leben einer Frau, wo auf dem Etikett an ihrem Hut nicht gerade das Wort „Geliebte" steht. Wir sind mit anderen Dingen beschäftigt, spielen andere Rollen. Und im großen Drama des Familienlebens kann es Augenblicke geben, vielleicht sogar Monate oder Jahre, in denen wir viel eher geneigt sind, unsere Rolle als Mutter zu vervollkommnen und hoffen, daß unsere Männer sich nicht zu sehr über unsere Lustlosigkeit bei der Liebe beklagen.

Dies war für mich eine vorübergehende Stimmung. Während der Schwangerschaft – und auch in der Zeit, wo die Kinder noch klein sind – ist es nicht ungewöhnlich, daß die mütterlichen Gefühle alle anderen überlagern. Und doch, ich habe immer die Frauen bewundert, die ausgezeichnete Mütter sind und trotzdem noch einen Teil ihres Lebens für sich und ihren Mann reserviert haben. Ja, sie sind Mütter. Aber sie sind auch Individuen und Frauen, und ihren Männern sind sie Freundin und sogar Geliebte.

Mutter oder Geliebte, oder etwa doch beides?

Geliebte, was für ein wundervolles Wort. Das wollen auch die meisten von uns sein. Und doch ist es leichter gesagt als getan.

Inmitten der Hektik unseres Lebens kann es passieren, daß uns Romantik wie ein Luxus erscheint, vor allem den Frauen mit kleinen Kindern. Sehr häufig scheint die Rolle der Mutter mit der der romantischen Geliebten zu kollidieren. Immerhin sind mit dem Begriff „Mutter" so viele Aufgaben verbunden – von Chauffeur und Chef bis zu Magd und Lehrerin –, daß einfach keine Zeit und Energie für die Rolle bleibt, mit der einmal alles begonnen hat: die Rolle der Geliebten.

Hören Sie, was solche Mütter über die Rolle der Romantik in ihrem Leben berichten:

„Mein Mann und ich versuchten, stets alle diese spontanen, lustigen Dinge gemeinsam zu tun, ich meine romantische, aufregende Dinge. Dann bekamen wir Kinder, und alles blieb auf der Strecke. So zu leben wie vor den Kindern, scheint jetzt unmöglich zu sein."

„Ich fühle mich schuldig, wenn ich Zeit alleine mit meinem Mann verbringe. Sollte ich diese Zeit nicht den Kindern widmen?"

„Ich wünschte, ich hätte mehr Energie für Sex, doch nach einem ausgefüllten Tag, wo immer nur Erwartungen an mich gestellt werden, hat das einfach keine Priorität mehr für mich."

Trotz dieser desillusionierenden Schilderungen sollten wir versuchen, uns Augenblicke zu stehlen, in denen wir unsere Mutterrolle ablegen und uns voll und ganz auf unsere Beziehung zu unseren Männern konzentrieren – es ist gar nicht so ungewöhnlich, daß wir dabei Schuldgefühle empfinden. Es ist auch nicht ungewöhnlich, sich ein wenig selbstsüchtig zu fühlen. Was uns zu den folgenden Fragen führt:

- ▷ Ist mein Verhalten selbstsüchtig?
- ▷ Lenkt uns die Zeit, die wir unserer Sexualität widmen, nicht von unserer Mutterrolle ab?
- ▷ Sollten nicht die Bedürfnisse unserer Familie vor unseren Bedürfnissen als Individuen und Frauen Vorrang haben?
- ▷ Oder haben wir nicht doch die Verantwortung, uns selbst, unseren Männern und sogar unseren Kindern gegenüber, unser Sexualleben lebendig und interessant zu gestalten?

Der gelöste Konflikt

Ich denke, es besteht kein Interessenskonflikt zwischen Mutterschaft und „Liebschaft". Tatsächlich bereichert das Band, das durch sexuelle Intimität zwischen Ihnen und Ihrem Mann entsteht, nicht nur Ihre Beziehung, es bereichert auch das Leben Ihrer Kinder. Das stimmt wirklich! Die *besten* Mütter sind nicht jene Frauen, die jeden Augenblick ihres Lebens ihren Kindern widmen, sondern die Frauen, die ihre Zeit nutzen – sich sogar Zeit *schaffen* – um die Geliebte in sich zu pflegen, zu schützen und zum Ausdruck zu bringen. Und dies aus folgenden Gründen:

Ein glückliches Liebesleben ist der beste Schutz vor Affären und möglicherweise einer Scheidung. Falls Sie je dem Irrglauben verfallen, die Zeit, die Sie sich für die Liebe stehlen, würde in irgendeiner Weise Ihren Kindern verlorengehen, überlegen Sie einmal, wie sehr Ihre Kinder leiden würden, wenn Sie oder Ihr Mann eine Affäre begännen oder die Scheidung einreichten. Natürlich ist häufiger Sex keine Garantie für ein glückliches Familienleben. Und doch ist die intime körperliche und emotionale Bindung zwischen Mann und Frau unleugbar ein willkommener Hafen im häufig aufgewühlten Meer der Ehe.

Ein glückliches Liebesleben sorgt für Harmonie im Familienleben. Eine Frau erklärte diesen Zusammenhang folgendermaßen: „Wenn unser Liebesleben nicht mehr die oberste Priorität hat und ganz unten auf die Liste rutscht, entsteht ein Bruch in meiner Beziehung zu Mike. Wir haben keine Verbindung zueinander. Wir igeln uns ein, sehen die Welt nur aus unserer Sicht und erfüllen nur noch unseren eigenen Zeitplan. Sobald das passiert, spüre ich sofort die Auswirkungen innerhalb der ganzen Familie. Sogar die Kinder reagieren darauf. Auch bei ihnen fehlt die Harmonie. Sie sind mißmutiger, kommen ihren Pflichten nicht mehr nach und gehorchen nicht mehr.

In einer solchen Situation beginnt Mike, mir Signale zu senden, die besagen: ‚Du hast keine Zeit mehr für mich', und ich weiß dann genau, daß es auch stimmt. Ich erkenne, daß ich wirklich keine Zeit mehr für ihn habe, und ich muß meine Blickrichtung korrigieren."

Darla meinte zu diesem Thema: „Da wir beide sehr beschäftigt sind, fällt es uns nicht leicht, unserem Liebesleben die oberste Priorität einzuräumen. Doch wenn es uns gelingt, so zieht das Kreise: Unsere Beziehung wird enger, unsere Kommunikation gelingt, wir leben harmonisch miteinander, und der ganze Alltag läuft einfach besser."

Ein glückliches Liebesleben schafft ein gesundes Vorbild für unsere Kinder, dem sie folgen können, wenn sie selbst erwachsen sind. Warum glauben wir so oft, unsere Kinder wüßten nicht, was bei uns zu Hause vorgeht? Sie wissen es, und sie sehen und hören weit mehr, als wir glauben. Auch wenn sie noch nicht alles, was sie sehen und hören, genau verstehen, so nehmen sie doch die Worte und Bilder in sich auf. Ihre Einstellung als Erwachsene wird dadurch geprägt.

Ich erinnere mich zum Beispiel daran, daß ich als Kind zwischen meinen Eltern feine Anzeichen für ihr Liebesleben wahrgenommen habe. Wenn mein Vater zum Beispiel am Küchentisch saß und meiner Mutter zusah, wie sie ihm ein Sandwich bereitete, dann hat er sie manchmal blitzschnell auf seinen Schoß gezogen und ihr einen Kuß gegeben. Manchmal hat auch meine Mutter meinem Vater verstohlen zugeblinzelt, wenn sie glaubte, wir würden es nicht bemerken. Wie oft kam es sonntagnachmittags vor, daß meine Schwestern und ich an die verschlossene Schlafzimmertür meiner Eltern klopften und jammerten: „Ihr seid nun schon seit einer Stunde da drin! Wir langweilen uns! Wann kommt ihr denn wieder raus?", worauf meine Mutter immer sehr geduldig antwortete: „Wir halten Mittagsschlaf. Geht erstmal spielen, wir kommen gleich."

Nun, da ich selbst Frau und Mutter bin, muß ich nicht lange überlegen, um die Gründe für diese langen Sonntagnachmittagsschläfchen herauszufinden. Doch damals wußte ich es nicht. Ich wußte nur, daß meine Eltern irgendein Geheimnis hatten, ein angenehmes Geheimnis, das sie glücklich machte. Diese Eindrücke, auch ohne daß ich sie damals richtig verstand, halfen mir, eine positive Einstellung zu Sex und Sexualität zu entwickeln. Ich lernte, daß es etwas Wundervolles ist, das gepflegt und von Mann und Frau genossen werden kann.

Schützen Sie die Geliebte in sich

Wie schaffen Frauen das? Wie erhalten sie sich ihre Sichtweise von sich selbst als romantische, sexuelle Wesen? Wie schaffen sie es inmitten von Babynahrung und rosa Dinosauriern, sich immer noch als Individuen, Frauen und sogar Geliebte zu sehen?

Einige Frauen sind der Meinung, ein wenig Verwöhnen – ein Schaumbad, eine Maniküre oder ein neues Kleidungsstück – helfe, Erinnerungen an die Jahre vor der Geburt ihrer Kinder zu wecken.

Zeit allein mit Ihrem Mann zu verbringen, ist ein weiterer wichtiger Punkt. Sie erinnern sich vielleicht noch an Gina und Stanley, die sich jeden Mittwoch reserviert haben, oder Diane und Dan, die es ein- oder zweimal pro Jahr schaffen, sich eine Wochenendreise zu gönnen. Sie sind gute Vorbilder für Ehepaare, die sich vorgenommen haben, Zeit allein mit ihrem Partner zu verbringen. Alternativen könnten sein, daß man einfach an einer Kreuzung Blickkontakt miteinander aufnimmt oder mit seinem Mann vereinbart, an einem bestimmten Abend in der Woche den Fernseher abgeschaltet zu lassen, um sich einfach nur zu unterhalten.

Helfen Sie Ihren Kindern zu verstehen, daß Sie und Ihr Mann Zeit füreinander brauchen. Leben Sie Ihren Kindern gesunde

Grenzen vor. Auch Mütter und Väter sind Menschen. Sie haben eigene Bedürfnisse, und manchmal gehört dazu eben, daß sie allein sein wollen. Diese Zeit allein wird Ihre Ehe nicht nur bereichern und Ihr Familienleben festigen, sie wird Ihre Kinder auch darauf vorbereiten, dieselben gesunden Entscheidungen in ihren Ehen zu treffen.

Wissen Sie, Kinder denken leicht, daß sie der Mittelpunkt des Lebens sind und daß sich das Universum nur um sie dreht. Aber wissen Sie was? Sie haben beinahe recht. Als Mütter stehen wir in der Gefahr, uns nur noch um die Kinder zu drehen, mit denen wir gesegnet worden sind. Und doch ist es für unsere Ehen, für uns selbst und für unsere Kinder gut, wenn wir uns manchmal gestatten, uns aus ihrem Orbit herauszuziehen. Denken Sie daran, wer Sie, abgesehen von den Rollen und den Aufgaben des Alltags, wirklich sind. Schaffen Sie Gelegenheiten, Ihrem sexuellen Ich Ausdruck zu verleihen, und streben Sie nach der Erfüllung Ihrer Bedürfnisse, dann werden alle Familienmitglieder davon profitieren.

Der Übergang von Routine zu Romantik

Wenn Ihr Leben so ist wie meines, dann ist das Wort „Routine" irgendwie das falsche Wort. „Routine" beinhaltet eine Art Gewohnheit, etwas leicht zu Erledigendes. Leider ist aber Chaos das einzige, das gewohnheitsmäßig immer vorhanden ist.

Gestern nacht zum Beispiel stand ich siebenmal – ja, richtig, *siebenmal* wegen Kacie, unserem neugeborenen Baby, auf. Zweimal bin ich heute auf dem Stuhl sitzend und einmal auf die Arbeitsplatte in der Küche gelehnt eingeschlafen, was Kaitlyn veranlaßte, sich über die Richtigkeit der alten Weisheit auszulassen, daß Pferde die einzigen Lebewesen sind, die im Stehen schlafen. Ich fuhr zur Reinigung, brachte Kaitlyn zum Musikunterricht, fuhr zur Tankstelle und zum Lebensmittelgeschäft, wo ich sechzig Pfund Zucker kaufte. Beim Kochen habe ich Feueralarm ausgelöst, habe mehrere Stunden damit verbracht, meine Achtjährige dazu zu bringen, sich fürs Bett fertigzumachen, und jetzt ist es 23 Uhr, und ich bete um eine stille Stunde zum Schreiben, bevor Larry es satt hat, ein zahnendes Baby zu beruhigen.

Vielleicht ist „Routine" einfach eine zu ehrgeizige Beschreibung. Ein besseres Wort, mein Alltagsleben zu benennen, wäre vielleicht Anarchie.

Und was die Liebe betrifft, nun, es gibt nur wenige Worte, die im Leben einer frischgebackenen Mutter unangebrachter sind als das Wort Romantik, obwohl ich mich gelegentlich daran erinnere, was Romantik ist: Wenn ich mich nicht irre, ist es genau das, was mich zur Mutter gemacht hat.

Das Problem läßt sich folgendermaßen zusammenfassen: Wie kommt man von A nach B, wobei A vollkommenes Chaos und B Sex ist? Es könnte möglich sein, wenn zwei absolut unrealistische Erfordernisse erfüllt wären, wovon das eine wäre, daß beide Kinder schlafen und das zweite, daß ich auch nur drei Minuten irgendwo liegen könnte, ohne einzuschlafen.

Es tut mir leid. Hier beklage ich mich, als sei ich die einzige, deren Leben nicht einem Werbefilm für Weichspüler gleicht. Vermutlich haben auch Sie Ihre Probleme, Ihre Gründe, warum es manchmal schwierig ist, den Übergang von Punkt A nach Punkt B zu schaffen, vom Chaos zur Ekstase.

Was tun wir also dagegen? Lehnen wir uns zurück und lassen unser Liebesleben hinter dem Chaos des Alltags zurückstehen? Wohl kaum. Wenn wir uns nur ein wenig bemühen, ist es möglich, einen wirksamen Übergang von Routine zu Romantik zu schaffen.

Übergänge brauchen Zeit. Fangen Sie also frühzeitig damit an!

Es passiert nur zu häufig, daß Ihre Energie verbraucht ist, nachdem die Kinder im Bett sind, das Geschirr gespült ist und Sie die Büroberichte durchgesehen haben, die Sie sich eigentlich bereits in der Woche zuvor hätten ansehen müssen. Wenn Ihr Mann schließlich um viertel nach zehn ins Bett geht, brauchen Sie keinen Übergang; Sie brauchen Ihren Schlaf.

Was kann eine Frau tun? Eine Lösung ist, das Überraschungsmoment auszuschalten. Sich auf eine Überraschung einzustellen, erfordert sehr viel mehr Energie, als auf etwas zu reagieren, an das Sie den halben Tag gedacht haben. Warten Sie morgen abend nicht, bis Ihre Energie verbraucht ist, und versuchen Sie dann nicht, in zehn Sekunden oder gar weniger von Null auf hundert zu kommen. Beginnen Sie vorher, Ihre Maschine aufzuwärmen, so daß Sie dann um zehn Uhr abends nur noch leicht auf den Weg der Liebe geschubst werden müssen.

Ich denke auch, daß es hilfreich sein kann, morgens zu versprechen, abends zur Liebe bereit zu sein – doch wir wollen dieses Konzept noch ein wenig ausbauen: *Tun* Sie tagsüber etwas für die bevorstehende romantische Begegnung mit Ihrem Mann. Stellen Sie während der Mittagspause einen Blumenstrauß in Ihr Schlafzimmer. Gehen Sie, wenn Sie nach der Arbeit nach

Hause kommen, unter die Dusche, und stecken Sie sich etwas Romantisches in Ihre Wäsche, was Ihr Mann dann später entdecken kann. Da Sie wissen, daß eine schwere Mahlzeit müde macht, bereiten Sie statt dessen ein leichtes Abendessen zu. Parfümieren Sie die Bettlaken, und nehmen Sie sich einige Minuten Zeit, um Ihr Schlafzimmer aufzuräumen.

Kleine Vorbereitungen, die die romantische Begegnung mit Ihrem Mann verschönern sollen, stimmen Sie auf das Ereignis ein – geistig, emotional und körperlich.

Bitten Sie um auf Sie zugeschnittene Übergänge – und vergessen Sie nicht, auch ihm diese Gunst zu schenken

Gut, stellen wir uns einmal vor, es ist viertel nach zehn und Zeit, ins Bett zu gehen. Wenn diese Vorstellung kein Lustgefühl in Ihnen weckt, könnte das Problem, wie wir bereits in den vorhergehenden Abschnitten besprochen haben, die späte Stunde und die Tatsache sein, daß Ihre Energie bereits verbraucht ist.

Es ist auch möglich, daß das Problem der Übergang ist, den Ihr Mann gewählt hat. In einer vollkommenen Welt würden unsere Männer immer genau wissen, was sie sagen und tun müßten, damit wir für die Liebe bereit sind. Im wirklichen Leben jedoch funktionieren manche „Übergänge“ besser als andere.

Wissenschaftliche Studien haben zum Beispiel ergeben, daß in neun von zehn amerikanischen Haushalten der Satz: „Na, Liebling, willst du glücklich werden?“ entscheidend weniger wirksam ist als beispielsweise eine Rückenmassage oder das Angebot, für den Rest der Woche den Kindern das Schulbrot zu schmieren.

Eine meiner Bekannten berichtete mir, daß ihr Mann jahrelang zu ihr gekommen sei, wenn sie gerade sehr beschäftigt war, und gefragt hat: „Willst du mich lieben?“ Sie schläft sehr gern mit ihrem Mann, doch sie würde eine andere Einleitung viel schöner finden. Immerhin hätte sie, wenn sie an Sex gedacht hätte, ihren Mann viel lieber verführt, als sich damit zufriedenzugeben, den Wetterbericht zu hören oder Wäsche zu falten. Sie weiß, daß sie, wenn sie Zeit hat, sich darauf einzustellen, sehr gern mit ihrem Mann schläft, das Problem ist nur, daß sie den Übergang so schnell bewältigen muß, damit sie ihrem Mann die richtige Antwort geben kann.

Ich glaube, im Interesse guter Kommunikation zwischen den Paaren ist es ganz in Ordnung, offen über die Überleitung zu einem Abend im Bett zu sprechen, die bei uns am besten funktioniert. Es ist auch eine gute Idee, unsere Männer nach einigen Tips zu fragen, welches Vorspiel ihnen am liebsten ist. Ihr Mann benötigt vielleicht genau wie der Mann meiner Bekannten einige Anregungen über effektivere Methoden, Ihr Feuer der Leidenschaft zu entfachen.

Vor einigen Tagen nahm ich mir meinen eigenen Rat zu Herzen. Ich fragte Larry danach, wie ich auf ihn zukommen soll, wenn mir nach Liebe zumute ist, und ich beschrieb ihm, was ich gern hätte, wenn er mit mir schlafen möchte. Wir versprachen uns dann, unsere neuen Erkenntnisse in die Praxis umzusetzen: Abwechselnd wenden wir die drei Übergänge an, die wir uns gegenseitig beschrieben haben.

Überlegen Sie, ob Sie nicht auch mit Ihrem Mann ein solches Abkommen schließen können. Indem Sie die Überleitung zum Liebesakt Ihren Bedürfnissen anpassen, können Sie und Ihr Mann sehr viel leichter eine Brücke zwischen Routine und Romantik schaffen.

Nehmen Sie eine vertraute Abkürzung

Die Liebe in der Ehe hat von einigen weltlichen Autoren Schläge einstecken müssen. Die gängige Meinung ist, eine monogame Ehe sei langweilig; das Singledasein mit wechselnden Sexpartnern habe mehr zu bieten.

Die Routine im ehelichen Liebesleben wird zwar von vielen angegriffen, ich glaube jedoch, daß genau diese Routine die Möglichkeit schafft, schöne Augenblicke zu erleben. Mit anderen Worten, Routine kann unsere sexuelle Erfahrung bereichern.

Wenn Sie jemanden viele Jahre lang lieben, bereichert die Routine der bevorzugten Stellungen und der bevorzugten Umgebung Ihre Liebe auf vielerlei Weise. Sie schaffen kleine Häfen der Vertrautheit und des Trostes in einer Welt, in der die Dinge so häufig außer Kontrolle geraten. Diese gewohnte Routine kann auch verläßliche Überleitungen schaffen, die Ihnen helfen, die Brücke zur Romantik zu überschreiten. Diese Tricks können auch als Abkürzung dienen, die Sie schnell aus der Welt der Arbeit, Freunde, Pflichten und Verantwortung in Ihre intime Welt der Liebe führt, die nur Sie mit Ihrem Mann bewohnen.

Ich möchte Ihnen ein Beispiel nennen. Eine Bekannte von mir erzählte, daß zu Beginn ihrer Ehe ihr Mann und sie sich nur selten geliebt hätten, ohne sich vorher durch romantische Musik in die richtige Stimmung zu bringen. Ihre Lieblingsmusik war die von David Sanborne, dem Saxophonisten. Bis heute kann diese Bekannte sich keine Saxophonmusik anhören, ohne erregt zu sein. Eines Tages machte sie den Fehler, sich auf dem Heimweg von der Arbeit Saxophonmusik im Radio anzuhören. Das führte dazu, daß sie einen Strafzettel für zu schnelles Fahren bekam, weil sie es nicht erwarten konnte, nach Hause zu ihrem Mann zu kommen.

Andere Beispiele: Mehrere meiner Freundinnen zünden regelmäßig Kerzen im Schlafzimmer an, um eine romantische Atmosphäre vor dem Sex zu schaffen. Eine andere Freundin erzählte mir, daß sie jahrelang den Sonntagnachmittag für die Liebe reserviert hätten. Eine Frau gesteht, daß für sie Humor ein gewohnter und willkommener Übergang zum Liebesakt ist. Sobald ihr Mann auf sie zukommt und mit todernster Stimme sagt: „Julie, da ist eine Sache, die ich gern mit dir klären möchte“, weiß sie genau, wie dieses Gespräch enden wird.

So wie es Zeiten geben wird, wo Sie eine sexuelle Begegnung gern im voraus planen möchten, damit Sie Zeit haben, den Übergang von Ihrer Rolle als Mutter, Angestellte oder Hausfrau zu Ihrer Rolle als Frau und Geliebte zu schaffen, so wird es Zeiten geben, wo eine schnelle, gewohnte und verläßliche Überleitung genauso funktionieren wird. Halten Sie in Ihrer Ehe Ausschau nach vergnüglichen Gewohnheiten, die Ihnen und

Ihrem Mann den Übergang in die Liebe erleichtern. Bemühen Sie sich, diese Gewohnheiten häufig zu praktizieren. Sie werden dann noch effektiver werden.

Verstehen und akzeptieren Sie Ihre Unterschiede

Vor einigen Wochen habe ich mich mit Kaitlyn auf die Couch gekuschelt, eine Schüssel Popcorn zwischen uns gestellt und wollte mit ihr gemeinsam ein Video ansehen. Bevor der Film begann, mußten wir jedoch erst die Vorschau für verschiedene andere Filme über uns ergehen lassen. Einer dieser Filme trug den Titel „Er sagte, sie sagte“ und handelte davon, daß beide Geschlechter in bezug auf das Leben im allgemeinen und besonderen unterschiedliche Perspektiven haben. Kaitlyn verstand einiges nicht und fragte nach.

„Sie streiten sich, weil Männer und Frauen das Leben unterschiedlich betrachten. Weißt du, weil sie anders denken“, erklärte ich.

„Männer und Frauen denken gleich!“ verkündete Kaitlyn daraufhin unbeirrt.

„Nicht wirklich“, sagte ich zerstreut und schaute auf den Bildschirm.

„Ich glaube nicht, daß sie unterschiedlich denken. Wieso sollten sie auch unterschiedlich denken?“ beharrte sie.

„Das wirst du spätestens merken, wenn du erwachsen bist“, sagte ich. Unser Film fing gerade an.

Aber Kaitlyn war nun ungeduldig geworden. „Ich will aber nicht warten. Erkläre es mir sofort! Du brauchst auch nur zehn Wörter oder weniger dazu benutzen. Was ist der Hauptunterschied?“

Den Unterschied zwischen den Geschlechtern erklären? Mit zehn Wörtern oder weniger? Wie wäre es mit zehntausend? Seit Menschengedenken werden Bücher über den kleinen Unterschied geschrieben, und wir haben uns immer noch nicht auf eine allgemeingültige Version einigen können.

Trotz aller Gleichmacherei von Frauen und Männer in bezug auf Mode, Sprache und politische Entscheidungen gibt es immer noch zahlreiche Unterschiede, und sehr häufig werden wir von ihnen geradezu überwältigt.

Ich meine, wir gehen durchs Leben und versuchen, naiv wie wir sind, mit den Männern, die wir geheiratet haben, eine ganz normale Ehe zu führen, wobei wir ständig auf die irritierende Tatsache stoßen, daß sie nicht *wir* sind. Sie sind nicht einmal *wie* wir. Trotz der Tatsache, daß Mann und Frau in den Augen Gottes eins und ihr Leben lang Freunde und Liebende sein sollen, werden wir täglich daran erinnert, daß unsere Partner einem fremdartigen Club mit eigenen Regeln, eigener Sprache, geheimen Signalen und Ritualen angehören.

Wie ist es zum Beispiel mit dem selektiven Hören? Warum schwört Ihr Mann, er hätte nicht gehört, daß Sie ihn gebeten haben, Sie zm Elternabend zu begleiten, während er aber den Wagen seines Freundes, der ihn zum Sport abholen will, bereits hört, wenn er gerade erst in die Straße einbiegt?

Von ihrem Sexualleben wollen wir gar nicht erst anfangen. Warum haben Männer und Frauen so unterschiedliche Vorstellungen, wenn es um die Liebe geht? Warum wählen die meisten Frauen den langsamen Weg zur Erregung, während viele Männer lieber für das Space Shuttle sind? Und wie können sie aus dem Badezimmer kommen und sofort bereit sein, mit uns zu schlafen, während wir noch lange nicht soweit sind? Wissen sie denn nicht, daß Haarekämmen und Zähneputzen nicht als Vorspiel gilt?

Ja, manchmal sind unsere Männer schwer zu verstehen, und natürlich sagen sie dasselbe von uns. Das Ende vom Lied ist dann, daß diese Unterschiede eine Kluft zwischen uns entstehen lassen.

Eine weitaus bessere Alternative ist es, die kleinen Unterschiede zu verstehen, zu akzeptieren und sogar lieben zu lernen. Natürlich ist das leichter gesagt als getan, doch wollen wir uns gemeinsam einige Erkenntnisse und Vorschläge ansehen, die uns helfen können, die Auseinandersetzung zwischen den Geschlechtern auf einige unbedeutende Exerzierübungen zu reduzieren.

Begreifen Sie, daß Männer und Frauen nicht aus demselben Holz geschnitzt sind

Einige Unterschiede können mit der Tatsache zusammenhängen, daß Ihr Mann eben ein Mann ist. Trotz der gegenwärtigen politischen Meinung *sind* Männer und Frauen nun mal verschieden, und die Unterschiede beschränken sich nicht nur auf die Art, wie wir die Toilette benutzen.

Etwas über die Unterschiede zwischen Männern und Frauen in bezug auf Sex, Arbeit, Beziehungen und sogar Denkprozesse zu lernen, kann uns helfen, mit Verhaltensweisen klarzukommen, die uns bisher vielleicht zum Wahnsinn getrieben haben. Lassen Sie uns einen schnellen Blick auf unterschiedliche Bedürfnisse hinsichtlich der Liebe werfen:

Wenn Sie zum Beispiel wissen, daß Männer wirklich schneller erregbar sind, weil sie so geschaffen und nicht nur ungeduldig sind, könnte Ihnen dieses Wissen helfen, sich auf eine gegenseitig befriedigende Überleitung im Schlafzimmer zu einigen.

Und wenn Sie begriffen haben, daß Männer in erster Linie durch *unseren Anblick* erregt werden, könnten Sie Ihren Mann gelegentlich den Kampf um das Licht im Schlafzimmer gewinnen lassen.

Haben Sie erst begriffen, daß der Körper einer Frau etwa fünfzehn Minuten braucht, um nach dem Geschlechtsverkehr zu seinen normalen Funktionen zurückzukehren (Herzschlag, Körpertemperatur, Puls), während ein Mann praktisch sofort wieder auf dem Normalstand ist, fühlen Sie sich vielleicht weniger verletzt, wenn Ihr Mann sofort danach einschläft, während Sie sich gern noch ein wenig an ihn kuscheln würden.

Diese rein physiologisch erklärbaren Verhaltensweisen im Schlafzimmer sind nicht das einzige, was dem Geschlechtsunterschied zuzuschreiben ist. Zwar gibt es zu jeder Regel Ausnahmen, doch selbst die Denkprozesse von Männern und Frauen scheinen sich grundlegend zu unterscheiden. Vielleicht haben Sie bereits von dem Vergleich von Männern und Frauen mit den Möbelstücken in einem Ankleidezimmer gehört. Als ich ihn zum ersten Mal hörte, fand ich ihn sehr logisch.

Männer, so sagt man, seien wie Kommoden also eine Sammlung verschiedener Schubladen, wenn Sie so wollen. Als solche beschäftigen sich Männer stets nur mit einer ihrer Schubladen, konzentrieren sich auf ihren Inhalt und lassen alle anderen außer acht. Arbeit, Ehe, Freunde, Kinder – sogar Sex – sind gewissermaßen eingeteilt und voneinander getrennt.

Im Gegensatz dazu ähneln die Frauen eher begehbaren Kleiderschränken. Jeder Punkt in unserem Leben ist von praktisch jeder Stelle im Schrank sichtbar, und wir neigen dazu, unser Leben als integriertes Ganzes zu sehen und nicht als eine Reihe von Abteilungen.

Dies ist natürlich der Grund, warum ein Mann fröhlich zur Arbeit gehen kann und derweil keinen Gedanken an seine drei Kinder verschwendet, die in der Obhut eines Babysitters mit Fieber zu Hause im Bett liegen. Seine Frau dagegen wird an nichts anderes denken können.

Die Tatsache, daß er am besten in „Abteilungen" funktioniert, ist auch der Grund dafür, daß ein Mann frustriert ist, wenn er versucht, mit seiner Frau in Ruhe zu sprechen und zum dritten Mal von weinerlichen Kindern unterbrochen wird. Seine Frau dagegen kann das Abendessen zubereiten, ein Kind trösten, ein anderes ermahnen, eine Frage zu den Hausaufgaben beantworten und trotzdem jedes Wort verstehen, das ihr Mann zu ihr sagt.

In welchem Zusammenhang steht dies alles nun zu ihrem Intimleben? Wenn ein Mann die Schublade seines Lebens öffnet, die die Aufschrift „Sex" trägt, ist er in der Lage, sich voll und ganz auf diesen Augenblick zu konzentrieren und vorübergehend alles andere in seinem Leben auszuschalten. Für seine Frau ist das womöglich nicht so einfach. Wenn sie durch bestimmte Dinge in ihrer Umgebung abgelenkt wird, ist sie vielleicht nicht in der richtigen Stimmung für Sex. Ihr Mann muß nur eine seiner Schubladen öffnen, sie dagegen muß vielleicht ihr ganzes Leben gedanklich neu ordnen, um ihre entsprechende Schublade zu finden.

Darum kann sich ein Mann trotz eines hektischen Tages im Büro auf die Liebe konzentrieren. Seine Frau dagegen kann durchaus versuchen, zum Höhepunkt zu kommen, während sie gleichzeitig im Geist den Weihnachtsbrief für die Familie formuliert, der am folgenden Tag abgeschickt werden muß.

Genauso kann ein Mann einen handfesten Streit mit seiner Frau austragen und kurze Zeit später für die Liebe bereit sein, während seine Frau ihm immer noch grollt.

Wenn wir verstehen, daß grundlegende Unterschiede zwischen Männern und Frauen bestehen, können wir manche Spannungen vermeiden, die sonst vielleicht zu einer Auseinandersetzung führen würden.

Akzeptieren Sie, daß jeder Mensch seine Schwächen hat

Einige unserer Charakterzüge sind sicherlich auf die allgemeinen Geschlechtsunterschiede zurückzuführen, doch andere sind persönlichkeitsbedingt.

Als ich neulich in meinem Fitneßstudio warten mußte, blätterte ich eine Zeitschrift durch und stieß auf einen Artikel, der so lustig war, daß ich die Frau am Empfang fragte, ob ich die Zeitschrift mit nach Hause nehmen dürfe. In diesem Artikel waren Auszüge aus einem Buch mit dem Titel *I Love Him But ...* („Ich liebe ihn, aber ...") von Merry Bloch Jones abgedruckt, in dem Frauen die ärgerlichsten Angewohnheiten ihrer jeweiligen Partner beschreiben.

Jetzt sind Sie neugierig geworden, nicht wahr? Also, da beschwert sich zum Beispiel eine Frau aus Kalifornien darüber, daß ihr Mann sich nie die Geheimnummer für den Geldautomaten merken kann – was umso ärgerlicher ist, da es ihr Hochzeitstag ist.

Oder eine Frau aus Cleveland erzählt, daß ihr Mann jeden Abend, wenn er sich ins Bett legt, aufstöhnt. Er seufzt tief und murmelt immer wieder dieselben Worte: „Oh Bett, Bett, Bett, Bett, Bett. Oh Bett, Bett, Bett, Bett, Bett. Oh Bett, Bett, Bett, Bett, Bett ..."

Außerdem stellt er ihr, wenn er ihr anbietet, bei der Hausarbeit zu helfen, so viele Fragen und ist so fahrig, daß sie schneller fertig ist, wenn sie alles selbst gemacht hat. So fragte er zum Beispiel, wenn er ein Ei kochen will: „Welchen Topf soll ich nehmen? Ist es egal, welche Platte? Auf welche Stufe stellst du die Platte? Wie lang muß das Wasser kochen? Legst du das Ei ins Wasser, bevor es kocht oder erst danach? Rechnest du die Zeit von dem Zeitpunkt an, wo du das Ei ins Wasser legst oder erst wenn das Wasser kocht? Wieviel Wasser nimmst du? Welches Ei soll ich nehmen? Wo sind die Eier? Wo ist der Topf? Wie lange muß es noch mal kochen?"

Soweit ich es beurteilen kann, sind nicht alle Männer so (Gott sei Dank). Aber selbst wenn Sie keine dieser eben beschriebenen Verhaltensweisen bei Ihrem Mann feststellen können, so bedeutet das nicht, daß er nicht auch irgendwelche ähnlich amüsanten (oder ärgerlichen) Verhaltensweisen an sich hat.

Manchmal sind diese Unterschiede überhaupt nicht lustig, sondern verwirren und verletzen uns. Eine Frau zum Beispiel gab zu, daß sie am Boden zerstört war, als sie erkannte, daß sie Dagobert Ducks Zwillingsbruder geheiratet hatte.

„In den ersten sechs Jahren unserer Ehe war Weihnachten für ihn einfach nicht existent", erinnert sie sich. „Wir haben uns oft gestritten, wenn ich Geld ausgegeben habe, um für die Kinder Geschenke zu besorgen. Außerdem weigerte er sich strikt, mit mir gemeinsam bummeln zu gehen, um mir etwas zu kaufen. Wenn ich zurückblicke, wird mir klar, daß er mir nicht einmal während unserer Freundschaftszeit zu Weihnachten richtige Geschenke gemacht hat. Ich nahm sein Verhalten persönlich, denn es verletzte mich."

Diese Frau war erst wieder vollständig mit ihrem Mann versöhnt, als sie mehr über seine Vergangenheit erfahren hatte und diesen Teil seiner Persönlichkeit akzeptieren lernte. „Schließlich begriff ich, was passiert war. Sein Großvater, den er sehr geliebt hat, war an einem Weihnachtstag gestorben, so daß dieser Tag immer traurige Erinnerungen in ihm wachrief. Ich war nun nicht mehr böse auf ihn oder bemühte mich, ihn zu ändern, sondern versuchte die dadurch entstandene Lücke in unserem Familienleben zu kompensieren. Ich kaufte auch weiterhin Geschenke für unsere Kinder und kaufte auch für mich jedes Jahr ein Geschenk von meinem Mann. Zuerst war er erstaunt; dann schien er erleichtert. Ich kann ihm jetzt nach dem Einkaufen erzählen: ‚Du hast mir heute ein Weihnachtsgeschenk gekauft', und er lächelt dann."

Sie fügt hinzu: „Das Streiten ist etwas Eigenartiges. Man kann drei oder fünf Jahre wegen irgend etwas streiten, und irgendwann versteht man es wirklich. Man versteht den Tick seines Mannes – und auch er versteht einen besser –, und schließlich ist man in der Lage, sich gegenseitig zu akzeptieren. Mein Mann weiß jetzt, daß ich auch weiterhin jedes Jahr einkaufen gehen, seinen Namen auf die Päckchen schreiben und mich vor allen bei ihm bedanken werde. Und auch ich verstehe ihn. Ich kann ihn akzeptieren wie er ist und fühle mich nicht mehr verletzt."

Lieben Sie den einen, zu dem Sie gehören

Es dauert lange, bis man einander wirklich versteht und akzeptiert. Aber wie wäre es, wenn wir das Ganze nun noch einen Schritt weitertreiben? Ist es möglich, daß wir die Eigenarten, die unsere Männer von uns unterscheiden, tatsächlich *lieben* lernen? Es ist uns natürlich bewußt, daß eine Ehe ein hohes Maß an Kompromißbereitschaft erfordert. Denn es gibt nun einmal einige Verhaltensweisen, die Männer (und Frauen) in die Ehe mit hineinbringen, die verletzend oder zerstörerisch sind und an denen gearbeitet werden muß. Es handelt sich hier also nicht um Konflikte besonderer Größenordnung, und außerdem wissen wir alle, daß es sich auszahlt, sich miteinander auseinanderzusetzen.

Diese unbedeutenden Eigenarten, die uns manchmal zur Weißglut bringen, sind demzufolge mehr oder minder große „Nebeneffekte" der Persönlichkeit, die wir lieben. Ich werde zum Beispiel wütend, wenn Larry sich ein Glas aus dem Küchenschrank holt und mich darüber informiert, daß es sehr viel effizienter wäre, wenn die Gläser auf dem zweiten Regal statt auf dem dritten ständen; und doch gefällt mir, daß er ein sehr kreativer Problemlöser ist, der immer genau weiß, wie wir die größeren Krisen unseres Lebens meistern können. Ist es möglich, diese beiden Verhaltensweisen als zwei Seiten derselben Münze zu sehen? Wenn das so ist, dann kann mir die Wertschätzung seiner praktischen Veranlagung grundsätzlich dabei helfen, diese gelegentlichen Versuche zu übersehen, etwas in Ordnung zu bringen, was meiner Ansicht nach gar nicht durcheinander ist.

Wie steht es mit Ihrer Ehe? Gibt es einen Weg, einige der Verhaltensweisen unserer Männer, die uns überhaupt nicht gefallen, im Geiste so zu „drehen", daß wir sie im Licht ihrer angenehmeren Eigenschaften sehen können? Ist es möglich, sich ins Gedächtnis zu rufen, daß der etwas lächerliche Ehrgeiz, den Ihr Mann bei einem friedlichen Spiel wie Uno an den Tag legt, ihn bei seiner Arbeit weiterbringt?

Die unwichtigeren Ärgernisse in einer Ehe können Langzeitschäden anrichten, wenn es um die emotionale und sogar körperliche Nähe zwischen Ehepartnern geht. Lassen Sie deshalb nicht zu, daß Kleinigkeiten die Harmonie in Ihrer Ehe stören. Selbst in den besten Beziehungen ist eine gute Dosis Toleranz vonnöten.

Machen Sie Ihrem Ärger Luft

Schon die Bibel ermahnt ihre Leser, „die Sonne nicht über ihrem Zorn untergehen zu lassen“, und doch ist das leichter gesagt als getan. Und was noch schlimmer ist, es gibt niemanden, der einen so tief treffen kann wie der eigene Partner. Immerhin weiß er doch ganz genau, welche Knöpfe er während einer Auseinandersetzung drücken muß.

Nie werde ich einen bestimmten Streit mit Larry vergessen. Natürlich ist mir der Grund für diesen Streit längst entfallen; ich erinnere mich nur noch an den Zorn, den ich währenddessen empfand. Ich war so wütend, daß ich zu seinem Nachttisch marschierte, mir seinen Wecker schnappte und ihn aus dem Fenster warf.

Trotz allem, was Sie jetzt vielleicht von mir denken, ich bin eigentlich nicht der Typ, der mit Gegenständen durch die Luft zu werfen pflegt. Hinterher kam ich mir natürlich töricht vor. Selbstverständlich entschuldigte ich mich später und kaufte ihm einen neuen Wecker. Aber er reparierte den alten und vergab mir meinen kindischen Ausbruch aufgrund meiner herzlichen Entschuldigung.

In jeder Ehe gibt es ab und zu Streit. Streit ist nicht nur unausweichlich, sondern auch gesund! Problematisch ist nur, was wir mit unserer Wut tun, wenn sie aufflammt. Das muß aber nicht sein, denn es gibt auch konstruktive Wege, seinem Zorn Ausdruck zu verleihen und ihn zu verarbeiten.

Der falsche Umgang mit unserer Wut ist einer der Erzfeinde einer erfolgreichen Ehe. Meine kleine Tirade ist dafür ein gutes Beispiel. Schädlicher jedoch als ein Wutausbruch ist die Wut, die nicht zum Ausbruch kommt, weil sie wie ein Nagetier in einem gepflegten Garten die Wurzeln annagt, im Untergrund wirkt und so die Grundlage Ihrer Ehe zerstört.

Kommt die Wut jedoch zum Ausbruch, so ist sie ein ganz

normaler Bestandteil einer jeden Ehe. Unterdrückte Wut hemmt die emotionale Intimität beider Partner, kann sich zu Verbitterung entwickeln und schließlich zu Depressionen führen. Es besteht also kein Zweifel, welchen Schaden sie dem Liebesleben zufügt! Denn schließlich ist es fast unmöglich, mit jemandem intim zu sein, den man am liebsten gegen eine neue Küchenzeile eintauschen würde.

Bei Ihrem Bemühen, gesündere Reaktionen auf das seltsam erscheinende Verhalten des anderen zu finden, können die folgenden Vorschläge hilfreich sein:

Denken Sie nach. Wut an sich ist nicht notwendigerweise gefährlich oder falsch. Auch Jesus zeigte Wut, als er die Geldwechsler aus dem Tempel vertrieb! In der Ehe wie auch im täglichen Leben wird es Zeiten geben, wo Wut eine gerechtfertigte und gesunde Reaktion auf etwas ist, was um uns herum passiert. Es gibt aber auch andere Augenblicke, in denen eine wutentbrannte Reaktion nicht gerechtfertigt ist und vielleicht mit ein wenig Vernunft verhindert werden kann.

Vor mehreren Monaten verbrachte Larry mit einigen Freunden eine Woche im Grand Canyon. Als ich ihn am Flughafen abholte, war es bereits nach Mitternacht. Zwei Tage lang hatte er nicht geschlafen, vier Tage nicht gebadet. Er war müde und erschöpft, aber in Hochstimmung. Während der Heimfahrt erzählte er mir einige seiner Erlebnisse. Als wir uns unserem Hause näherten, wollte er wissen, wie es mir in seiner Abwesenheit ergangen war, und als ich ihm erzählte, wie ich eine bestimmte Angelegenheit geregelt hatte, schnappte Larry buchstäblich nach Luft. Er wütete. Er kritisierte mich. Meine Reaktion auf ein solches Verhalten seinerseits ist meistens, daß auch ich in Rage gerate, was ich damals auch tat. Ich war so wütend über seine Überreaktion, daß ich ins Haus marschierte und fest entschlossen war, in meiner Personalunion als Hausfrau, Sekretärin und Geliebte in Streik zu treten, bis er sich bei mir entschuldigte.

Doch dann dachte ich nach. Eine ganze Woche lang hatte dieser Mann auf Felsen geschlafen, gefriergetrocknetes Essen zu sich genommen, einen Rucksack von der Größe einer Kuh auf seinem Rücken geschleppt und seinem Körper das Äußerste abverlangt. Ja, er hatte mich angefahren, aber irgendwie war ich nicht mehr wütend. Am folgenden Morgen entschuldigte er sich auch tatsächlich bei mir, doch das war mir kaum noch wichtig. Dieses Beispiel zeigt, daß manchmal kleinere Konflikte dadurch gelöst werden können, indem man versucht, die Dinge aus der Sicht des Partners zu betrachten.

Sprechen Sie darüber. Es gibt jedoch Zeiten, wo das Nachdenken allein nicht ausreicht. Manchmal wissen Sie einfach, daß es angebracht ist, die Luft zu reinigen. Versuchen Sie aber, einen Zeitpunkt zu wählen, wo die Emotionen sich nicht überschlagen, und sprechen Sie dann mit Ihrem Mann. Konzentrieren Sie sich dabei nicht zu sehr auf das, was er vielleicht falsch gemacht hat, als vielmehr darauf, was Sie dabei empfunden haben. Ihr Ziel sollte unter allen Umständen sein, sich selbst auszudrücken; die Reaktion Ihres Mannes ist nur eine Nebensache. Wenn Sie das Gespräch beginnen, um eine bestimmte Reaktion von Ihrem Mann zu bekommen, zum Beispiel eine Entschuldigung, dann werden Sie vielleicht enttäuscht und schließlich wütender sein als zuvor.

Schreiben Sie darüber. Als ich einmal eine Zeit erlebte, in der ich sehr wütend war, gewann ich die besten Erkenntnisse und empfing Vergebung und Heilung, indem ich meinen Gefühlen in einem Tagebuch Ausdruck verlieh. Manchmal ist die Person, auf die Sie wütend sind, nicht in der Nähe, so daß Sie nicht mit ihr sprechen können; oder vielleicht haben Sie mit ihr gesprochen, jedoch nichts erreicht. Versuchen Sie, Briefe an diesen Menschen zu schreiben, vielleicht auch an Gott und sogar an sich selbst.

Schwitzen Sie es aus. Ein spannungsgeladener Augenblick treibt den Adrenalinspiegel Ihres Körpers in die Höhe. Und auch wenn der Augenblick vorüber ist, fühlen Sie sich vielleicht immer noch eingeengt als Folge der chemischen Veränderungen in Ihrem Körper. Machen Sie deshalb einen kurzen Spaziergang, jäten Sie Unkraut in Ihrem Garten, saugen Sie Ihr Haus, treiben Sie Sport. Sie werden feststellen, daß die körperliche Aktivität das überschüssige Adrenalin abbaut. Sie werden sich letztendlich ruhiger fühlen und einen klareren Kopf bekommen.

Beten Sie darüber. Manchmal sitzen Wut und Verbitterung so tief, daß das Gebet Ihre einzige Möglichkeit ist, sich von Ihrer Wut zu befreien. Das Problem in diesem Fall ist vielleicht nicht so sehr, daß Sie wütend sind, sondern daß Sie nicht bereit oder in der Lage sind, zu vergeben. Denken Sie daran: Ihre Unversöhnlichkeit anderen gegenüber kann Gottes Vergebungsbereitschaft Ihnen gegenüber lähmen. Darum bitten Sie um Hilfe, daß Sie die Verletzungen der Vergangenheit vergeben können.

Suchen Sie Rat. Guter und gottesfürchtiger Rat von einem Freund, Pastor, Therapeuten oder Psychologen kann viel bewirken. Manchmal hilft es schon, wenn jemand sagt: „Ich verstehe, warum du wütend bist; du hast das Recht, aufgebracht zu sein. Wie kann ich dir weiterhelfen?"

Kurz gesagt, es ist nicht gut, wenn man mit seiner Wut einfach so weiterlebt. Emotionale und körperliche Intimität mit Ihrem Mann – der wichtigste Bestandteil einer Ehe – wird in einer von Wut bestimmten Atmosphäre keine Chance haben. Gelegentliche Auseinandersetzungen und Unstimmigkeiten gehören genauso zu einer Ehe wie die Liebe und das Bezahlen von Rechnungen. Wichtig ist jedoch, daß man nach jedem Streit wieder reinen Tisch macht, gesunde Wege findet, seinen Gefühlen Ausdruck zu verleihen, und die Beziehung zu seinem Mann wiederherstellt.

Schreiben Sie Ihre eigene Geschichte

Bereits nach wenigen Monaten ihres Erdenlebens hat Kaitlyn ihrer Schwester eine ganze Reihe von Kosenamen gegeben. Aber wissen Sie, was mich wirklich in Erstaunen versetzt? Das sind die frappierenden Persönlichkeitsunterschiede zwischen den beiden Mädchen. Sie haben zwar dieselben Eltern, und doch wird es bereits deutlich, daß Kaitlyn und Kacie vollkommen unterschiedliche Charaktere haben.

Kaitlyn zum Beispiel war bereits als Baby sehr beharrlich, und sie ist es auch heute noch. Kacie dagegen ist eher ruhig und zufrieden.

Kaitlyn schlief mit drei Monaten nachts durch, Kacie bereits mit drei Wochen.

Kaitlyn schrie häufig, doch gewöhnlich konnte sie durch einen Schnuller, oder, wenn alles nichts half, durch eine mitternächtliche Fahrt über die Autobahn beruhigt werden. Kacie dagegen schreit nur einmal in drei Wochen – aber wenn sie einmal damit beschäftigt ist, kann sie durch nichts beruhigt werden.

Glücklicherweise war ich nicht so naiv anzunehmen, ich könnte meine Erfahrungen, die ich bei Kaitlyn gesammelt hatte, auch bei Kacie anwenden. Wenn dem so gewesen wäre, hätte ich mich sehr umstellen müssen, denn die beiden Mädchen sind verschieden wie Tag und Nacht.

Alle Eltern, die mehr als ein Kind haben, werden diese Erfahrung machen. Wir alle wissen und erkennen, daß kein Kind wie das andere ist, das trifft auch auf Zwillinge zu. Jedes neue Leben ist wie ein Fingerabdruck, eine Schneeflocke, ein Sonnenuntergang Millionen anderen ähnlich und doch einzigartig und einmalig.

Bei unseren Kindern ist uns dies klar.

In bezug auf unsere Ehe scheinen wir jedoch nicht bereit zu sein, diese Tatsache zu akzeptieren.

Wenn wir wirklich die Einmaligkeit unserer Ehe begreifen würden, würden wir sie nicht immer ...

... mit der unserer Freunde,
... mit der Beziehung fiktiver Charaktere in Filmen oder Romanen,
... und vor allem mit den Ehen, die in Zeitschriftenartikeln beschrieben werden, vergleichen.

Die Vorstellung, irgendwo gäbe es einen Maßstab in bezug auf die Häufigkeit von Sex in einer Ehe, ein geheimes Handbuch mit Regeln für Beziehungen, einen Maßstab für unser Zusammenleben, ist schlichtweg absurd.

Garrison Keillor schreibt hierzu im *Time Magazin*: „Als ich jung war, hatte ich die Vorstellung, ein amerikanisches Durchschnittsehepaar hätte zweimal pro Woche Sex, und seit mehr als dreißig Jahren trage ich diese Vorstellung nun mit mir herum. ... Vermutlich hat auch das amerikanische Durchschnittsehepaar diese zweimal-pro-Woche-Vorstellung, und in den Wochen, wo es vielleicht nur einmal zu einer schweißtreibenden Begegnung kommt, hat es das Gefühl, daß etwas nicht in Ordnung ist. Vermutlich ist es dieses Gefühl, die sexuelle Quote nicht erreicht zu haben, das die Diät-Industrie florieren und immer wieder ähnliche Zeitungsartikel entstehen läßt, die mit der Überschrift ‚Zehn Wege, Ihre Ehe sensationell zu gestalten' betitelt sind."

Warum tun wir uns das also an? Warum vergleichen wir? Warum gründen wir unsere Erwartungen für unsere eigene Ehe auf irgendwelche ominösen Umfragen? Können wir nicht einfach lernen zu entspannen und das zu genießen, was wir selbst erleben, ohne uns unablässig umzusehen, um uns mit dem zu vergleichen, was andere unserer Meinung nach haben?

Bei dem intimen Tanz von Mann und Frau ist kein Platz für einen Bandleader, Tanzlehrer oder Choreographen. Sie und Ihr Mann müssen selbst herausfinden, was für Sie richtig ist.

Bei der Arbeitsteilung, der Kindererziehung und vor allem im Schlafzimmer gibt es keine anderen Experten außer Ihnen beiden. Werfen Sie die Zeitungsartikel fort, und überlegen Sie, wie Sie die Romantik in Ihrer Ehe zum Lodern bringen können. Vergessen Sie dabei aber nicht zu beachten, was Ihrem Mann gefallen könnte.

Schreiben Sie Ihren eigenen Liebesroman

Als Kind las ich besonders gerne Märchen. Selbst als junge Erwachsene ging ich noch häufig in die Kinderabteilung der Buchhandlungen, um dort Bilderbücher zu kaufen, die vorzugsweise von Prinzessinnen und Schlössern handelten. Als ich mich verlobte, überraschte ich meine Familie mit der Ankündigung, ich wolle abends in einem Park getraut werden, und am Schluß der Zeremonie solle Larry ein weißes Pferd besteigen, mich zu sich in den Sattel heben und mit mir in den Sonnenuntergang hineinreiten.

Sehr zu Larrys Erleichterung erhob eine meiner Großmütter Einspruch und sagte, sie wäre nicht scharf darauf, an einer Hochzeit auf Pferderücken in einem Park teilzunehmen. Ich war ein wenig verärgert, weil ich zwischen ihr und dem Pferd wählen mußte, doch meine Großmutter gewann, und Larry und ich wurden ganz normal in einer Kirche getraut.

Das Schöne an Märchen ist, daß sie alle einem bestimmten Muster folgen, man weiß also immer, was einen erwartet, wenn man das Buch öffnet. Sicher, es passieren auch unangenehme Dinge, doch im Grunde genommen weiß man, wie die Geschichte beginnen („Es war einmal ...“) und enden („ ...und sie lebten glücklich und zufrieden bis an ihr Lebensende“) wird, man weiß, daß der Held und die Heldin große Schwierigkeiten überwinden müssen (drei an der Zahl) und daß man am Schluß ein gutes Gefühl hat.

Das wirkliche Leben ist jedoch ganz anders.

Unsere Ehen sind nicht das Produkt der Phantasie von Hans Christian Andersen. Wir haben das große Vorrecht, unsere eigene Geschichte zu schreiben, eine einzigartige Geschichte, in der nichts vorhersehbar ist, in der wir selbst sowohl Heldin als auch Autorin sind, und wo jede Seite ein ganz einmaliges Ereignis erzählt.

Loben und bestätigen Sie Ihren Mann

Vor einigen Wochen machte ich an einem Sonntagmorgen einigen Ehepaaren unseres Bibelkreises eine Ankündigung. Sie lautete etwa folgendermaßen: *Hilfe.*

Ich erzählte, daß ich mit meinem Buch nicht mehr weiterwüßte und daß *Es* nun schließlich doch passiert sei: Nach achtzehn Monaten, dreiundzwanzig Kapiteln und mehr als zweihundert Seiten wüßte ich nicht mehr, was ich schreiben sollte, obwohl die Überschrift des Kapitels bereits feststände: „Loben und bestätigen Sie Ihren Mann.“ Deshalb wollte ich nach der Bibelstunde noch ein wenig bleiben, um mit jedem zu sprechen, der zu diesem Kapitel einige Gedanken beitragen könne.

John und Norma, seit über dreißig Jahren verheiratet, waren die ersten, die auf mich zukamen. Sie hatten bestimmt etwas Wichtiges zu sagen.

„Als Norma und ich heirateten, haben wir ein Abkommen geschlossen“, begann John.

So weit, so gut.

„Das Abkommen besagt, daß in unserer Ehe ich für die wichtigen und Norma für die unwichtigen Entscheidungen zuständig sein sollte.“

Ich war mir zwar nicht sicher, ob diese Aussage etwas mit „Lob und Bestätigung“ seines Partners zu tun hatte, aber ich hörte weiter aufmerksam zu.

John grinste. „Interessant ist, daß wir in unserer siebenunddreißigjährigen Ehe nie eine wichtige Entscheidung zu treffen hatten.“ Norma hatte diese Geschichte anscheinend schon öfter gehört, denn sie lächelte bereits, bevor ihr Mann die Pointe vorgebracht hatte. Ich wußte, ich war an der Nase herumgeführt worden, doch ich mußte trotzdem lachen.

Danach kam Rick auf mich zu. Er lächelte verlegen, als er mir seine Gedanken darlegte, und *er* machte keine Witze. „Ich habe mir überlegt, was ich tue, um Pam zu loben, doch mir fallen immer nur Dinge ein, die ich zwar tun sollte, aber nicht tue. Ich sollte geduldig sein, doch viel zu oft bin ich ungeduldig. Ich sollte sie mehr in dem bestärken, was sie tut, doch es ist viel leichter zu kritisieren. Wenn du Beispiele brauchst für Dinge, die man *nicht* tut, dann kannst du mich gerne fragen. Besser noch, frag Pam, sie hat bestimmt eine sehr lange Liste." Dann zuckte er die Achseln: „Ich wollte dir gern helfen, aber ich schätze, ich bin dir keine große Hilfe gewesen!"

Doch, das warst du, Rick, und auch John und Norma.

Inwiefern? Ihr habt mir einen wichtigen Punkt deutlich gemacht: Unsere Partner zu loben, ist im Gegensatz zum Atmen, Blinzeln oder Schokolade essen kein automatischer Akt. Als ich eine Gruppe von zwanzig Erwachsenen fragte, wie sie ihren Partner loben, bekam ich als Antwort einen Witz, ein Bekenntnis und den Vorschlag, mir ein leichteres Thema zu suchen!

Ich mache ihnen keine Vorwürfe. Es ist nicht leicht, gerade denjenigen zu loben, dessen Fehler und Schwächen sich jeden Tag zeigen. Und doch kann die Art, wie wir miteinander umgehen – ob wir einander lieben oder beschimpfen, achten oder heruntermachen, demütigen oder erheben –, unsere Beziehung formen, die Atmosphäre bestimmen, die in unserem Haus herrscht, und den Grad der Intimität bestimmen, die wir im Schlafzimmer miteinander teilen.

Loben oder nicht loben

Was genau ist aber mit Lob und Bestätigung gemeint? Ich denke, es bedeutet, jemanden zu ehren, aufzubauen, zu erhöhen. Das Gegenteil ist natürlich kleinmachen oder heruntermachen.

Wie können Sie am besten den Einfluß Ihrer Worte und Taten auf Ihren Mann und Ihre Ehe beschreiben? Loben Sie ihn vor Ihren Kindern und Freunden und auch vor sich selbst? Oder setzen Sie ihn herab? Halten Sie ihn klein? Halten Sie ihn „auf Kurs"?

Sie fragen sich nun vielleicht, was das mit emotionaler oder sexueller Intimität zu tun hat. Nun, eigentlich sehr viel. Wenn wir nach Gelegenheiten suchen, unsere Männer zu loben und zu bestätigen, wird vermutlich folgendes passieren:

- Unsere Männer bekommen mehr Selbstvertrauen in ihrer Rolle als Ehemann, Vater, Brotverdiener und Liebhaber.
- Unsere Männer empfinden vielleicht neue, positive Gefühle uns gegenüber; vielleicht stellen wir sogar fest, daß sie sich uns mehr oder aufmerksamer widmen!
- Sie und ich werden vermutlich neue, positive Gefühle unseren Männern gegenüber empfinden. Immerhin ist es nicht leicht, freundlich zu jemandem zu sein, über den wir den ganzen Tag schlecht gesprochen haben. Auf der anderen Seite werden wir feststellen, daß wir ihm sehr positiv gegenübertreten, wenn wir uns tagsüber auf seine guten Eigenschaften konzentriert haben.
- Wenn Eheleute sich täglich bemühen, sich gegenseitig zu loben, verstehen sie sich häufig auch im Bett besser. Immerhin ist von der Liebe zum Liebesakt kein großer Übergang erforderlich. Eine Frau, die seit mehr als vierzig Jahren verheiratet ist, erklärte dies folgendermaßen: „Freundlichkeit führt zu Sanftmut, die wiederum zu Zärtlichkeit führt und die zu ..., na, Sie wissen schon.“ Mit anderen Worten, den Ehepaaren, die sich freundlich und liebevoll begegnen, fällt der Übergang zur Liebe selten schwer.

Sieben Wege, wie Sie Ihren Partner loben und bestätigen können

Wie können wir denn nun unsere Partner „aufbauen“, sie ehren und achten? Wir wollen mit einer ganz einfachen Methode beginnen:

Begegnen Sie Ihrem Mann mindestens so freundlich wie Ihren Freunden und Kollegen. Das scheint keine große Sache zu sein, aber es läßt sich nicht die traurige Tatsache leugnen, daß unser bestes Verhalten für Freunde, Kollegen und Bekannte reserviert ist, während wir unseren Männern häufig unfreundlich und schnippisch begegnen. Nehmen wir zum Beispiel die Erfahrung einer Frau, mit der ich in der vergangenen Woche gesprochen habe. Ihre goldene Hochzeit steht bevor. Brenda hat vier Kinder, zwölf Enkel und einen Urenkel, und sie weiß, was es bedeutet, seinen Partner zu loben. Als ich sie bat, mir zu diesem Thema etwas zu sagen, erzählte sie mir von der Zeit, als sie und ihr Mann einen Gemeindepraktikanten für ein Jahr bei sich aufgenommen hatten. Sie gab zu, daß dieser Dauergast in ihrem Haus sie dazu gebracht habe, ihren Umgangston ein wenig zu ändern. „Warum benehmen wir uns nur Außenseitern gegenüber anders als gegenüber unserer Familie? Als dieser junge Mann ein Jahr bei uns lebte, habe ich eine Menge über mich selbst erfahren. Ich liebe meine Familie mehr als alles auf der Welt, und ich erkannte in dieser Zeit, daß ich ihr immer so begegnen wollte, nicht nur in der Öffentlichkeit oder wenn wir Besuch hatten."

Der Ton macht die Musik. Sagen Sie mir nicht, ich sei die einzige, die über Dinge in Streit gerät, die sie nie gesagt hat! Letzte Woche zum Beispiel sagte ich zu Larry, es sei in Ordnung, wenn er mit seinen Freunden ins Kino ginge. Larry, der sehr sensibel und ein guter Beobachter ist, bemerkte, daß ich zwar sagte: „Geh nur, und viel Spaß", daß mein Tonfall aber hinzufügte: „... und mögen dich die Fliegen von tausend Kamelen überfallen, weil du fortgehst, Spaß hast und mich allein zu Hause läßt, wo du genau weißt, daß ich seit einer Woche mit Grippe, einem Abgabetermin für ein Buch und zwei Kindern ans Haus gefesselt bin, von denen das eine zahnt und das andere partout nicht ins Bett gehen will!"

Aus irgendeinem Grund entwickelt unsere Stimme, selbst wenn wir unsere Worte im Zaum halten können, ein Eigenleben und vermittelt unserem Gesprächspartner unseren Frust, unsere Wut, Ungeduld und Enttäuschung. Wir wollen uns dem stellen. Manchmal schlagen wir unseren Männern gegenüber einen Ton an, den wir uns einem Freund gegenüber niemals erlauben würden: eisig, mit zusammengebissenen Zähnen, einer Atomexplosion ähnlich, oder auch einfach einen Tonfall, der unterschwellige Botschaften übermittelt wie: „Junge, habe ich einen Schafskopf geheiratet." Oder: „Wenn du denkst, du würdest heute abend etwas bei mir erreichen, dann hast du dich geschnitten."

Wir sollten uns schämen! Ob wir es glauben oder nicht, ein solcher Tonfall dämpft das Selbstwertgefühl unseres Gegenübers ungemein. Anstatt uns mit heuchlerischen Worten, die vor verstecktem Gift triefen, auf einen Guerillakrieg einzulassen, sollten wir unsere Bedenken geduldig und liebevoll in Worte fassen. Denn diese können diskutiert und analysiert werden. Sie können zudem neu formuliert und abgeändert werden, bis beide Parteien zu einer Einigung gekommen sind. Einem unhöflichen Tonfall ist dagegen nicht so leicht beizukommen. Er schleicht sich ein und schlägt dem Menschen, den wir lieben, kleine Wunden. Ein liebevoller Tonfall dagegen ist Balsam für die Seele, der selbst unangenehme Worte leichter ertragen läßt.

Unsere Körpersprache sagt eine Menge. Wie setzen wir Körpersprache ein, um unsere Männer zu loben und zu bestärken? Manchmal bewirkt schon eine kleine Berührung sehr viel. Brenda sagt, daß sie und ihr Mann jedes Tischgebet mit einem Amen und einem Kuß beenden, auch wenn sie in einem Restaurant essen. Mehr als fünfzig Jahre lang hielten sich meine Großmutter und mein Großvater beim Einschlafen an den Händen. Meine Freundin Diana berichtet, daß sie ihrem Mann durch eine Berührung, durch Händchenhalten, Streicheln oder eine Umarmung am ehesten das Gefühl geben kann, geliebt zu sein.

Aber nicht immer bedeutet Körpersprache auch Körperkontakt. Ist Ihnen schon mal aufgefallen, daß die besten Zuhörer mit ihrem ganzen Körper zuhören, nicht nur mit den Ohren? Sie wissen schon, wen ich meine – ich spreche von den Menschen, die eine Unterhaltung zu einem Vergnügen werden lassen, weil sie jedes Wort, das Sie sprechen, begierig in sich aufnehmen. Sie beugen sich vor, wenn Sie sprechen, sie sehen Sie an, sie nicken bestätigend mit dem Kopf, und wenn Sie großes Glück haben, praktizieren sie die wünschenswerteste Körpersprache, die bei einem guten Zuhörer zu finden ist – ihre Lippen sind geschlossen. Mit jemandem zu sprechen, der die Kunst des Zuhörens versteht, ist zweifellos eine sehr bestätigende Erfahrung. Ist das Gespräch dann zu Ende, fühlen Sie sich geschätzt. Sie wissen, daß Sie gehört und vermutlich auch verstanden wurden. Sie sind vielleicht sogar dankbar.

Vergleichen Sie jetzt diese positive Beschreibung von einem guten Zuhörer mit der Art, wie Sie Ihrem Mann zuhören. Wenn Sie so reagieren wie ich, dann gibt es leider viel zu viele Momente, wo Sie zwar mit den Ohren zuhören, Ihr Körper jedoch mit einer Reihe ganz anderer Tätigkeiten beschäftigt ist: eine Dose fürs Abendessen öffnen, Joghurtbecher ausspülen oder Ihrem Kleinkind die Hose anziehen, nachdem es auf der Toilette gewesen ist. Während Sie selbst zum Badezimmer eilen, merken Sie auf einmal, daß Ihr Mann zu reden aufgehört hat, und Sie rufen ihm zu: „Erzähle nur weiter, ich höre." Doch dann müssen Sie feststellen, daß er gar nicht mehr im Haus ist: Er ist nämlich längst in der Garage, um bei Ihrem Auto das Öl zu wechseln. Das Traurige ist nur, daß er erst seit zwanzig Minuten zu Hause ist.

Ein wenig Anerkennung kann viel bewirken. Haben Sie es sich zur Gewohnheit gemacht, Ihrem Mann gegenüber positiv anzuerkennen, was er für Sie und Ihre Familie tut? Oder verbringen Sie weit mehr Zeit damit, ihn an all das zu erinnern, was er *nicht* tut? Sie und ich, wir wissen, wie sehr unser Selbstwertgefühl leiden kann, wenn unsere ganze Arbeit, die wir für die Familie leisten, nicht anerkannt wird. Auf unsere Männer wirkt es nicht minder destruktiv, wenn ihre Bemühungen nicht gewürdigt werden. In ihrem Buch *Fascinating Womanhood* („Faszinierende Weiblichkeit") schlägt Helen Andelin vor, daß Frauen lernen sollten, die positiven Eigenschaften ihres Mannes, wie zum Beispiel Ehrlichkeit, Verläßlichkeit, Freundlichkeit und Liebe, hervorzuheben. Wir können auch seine Intelligenz positiv herausstellen, die in Bildung, Wissen, gutem Urteilsvermögen oder kreativer Phantasie zum Ausdruck kommt. Eigentlich können wir alles, was unsere Männer für uns tun, positiv bewerten, vom Verdienen des Lebensunterhalts bis hin zum Öffnen der Wagentür.

Bewundern Sie seine männlichen Züge. In dem eben erwähnten Buch macht Helen Andelin den Frauen klar, daß *Wertschätzung* die Aufmerksamkeit auf den Charakter und die Intelligenz eines Mannes lenkt, *Bewunderung* jedoch auf seine Männlichkeit. Das stimmt: wenn Sie das Selbstwertgefühl Ihres Mannes stärken wollen, bewundern Sie seine männlichen Eigenschaften. Nach Andelin gehören dazu sein männlicher Körper, seine Fähigkeiten, seine Leistung und seine Träume. Sie geht so weit, zu sagen, daß das größte Eheglück der Frau darin besteht, geliebt zu werden, das des Mannes jedoch, bewundert zu werden.

Also, sagen Sie Ihrem Mann, wie gut Ihnen seine breiten Schultern gefallen, seine starken Muskeln, seine scharfen Zähne – huch, tut mir leid, das ist die falsche Geschichte. Aber im Ernst, bemühen Sie sich, seine maskulinen Züge zu loben und zu bewundern, und Sie beide werden von den Ergebnissen profitieren.

Machen Sie sich niemals auf Kosten Ihres Mannes lustig. Ich bin immer für Witze zu haben, außerdem mag ich lustige Anekdoten. Doch Humor ist nicht gleich Humor: er kann sehr destruktiv sein und tiefe Wunden schlagen. Gutmütige Kabbeleien kommen auch in den besten Familien vor; doch wir müssen darauf achten, daß die Scherze nicht zu tief unter die Haut gehen und den anderen verletzen oder in Verlegenheit bringen.

Die Perspektive kann manchmal entscheidend sein. Und letztens, wenn Sie Ihren Mann betrachten, was sehen Sie? Den Vater Ihrer Kinder? Den Mann, mit dem Sie letzte Woche gestritten und den Sie am vergangenen Abend geliebt haben? Den Brötchenverdiener?

Sicher, es gibt eine Menge Dinge, durch die Sie Ihren Mann bestätigen und loben können. Und doch geschieht eine „effektive Bestätigung" sozusagen nicht allein durch die Dinge, die Sie sagen und tun, sondern vielmehr durch Ihr ganzes Verhalten. Mit der richtigen Einstellung und Perspektive werden Sie nicht lange darüber nachdenken müssen, wie Sie Ihren Mann loben können, es wird ganz automatisch passieren.

Sie können Ihre Einstellung ihm gegenüber verändern, indem Sie ihn aus der Perspektive Gottes betrachten, der ihn sehr viel mehr liebt als Sie. Es stimmt: Gott, der Ihren Mann geschaffen hat, weiß, daß Sie mit einem unermeßlich wertvollen Wesen verheiratet sind.

Ja, ja, ich weiß, er ärgert Sie hin und wieder. Bei meinem Mann ist das nicht anders. Neulich kam ich nach einem einwöchigen Aufenthalt in Kalifornien nach Hause und stellte fest, daß Larry das ganze Haus kindersicher gemacht hatte. Aber eigentlich ist *kindersicher* nicht das richtige Wort: Ich vermute, daß nicht einmal David Copperfield sich in unserem Haus noch bewegen könnte.

Trotzdem, ich freute mich über die Plastikschlösser an den Küchenschränken, und ich tolerierte die Tatsache, daß ich den Toilettendeckel nicht mehr heben konnte, ohne ein technisches Examen zu machen. Doch als ich entdeckte, daß die Plastikeckenschützer an meinem vierhundert-Dollar-handgemalten-Wohnzimmertisch ganz altmodisch mit *Schrauben* befestigt worden waren, verspürte ich den Drang, einen Mord zu begehen.

Sie fragen sich, wie ich auf meinen Mann zu sprechen war, als mich die Sonne blendete, die von den acht in meinen kostbaren Tisch gebohrten Schrauben reflektiert wurde? Ich kann nur sagen, daß in diesem Augenblick das Lob seiner Fähigkeiten nicht gerade an erster Stelle stand. Hinrichtung war eine verlockendere Möglichkeit.

Doch was war Gottes Perspektive zu diesem Zeitpunkt? Zweifellos sah der Schöpfer meines Mannes herab auf einen beschützenden Vater, einen findigen Problemlöser mit einem leichten Hang zur Übertreibung und eine menschliche Seele, die es wert war, ein unglaubliches Opfer zu bringen: seinen eigenen Sohn Jesus Christus.

Wollen auch Sie Ihren Mann bestärken? Bitten Sie Gott, Ihnen seine Perspektive zu schenken, die in ihrem Ausmaß atemberaubend ist und in der eine riesige und unvollkommene Landschaft wie gesponnenes Gold im Licht des Sohnes funkelt, wo kleine Fehler und Schwächen so leicht übersehen werden wie eine zerquetschte Coladose am Straßenrand.

„Loben“ Sie Ihren Weg zu befriedigendem Sex

Ja, Sex dient der Fortpflanzung. Er dient auch der körperlichen Erleichterung. Und manchmal, selbst in den gottesfürchtigsten Ehen, dient er dem Vergnügen.

Doch mehr als alles andere entsteht guter Sex durch die kleinen Freundlichkeiten, aufbauenden Worte und liebevollen Gesten, die täglich von Mann und Frau ausgetauscht werden. Behandeln Sie Ihren Mann tagsüber wie einen Prinzen, und Sie sind vielleicht überrascht, welche königliche Behandlung auf Sie wartet, wenn die Sonne untergegangen ist!

Sagen Sie Ja zu biblischen Grenzen

Ich habe eine Freundin – ich nenne sie einmal Penelope –, die eine richtige Südstaatenschönheit ist. Sie ist in Georgia geboren und aufgewachsen, sehr lebhaft und sehr gastfreundlich. Und sie spricht im typisch breiten Georgiadialekt.

Bei einem Schulfest meiner Tochter kamen wir ins Gespräch. Sie wartete, bis die Männer loszogen, um sich Nachtisch zu holen, und erzählte mir dann die folgende Geschichte:

Als sie ihren Mann Frank kennenlernte und sich in ihn verliebte, lebten sie in zwei verschiedenen Welten. Penelope war fünfundzwanzig Jahre alt und sehr behütet aufgewachsen. Sie lebte noch zu Hause und war Jungfrau. Sie sprühte damals vor Idealismus, Naivität und Vorfreude. Frank dagegen war vierunddreißig, diente bei der Navy und war erst kurze Zeit zuvor Christ geworden. Er hatte bereits zwei Kinder, eine Ex-Frau und sehr viel Erfahrung.

Während ihrer Verlobungszeit nahmen die beiden an einem Seminar für Paare teil, das von ihrer Gemeinde angeboten wurde. Dazu gehörte auch ein Persönlichkeitstest, den beide getrennt ablegen sollten. Später gingen sie ihre Antworten gemeinsam durch.

Nach dem Test saßen also Frank und Penelope zusammen im Büro des Pastors und verglichen ihre Antworten. Begeistert stellten sie fest, daß sich die meisten ihrer Antworten ergänzten, das heißt, bis sie zu Frage siebenundvierzig kamen. Diese Frage lautete: „Betrachten Sie sich selbst als sexuell gehemmt?“

Franks Antwort lautete *Ja*.

Penelope hatte mit *Nein* geantwortet.

Entgeistert wandte sich Frank an seine Braut. „Nein? Was soll das heißen, du bist nicht gehemmt? Worüber sprechen wir denn hier, über Handschellen? *Gruppensex*? TIERE?“

Penelope wurde beinahe ohnmächtig. Sie schnappte nach

Luft und brachte schließlich heraus: „Nein, Liebling, nein! Ich meinte nur, daß ich auch bereit bin, bei eingeschaltetem Licht mit dir zu schlafen!“

Sind Sie gehemmt?

Sexuelle Hemmungen und Grenzen scheinen ein weites Feld zu sein, wie Penelope und Frank entdecken mußten.

Offen gesagt, es gibt unzählige Möglichkeiten des sexuellen Ausdrucks, und die Liste wird immer länger. Nach König Salomo gibt es nichts Neues unter der Sonne. Und doch informieren die Medien uns immer wieder über Varianten des Liebesspiels, von denen die meisten von uns noch nie etwas gehört haben. Sie erinnern sich vielleicht an eine, die Prinzessin Fergie (die Ex-Frau von Prinz Andrew von England) berühmt (oder berüchtigt) gemacht hat: das Zehensaugen. Wenn man den Artikeln in Frauenmagazinen Glauben schenkt, soll das sehr sinnlich sein, obwohl ich mich persönlich nicht so recht damit anfreunden kann. Nachdem ich dreizehn Jahre lang die schmutzigen Socken meines Mannes aufgehoben habe, hat die Vorstellung, seine Zehen in den Mund zu nehmen, für mich nichts Anziehendes. Aber vielleicht bin ich ja eine Ausnahme.

Ja, wir haben verschiedene Möglichkeiten. Wir können entscheiden, ob wir das Licht anlassen oder ausmachen; wir können sogar entscheiden, ob wir das nächste Mal den Schneebesen benutzen wollen (das ist nur ein Witz!). Wo ziehen wir also die Grenze? Penelope zog ihre Grenze beim Lichtschalter. Was ist mit uns? Sind auch wir gehemmt? Gibt es geheime Techniken, die wir verpassen? Neue erotische Erfahrungen, die die Nachbarn kennen und wir nicht? Sollten wir alles, wovon wir hören, bereitwillig mit unseren Männern ausprobieren? Können uns dann aber nicht auch Erfahrungen erwarten, die wir unter allen Umständen vermeiden sollten?

Was sind also gesunde Grenzen in sexueller Hinsicht?

Hemmungen, betrachtet aus der Perspektive der Nichtchristen

Wenn man einigen zeitgenössischen Autoren von Büchern und Zeitungsartikeln Glauben schenkt, gibt es keine Grenzen und Tabus. Neulich las ich einen Artikel, in dem behauptet wurde, daß das Vortäuschen eines Orgasmus' die Ehe verbessern könnte. Der Autor beschrieb, wie man atmen und stöhnen sollte, um das Ganze realistischer zu gestalten.

Eine Autorin schrieb in ihrem Bestsellerbuch über eine Frau, die behauptete, ihre Affäre mit einem Kollegen hätte ihre Ehe und ihr Liebesleben mit ihrem Mann bereichert.

Außerdem gibt es zahllose Artikel, die Frauen und auch Männern darin bestätigen, daß es eine großartige Idee sei, während des Liebesaktes mit seinem Partner von anderen zu träumen.

Zum Glück haben Sie und ich eine lebendige Beziehung zu Jesus Christus, und wir benötigen derartige Ratschläge nicht. Wir sind vor den Auswirkungen von alles-ist-erlaubt-Versuchen geschützt. Wie wir bereits in den ersten Kapiteln erarbeitet haben, findet Gott Sex gut, denn sonst hätte er ihn nicht in seinen Plan für die Menschheit integriert. Alle Richtlinien, die er uns für diesen Bereich unseres Lebens gegeben hat, sollen unser sexuelles Vergnügen nicht schmälern, sondern beschützen und bereichern!

Hemmungen, betrachtet aus der Perspektive der Bibel

Was hat die Bibel denn nun zu gesundem sexuellen Ausdruck zu sagen?

Zuerst wollen wir uns mit den Dingen beschäftigen, von denen die Bibel ausdrücklich sagt, daß wir sie *nicht* tun sollen, als da sind: Sex vor der Ehe oder mit jemand anderem als unserem Partner, dazu gehören Verwandte, Prostituierte, Tiere oder gleichgeschlechtliche Personen. Diese Richtlinien schließen auch den „gedanklichen“ Sex oder das Ausleben sexueller Phantasien mit einem anderen als Ihrem angetrauten Partner ein.

Das sind die Eckpunkte, zwischen denen wir uns bewegen sollten. In gewisser Weise ist damit alles gesagt. In moderne, „gesellschaftlich akzeptable“ Verhaltensweisen übersetzt, billigen diese Richtlinien nicht das Zusammenleben oder miteinander schlafen vor der Ehe, Homosexualität, Sex mit Prostituierten, wechselnde Partner, außereheliche Verhältnisse und Pornographie.

Doch andererseits lassen uns diese Richtlinien viel Raum für Phantasie. Sexualität zwischen Mann und Frau im Kontext einer Ehe kann auf mancherlei Weisen ausgedrückt werden, die nicht unbedingt in der Bibel erwähnt sind. Bedeutet das, daß alles, was nicht ausdrücklich verboten, erlaubt ist?

Ich habe diesbezüglich mit einer Frau gesprochen, die meinte: „Ich habe zum Sex viele Fragen. Es gibt einige Dinge, die ich gern mit meinem Mann ausprobieren würde, doch ich traue mich nicht, damit anzufangen. Ich meine, darf eine gute Christin wirklich solche Dinge tun, die ich gern einmal probieren würde?“

Die Bibel schweigt zu einer ganzen Reihe von „Grauzonen“ wie zum Beispiel Masturbation, Sexspielzeugen, oralem Sex, „schmutziger“ Sprache, Sexspielen wie Rollenspiele mit Fesseln und Kostümen, und ich muß mich wirklich fragen, was Gott zum Zehenlutschen zu sagen hätte!

Obwohl uns Gottes Wort keine Einzelheiten nennt, denke ich, daß es einige biblische Prinzipien gibt, die Licht in diese Angelegenheit bringen können:

Lassen Sie Ihre Entscheidungen von der Liebe bestimmen

Epheser 5,25 sagt uns, daß *die Männer ihre Frauen lieben sollen, wie Christus die Gemeinde liebt*. Wenn ich an diesen Vers denke, fällt mir sofort die Sanftmut Christi ein. Er hat keine Gewalt ausgeübt. Er hat niemanden gedemütigt oder manipuliert. Liebe und Selbstaufopferung waren die Kennzeichen seiner Beziehung zu den Gläubigen und zu der Gemeinde als Ganzes.

Inwiefern kann diese Haltung von Mann und Frau beeinflussen, was im Bett vor sich geht? Den Partner zum Sex zu zwingen, ist tabu. Auch sollte man seinen Partner nicht zwingen, irgend etwas zu tun, bei dem ihm nicht wohl ist, er sich gedemütigt oder degradiert fühlt. Gegenseitige Zustimmung sollte als Parole vor dem Betreten des Schlafzimmers gelten. Das heißt also, daß fast alles erlaubt ist, solange beide Partner damit einverstanden sind. Sie wollen Creme, Kostüme, Zehen? Genießen Sie es, solange Sie beide es wollen.

Meiden Sie Gewohnheiten, die der sexuellen Vertrautheit mit Ihrem Mann schaden könnten

Eine weitere Richtlinie finden Sie in 1. Korinther 7,2-5, wo Ehepaare angewiesen werden, *sich nicht dem anderen zu entziehen.* Ich möchte Ihnen in diesem Zusammenhang zwei Beispiele für Gefahrenzonen nennen, die Sie sicherlich meiden wollen:

Über eine Form des sexuellen Ausdrucks schweigt Gott sich aus, und das ist die Masturbation, oder, wie sie auch genannt wird, die Selbstbefriedigung. Eine Gefahr der Masturbation besteht darin, daß sie leicht zum Ersatz für die emotionale und körperliche Nähe zwischen Mann und Frau wird. Sollten Sie die Angewohnheit haben, zu masturbieren, kann das Ihrem Partner die sexuelle Energie und Aufmerksamkeit rauben, die ihm von Ihrer Seite rechtmäßig zusteht.

Ich möchte Ihnen ein zweites Beispiel geben, das in dieselbe Kategorie fällt. Vor kurzem sprach ich mit einer Frau, die vor mehreren Jahren ihren Mann bat, beim Sex einen Vibrator zu Hilfe zu nehmen. Was als eine harmlose neue Erfahrung begann, führte allmählich zu einer Abhängigkeit, die den Geschlechtsverkehr dieses Paares nun beeinträchtigt. Diese Frau gab zu, daß ihr Sex mit ihrem Mann ohne Zuhilfenahme des Vibrators keinen Spaß mehr macht und daß ihr Mann über diese neue Richtung, die ihr Sexualleben genommen hat, frustriert ist. Dieses Ehepaar hat seine eheliche Intimität dem Gott der körperlichen Empfindungen geopfert, und ihre Ehe leidet jetzt darunter.

Vermeiden Sie es, von anderen Männern als Ihrem Partner zu träumen

Ob Sie nun in der Versuchung stehen, von einem Kollegen zu träumen oder sich in den Seiten eines Liebesromans verlieren, Ihre Gedankenwelt wirkt sich auf Ihre Beziehung zu Ihrem Mann und auch zu Gott aus. In Matthäus 5,28 wird deutlich gemacht, daß gedankliche Untreue genauso schlimm ist wie tatsächlicher Ehebruch.

Dies ist eine zweite Gefahr der Masturbation, da sie häufig mit Phantasien von einer bestimmten Person verbunden ist, die nicht der Ehepartner ist. Doch solange diese beiden Richtlinien beachtet werden, denke ich, daß es bestimmte Umstände gibt, in denen Masturbation auch in einer christlichen Ehe ihren Platz hat. Eine Möglichkeit ist zum Beispiel eine Selbststimulierung in Anwesenheit Ihres Partners als Facette des Vorspiels. Ich bin außerdem der Meinung, daß Masturbation ein gelegentliches und vorübergehendes Ventil für aufgestaute sexuelle Gefühle sein kann, beispielsweise wenn die Partner durch eine Geschäftsreise voneinander getrennt sind; dann sollten jedoch die Gedanken dabei zum Partner wandern und nicht zu einem anderen Menschen.

Viele Experten empfehlen Frauen, die Schwierigkeiten haben, einen Orgasmus zu erleben, die Masturbation als Heilmittel. *Der Zweck liegt hierbei nicht darin, die sexuelle Intimität mit dem Ehemann zu ersetzen*, sondern der Frau dabei zu helfen, herauszufinden, was bei ihr „funktioniert", damit sie diese wertvolle Information in ihrer Ehe anwenden kann. Ich finde das sehr vernünftig! Indem eine Frau ihren eigenen Körper erforscht, kann sie lernen, welche Art der Berührung sie als besonders stimulierend empfindet *und diese Information dann an ihren Mann weitergeben*. Indem sie für eine begrenzte Zeit allein „übt", kann sie ihrem Körper beibringen, stärker zu reagieren, wodurch wiederum die intime Beziehung zu ihrem Mann bereichert wird.

Auch hier gilt wieder: Halten Sie sich an die biblischen Richtlinien. Berauben Sie Ihren Partner durch Masturbation nicht Ihrer sexuellen Aufmerksamkeit, und erregen Sie Ihre

Libido nicht durch Gedanken an andere Männer oder Situationen außerhalb Ihrer Ehe. Wenn Sie diese Richtlinien im Hinterkopf behalten, gibt es keine biblischen Einwände gegen die Masturbation.

Hängen Sie in Gedanken nicht Mythen und Lügen über Sexualität nach

Eine weitere biblische Richtlinie für Sexualität ist in 1. Korinther 13,6 zu finden, wo es heißt: „Die Liebe ... freut sich nicht über die Ungerechtigkeit, sie freut sich aber der Wahrheit."

Leider zeigen uns die Medien nur selten die Wahrheit über gesunde Sexualität, wie sie von Gott beabsichtigt war. Unsere Gesellschaft propagiert statt dessen Mythen und Lügen in bezug auf Sex. Es ist unmöglich, diese Sichtweisen der Welt vollkommen auszuschließen. Doch wir können uns gegen sie wehren und unsere Gedanken vor Halbwahrheiten und Fiktion in acht nehmen. Ich kenne einige Frauen, die nach Liebesromanen richtiggehend süchtig sind. Andere Leute sehen sich ständig Sexfilme an. Ohne Liebesromane oder Sexfilme grundsätzlich verdammen zu wollen, möchte ich doch darauf hinweisen, daß diese Unterhaltungsformen unsere Vorstellungswelt beeinflussen und uns eine verdrehte Sichtweise von Sexualität vermitteln können.

Meiner Meinung nach fallen auch bestimmte Talk-Shows in diese Kategorie. Gelegentlich bieten sie uns Entspannung von unserem Alltagsstreß, doch ihre Gefahr liegt darin, daß sie, wenn wir nicht aufpassen, unsere Lebenseinstellung und zwischenmenschlichen Beziehungen negativ beeinflussen können.

Meiden Sie die „Fleischeslust"

Galater 5,16 trägt uns auf, im Geist zu wandeln, damit wir nicht den Begierden des Fleisches verfallen. Die nachfolgenden Verse beschreiben, wie unser Fleisch Dinge begehrt, die im Gegensatz zu dem stehen, was der Geist für uns als gut erachtet. Wenn wir diesen Begierden nachgeben, werden wir uns schnell in einer

Falle wiederfinden und unfähig sein, die Dinge zu tun, die wir tun wollen und die richtig sind.

Meiner Meinung nach gehört dieser Vers zu den vielen anderen in der Bibel, die auf die Gefahren von Pornographie anzuwenden sind. Pornographie verursacht Gewohnheiten und eine Form der Abhängigkeit, die später nur sehr schwer zu durchbrechen ist.

Auch die anderen Verse, die wir uns in diesem Kapitel angesehen haben, können auf die Pornographie angewendet werden. 1. Korinther 13,6 sagt uns zum Beispiel, daß die Liebe sich nicht über die Ungerechtigkeit freut, „sie freut sich aber an der Wahrheit". Doch die Pornographie zeigt uns ein außerordentlich verzerrtes und unwahres Bild von Sexualität. Matthäus 5,28 warnt uns davor, in Gedanken Ehebruch zu begehen; Pornographie jedoch fördert Sexphantasien, die nicht unseren ehelichen Partner betreffen. 1. Korinther 7,5 ermahnt Frauen und Männer, dem Partner nicht seine sexuelle Aufmerksamkeit zu entziehen, doch Pornographie lenkt unsere sexuelle Aufmerksamkeit und Energie vom Ehepartner ab.

Sie sind vielleicht der Meinung, daß diese Verse nicht auf Sie zutreffen, solange Sie nicht schäbige Sexkinos aufsuchen, doch Pornographie wird durchaus nicht nur in solchen Kinos gezeigt. Selbst Liebesromane können pornographische Elemente enthalten. Wenn Sie im Zweifel sind über etwas, das Sie lesen oder sich ansehen wollen, vergleichen Sie es mit dem Maßstab in Philipper 4,7, wo wir ermutigt werden, uns gedanklich mit Dingen zu beschäftigen, die wahrhaftig und ehrbar sind, die einen guten Ruf haben und tugendsam sind.

Genießen Sie die ganze Spanne sexueller Möglichkeiten mit Ihrem Mann

Eine weitere Richtlinie für biblische Sexualität finden wir in Hebräer 13,4, wo es heißt: „Die Ehe soll in Ehren gehalten werden bei allen und das Ehebett unbefleckt; denn die Unzüchtigen und die Ehebrecher wird Gott richten."

Es ist also ganz deutlich gesagt, daß jegliche sexuelle Betätigung außerhalb der Ehe Gottes Mißfallen auf sich ziehen wird.

Auf der anderen Seite soll die Ehe in Ehren und das Ehebett unbefleckt gehalten werden. Mit anderen Worten, Gott schwingt sich nicht zum Richter über unsere Sexualität auf, die wir innerhalb unserer Partnerschaft ausleben. Deshalb ist auch alles, was wir tun, ehrbar, solange es nicht mit anderen biblischen Prinzipien oder Geboten im Konflikt steht. Mit Stellungen, Techniken, Orten, Kleidung, Rollenspielen, sexuellen Hilfsmitteln wie Lotionen oder Ölen zu experimentieren, ist ehrbar und unbefleckt, solange Sie und Ihr Mann es in gegenseitiger Übereinstimmung tun.

Schützen Sie das Geheimnis sexueller Intimität in Ihrer Ehe

Diese letzte Richtlinie habe ich aus verschiedenen Bibelstellen abgeleitet. Sie hat mit dem Geheimnis der sexuellen und emotionalen Vereinigung von Mann und Frau zu tun, das mit einer Eheschließung beginnt. Nehmen wir zum Beispiel Epheser 5,31: „Darum wird ein Mann Vater und Mutter verlassen und an seiner Frau hängen, und die zwei werden ein Fleisch sein."

Oder Sprüche 30,18-19: „Drei sind mir zu wundersam, und vier verstehe ich nicht: des Adlers Weg am Himmel, der Schlange Weg auf dem Felsen, des Schiffes Weg mitten im Meer und des Mannes Weg beim Weibe."

Der intime, verletzliche Austausch in den privatesten Augenblicken einer Ehe ist von einem Geheimnis umgeben. Dieses Geheimnis liegt in der Sexualität zwischen Mann und Frau begründet.

Ich finde es wundervoll, daß Mann und Frau gemeinsam die vielen Facetten des sexuellen Ausdrucks erforschen können. Im vorangegangenen Abschnitt habe ich von der Freiheit gesprochen, die uns gegeben ist, mit Stellungen, Techniken oder Kleidung zu experimentieren. Es ist in Ordnung, sich gehenzulassen, Spaß zu haben, neue Grenzen zu erforschen und einige der Hemmungen abzubauen, die in der Bibel einfach nicht begründet sind.

Gleichzeitig sollten wir aber nicht vergessen, was das Wesen der Liebe ist.

Im achten Kapitel des ersten Korintherbriefes spricht Paulus darüber, daß er es für falsch hält, immer noch der alten Gesetzlichkeit verhaftet zu sein und deshalb zum Beispiel nicht von dem Fleisch zu essen, das zuvor Götzen geopfert wurde. Und dennoch stellt er die neu gewonnene Entscheidungsfreiheit nicht über seine Beziehung zu anderen Menschen, die an seinem Verhalten Anstoß nehmen könnten. Beziehungen haben also stets Vorrang vor unserer persönlichen Freiheit.

Weil nun die Gestaltung unseres Liebeslebens auf die Beziehung gegründet ist, die wir zu unseren Männern haben, ist unsere Freiheit nur solange großartig, wie sie diese Beziehung bereichert. Wenn sie ihr jedoch schadet, müssen wir etwas tun.

Der ursprüngliche Zweck der Liebe ist nicht das Streben nach überwältigenden Gefühlen, obwohl überwältigende Gefühle auch dazugehören. Doch das viel größere Ziel unserer Sexualität ist, das magische, intime Band zwischen Mann und Frau zu festigen, das durch gemeinsame Erfahrungen, Erinnerungen und den Umgang mit den körperlichen und emotionalen Haken und Ösen unserer Persönlichkeit entsteht.

Wenn Sie sich bei irgend etwas nicht so recht wohlfühlen, tun Sie es nicht. Wollen Sie und Ihr Mann einmal etwas Neues ausprobieren, und gibt es in diesem Zusammenhang keinen biblischen Grund für ein Zögern, so können Sie gemeinsam beten und Gott bitten, Ihr Vorhaben zu segnen. Danken Sie ihm für die Gabe der Sexualität und die vielen Facetten des Ausdrucks, die Ihnen zur Verfügung stehen. Bitten Sie ihn, Ihnen Erfahrungen zu schenken, die das Vergnügen und die Intimität in Ihrer Ehe vergrößern, und Ihnen zu helfen, diejenigen Erfahrungen zu meiden, die der Intimität mit Ihrem Mann schaden oder einen von Ihnen zu einer Sünde verleiten könnte.

Beschützen Sie Ihre Ehe

Zunächst muß ich Ihnen etwas über meine Einstellung gegenüber Regeln mitteilen, was ein schwieriges Zugeständnis für mich ist, weil ich stets das Sprichwort bejahen konnte, daß Regeln geschaffen wurden, um gebrochen zu werden.

Im Grunde bin ich sogar gegen jede Form von Regeln und Organisation. Vor allem in der Küche. Wenn ich eine Mahlzeit serviere, dann stellt mein Mann nicht selten die vorsichtige Frage: „Gibt es ein Rezept dafür, oder hast du dir das selbst ausgedacht?“ Ich sage „vorsichtig“, weil er lernen mußte, daß mir diese Art von Fragen nicht gefällt. Warum? Weil sie gleichzeitig die Meinung beinhaltet, daß diese Mahlzeit ihm nicht besonders schmeckt.

Die meisten Mahlzeiten, die ich koche, sind tatsächlich nach meinen eigenen Rezepten zubereitet. Larry weiß das nur nicht. Oh, er weiß es *instinktiv*, doch er hat mir noch kein Geständnis entlocken können, weil ich jedes Mal das Thema wechsele. Bis heute hat er einhundertsiebenundfünfzigmal gefragt, und er hat noch keine klare Antwort von mir bekommen. Mittlerweile beginne ich zu glauben, daß es ihm egal ist, ob das Rezept selbst ausgedacht ist oder nicht.

Unter uns gesagt improvisiere ich eigentlich immer, wenn es ums Kochen geht. Und ich schätze, daß ich das bis zu einem gewissen Maß auch den Rest des Lebens tue. Es fasziniert mich einfach, Richtlinien ein wenig abzuändern und zu sehen, was dann passiert. Manchmal bin ich angenehm überrascht. Manchmal bin ich ... nun, einfach überrascht.

So gern ich auch viele Regeln ein wenig beuge, habe ich in meinem Leben doch diesbezüglich eine wichtige Entdeckung gemacht: Ich bin nämlich über eine Reihe von Richtlinien gestolpert, die eigentlich gar nicht meine Feinde sind. Diese Regeln engen mein Leben nicht ein oder verkomplizieren es, sondern sie vereinfachen es. Sie sind also in Wirklichkeit meine Freunde.

Ich habe zum Beispiel festgestellt, daß es in bezug auf unsere Finanzen hilfreiche Regeln gibt. Dazu gehört für mich, daß ich über meine ausgestellten Schecks Buch führe. Lange habe ich versucht, alle ausgestellten Schecks im Gedächtnis zu behalten und dabei festgestellt, daß ich viele einfach vergesse.

Es gibt sogar Regeln für den Sockenkauf. So kaufe ich Socken immer nur in größeren Mengen und niemals eine andere Farbe als schwarz oder weiß. Es ist dann egal, wenn beim Waschen einige Socken draufgehen. (Was kann ich schließlich dafür, wenn ich zehn Socken in die Maschine stecke und nur sechs wieder herauskommen?) Außerdem muß ich sie nicht mühsam nach Muster und Farbe sortieren, wenn ich die Socken aus dem Trockner hole. Monogame Paare unter ihnen sind übrigens nicht erlaubt: Unsere Socken wandern alle einzeln in ihre Schublade und bekommen jedesmal einen anderen Partner. Auch brauche ich mich nicht zu fragen, ob eine Socke Larry oder mir gehört; ich trage dieselben wie er (allerdings erst *nach* dem Waschen).

Wenn es Regeln für etwas so Triviales wie den Sockenkauf gibt, muß es auch Regeln für etwas so Wichtiges wie unsere Sexualität geben.

Schützen Sie die Institution, in die Ihre Sexualität eingebettet ist

Sind Sie eigentlich für das Geschenk der Sexualität dankbar, und genießen Sie es, dieses Geschenk auszuleben? Die beste Anweisung bezüglich einer optimalen Erfahrung von Sexualität ist meiner Meinung nach, daß Sie sie schützen sollten, indem Sie sie sicher in eine gesunde und glückliche Ehe einbinden.

Die heutige Gesellschaft ist da jedoch ganz anderer Ansicht. Sie sagt, daß man der Sexualität unnötige Grenzen auferlegt, wenn man sie allein auf die Ehe beschränkt. Finden Sie es nicht auch unverständlich, daß die Menschen heute an AIDS sterben, ungewollte Kinder abtreiben lassen und Kinder aus durch Untreue gescheiterten Beziehungen alleine großziehen müssen – und trotzdem immer noch die Meinung vertreten wird, daß die Beschränkung von Sex auf die Ehe archaisch und unnötig ist?

Genauso habe ich auch über die Benutzung von Schecklisten gedacht. Doch jetzt weiß ich es besser.

Die Ehe ist nicht unser Feind, sondern der beste Freund, den Ihre Sexualität je haben kann. Was mich wiederum zur folgenden Frage führt: Wie und durch welche Regeln können wir unsere Ehen schützen?

Die besten Hochzeitsratschläge, gewürzt mit einer Prise Salz

Bei unserer Hochzeitsfeier baten Larry und ich unsere Gäste, ihr persönliches Rezept für eine gute und widerstandsfähige Ehe auf eine Karte zu schreiben. Zum Glück für Sie habe ich alle zweihundert Karten aufgehoben. Ich möchte Ihnen nun einige Weisheiten von Freunden und Verwandten weitergeben.

Eine unserer Tanten schrieb: „Ich würde Euch einen guten Rat geben, aber es ist zu spät – Ihr seid bereits verheiratet." Ein anderer Gast (vermutlich ihr Mann) schrieb: „Duckt Euch und schlängelt Euch durch."

Andere Gäste wiederum gaben praktische Ratschläge für den Umgang miteinander: „Haltet Eure Füße warm" und: „Laßt keine Haare im Waschbecken zurück" und: „Rülpst nicht in Gegenwart eures Partners, und spuckt nicht vor ihm aus". Und mein Lieblingsspruch: „Frühstücke niemals mit Lockenwicklern auf dem Kopf – das gilt auch für Dich, Karen!"

Ich denke, es ist gut, daß keiner dieser Leute Eheberater ist. Trotzdem bin ich der Meinung, daß es eine Reihe von guten Geboten gibt, die Ihnen helfen können, Ihre Ehe zu schützen und zu bereichern. Ganz bestimmt gibt es mehr als die fünf, auf die ich im folgenden eingehen möchte. Diese können dazu beitragen, Ihre Ehe vor Ablenkungen und Versuchungen zu schützen, die zweifellos täglich auf Sie und Ihren Mann einstürmen.

Halten Sie Ihre Gedanken und Worte im Zaum

Unsere Gedanken bestimmen unsere Einstellung und unsere Taten. Auf die Gefahr hin, diese Angelegenheit zu sehr zu vereinfachen – der Kampf, um Ihre Ehe vor Enttäuschung, Bitterkeit und sogar außerehelichen Affären zu schützen, wird in erster Linie in Ihren Gedanken ausgetragen und gewonnen.

Und wenn es um das geht, was wir so tagtäglich von uns geben, Worte können sehr verletzend sein. Bemühen Sie sich also ganz bewußt darum, Ihre Worte und Gedanken zu Werkzeugen zu formen, die Ihre Ehe und Ihren Mann schützen und stärken und nicht zerstören und niederreißen.

Umgeben Sie Ihre Ehe mit Gebet

Es liegt bestimmt eine große Wahrheit in dem Sprichwort, daß Eheleute, die gemeinsam beten, auch zusammen alt werden. Gemeinsam zu einem heiligen Gott zu beten, ist sicherlich nicht leicht, denn das Gebet erfordert ein Maß an Verletzlichkeit und Transparenz, vor dem sich einige Ehepaare scheuen. Doch die Belohnung ist sehr groß. In ihrem Buch *If Two Shall Agree* („Wenn zwei sich einig sind") erzählen Carey Moore und Pam Rosewell Moore von ihrem Abenteuer, auf das sie sich einließen, als sie bereits in der Zeit ihrer Freundschaft vereinbarten, jeden Tag gemeinsam zu beten. Unter anderem bekamen sie einen neuen Blick füreinander und auch für die Menschen in ihrer Umgebung. Carey schreibt: „Ich kann nicht rücksichtslos und unsensibel sein in dem, was ich zu Pam sage, und dann mit ihr beten. Auch können wir beide nicht andere kritisieren und über sie tratschen oder ihnen mit Hochmut und Stolz begegnen und dann von Gott erwarten, daß er unser Gebet am Ende des Tages erhört."

Beten Sie *mit* Ihrem Partner; beten Sie *für* Ihren Partner; und beten Sie für eine gesunde Ehe. Ich verspreche Ihnen, Ihre Gebete werden erhört werden. Wie ich so etwas behaupten kann? Ganz einfach. Aufgrund von 1. Johannes 5, 14-15: „Und das ist die Zuversicht, die wir haben zu Gott: Wenn wir um etwas bitten nach seinem Willen, so hört er uns. Und wenn wir wissen, daß er uns hört, worum wir auch bitten, so wissen wir, daß wir erhalten, was wir von ihm erbeten haben."

Gott möchte, daß unsere Ehe lebendig und gesund ist, als ein leuchtendes Beispiel für das, was Gott mit der Institution Ehe beabsichtigt hat. Noch während Sie nach seinem Willen beten, können Sie wissen, daß Ihre Gebete erhört worden sind und daß er sie erfüllt.

Ziehen Sie in regelmäßigen Abständen Bilanz

Im Leben gibt es nur wenige Garantien, doch eines ist ganz sicher, daß Sie und Ihr Mann sich von Zeit zu Zeit voneinander entfernen werden. Wie können wir merken, daß dies passiert? Nun, ganz deutlich merken Sie es, wenn Sie ein Abendessen für Freunde planen und Ihnen auf einmal einfällt, daß Sie vergessen haben, Ihren Mann einzuladen, oder wenn Sie beide Ihren Hochzeitstag vergessen.

Diese Zeiten, wo Streß, Kinder, Arbeit, Krankheit, Familie, Langeweile – also das Leben ganz allgemein – zusammenwirken, um das Band zwischen Mann und Frau zu schwächen, sind generell nicht abzuwenden. Schlimm ist es jedoch, wenn man nicht weiß, wie man dem entgegenwirken kann.

Machen Sie sich eine Liste der Warnsignale. Welche Symptome zeigen Ihnen, daß Ihre Beziehung nicht mehr an erster Stelle steht? Es können Emotionen sein: Sie fühlen sich vielleicht einsam, isoliert, gestreßt oder abgelenkt. Es können aber auch Verhaltensweisen sein: zum Beispiel, daß Sie zu verschiedenen Zeiten zu Bett gehen oder unterschiedliche Freundeskreise haben.

Neben dieser Aufmerksamkeit gegenüber den Warnsignalen sollten Sie vielleicht einen immer wiederkehrenden Termin festlegen, an dem Sie und Ihr Mann über Ihre Beziehung sprechen; das kann an einem Abend einmal pro Woche oder Monat sein; vielleicht kommen Sie auch überein, einmal im Jahr ein Eheseminar zu besuchen. Sie können aber auch auf spontane Gelegenheiten achten, zum Beispiel einen Spaziergang im Park oder am Strand, um sich in die Augen zu sehen und zu sagen: „Wie sieht es zwischen uns aus?"

Schaffen Sie sich einen Schlachtplan mit Strategien, die Ihnen helfen können, wieder in die richtige Spur zu kommen. Sie sollten jedoch im voraus einige Ideen parat haben, die Ihre Ehe wieder neu beleben. Was könnte das sein? Vielleicht einfach eine Nacht, in der Sie sich intensiv lieben; ein Abendessen zu zweit in einem schönen Restaurant, weit entfernt von Kindern und Telefonen. Ein Wochenende zu zweit kann ebenfalls das richtige sein, vielleicht sogar einige Sitzungen bei einem Eheberater.

Wichtig ist nur, daß Sie stets den Finger auf dem Puls Ihrer Ehe halten und schnell reagieren, wenn die Gesundheit Ihrer Beziehung in Gefahr gerät.

Seien Sie bezüglich kleiner Verletzungen nicht nachtragend

Mißverständnisse, verletzte Gefühle, unsensible Bemerkungen ... so etwas kommt in jeder Beziehung einmal vor. Gelegentlich rollt zwar ein wirklich großer Konflikt wie ein Donnerschlag über Sie hinweg, aber die meiste Zeit geht es doch nur um eine Anhäufung von Kleinigkeiten, die schließlich einen schier unüberwindbaren Berg zwischen Ihnen entstehen lassen.

Wie können wir jedoch vermeiden, daß die kleinen Verletzungen und Wunden zu einem solchen Berg anwachsen? Ich habe eine Reihe von Ehepaaren gefragt, was sie dagegen tun. Nachfolgend einige ihrer Vorschläge:

„Man muß lernen, das Leben von der humorvollen Seite zu nehmen – vor allem, wenn man auf seinen Ehepartner wütend ist. In fast jedem Streit gibt es ein humorvolles Element, und nachdem man miteinander herzlich gelacht hat, fällt es schwer, wütend zu bleiben.“

„Neulich habe ich mir eine Sendung im Fernsehen angesehen, in dem ein Ehepaar ein Abkommen geschlossen hat. Sie wollten, wann immer sie ernsthaft in Streit geraten würden, sich ausziehen und nackt weiterstreiten. Der Gedanke dahinter war natürlich, daß sie sich schließlich lieben und nicht mehr streiten würden. Ich weiß nicht, ob das im wirklichen Leben funktioniert, aber ich bin durchaus bereit, einen Versuch zu wagen.“

„Wenn ich wegen einer Kleinigkeit verletzt bin, sage ich mir, daß ich es vergessen und weitermachen will. Gelingt mir das aber nicht sofort, stelle ich mir vor, wie ich mich zu einem späteren Zeitpunkt bemitleiden werde. Ich denke mir zum Beispiel aus, daß ich am kommenden Dienstagmorgen zwischen zehn und elf eine Selbstmitleidsparty feiere. Das Wissen, daß ich einen bestimmten Zeitpunkt habe, zu dem ich mich meinen Gefühlen der Wut und des Verletztseins hingeben kann, hilft mir manchmal, diese Gefühle bis dahin beiseite zu schieben. Gewöhnlich ist es jedoch so, daß ich, wenn der Zeitpunkt dann schließlich gekommen ist, bereit bin zu vergeben und zu vergessen."

„Dann und wann frage ich meinen Mann, ob es etwas gibt, womit ich ihn bewußt oder unbewußt beleidigt oder verletzt habe. Wenn ihm etwas zu schaffen macht, sagt er es mir, und ich bitte ihn, mir zu vergeben. Durch mein Beispiel ermutigt, fragt er dann meistens auch mich, ob er mich durch irgend etwas verletzt hat. Wichtig ist, sich nicht zu verteidigen, wenn der Partner spricht und sich auch nicht zu rechtfertigen. Es ist egal, unter welchen Umständen man den anderen verletzt hat, er hat sich verletzt gefühlt, und nur eine Entschuldigung kann die aufgestauten Gefühle freisetzen."

„Manchmal denke ich, daß ich von Jeff Vollkommenheit erwarte. Wenn ich mich dann über irgendeine Kleinigkeit ärgere, frage ich mich, wie ich mich fühlen würde, wenn ich so vollkommen sein müßte, wie ich es von ihm erwarte."

„Früher habe ich geschwiegen und durch mein Schweigen meine Wut genährt. Jetzt sage ich meinem Mann (aber nicht anklagend): *Es hat mir wehgetan, als du XY gesagt oder getan hast* ... und sehr oft ist er ganz überrascht, weil er keine Ahnung hatte, daß seine Worte oder Taten so auf mich gewirkt haben."

Wehren Sie den Anfängen

In einem Buch, das ich einmal gelesen habe, stand, daß von einem Dutzend Ehepaaren vier vor einem Scheidungsanwalt landen, sechs eigentlich nur wegen ihrer Kinder, ihres Berufes oder ihrer religiösen Überzeugung zusammenbleiben und nur zwei Ehepaare eine wirklich intime und glückliche Ehe führen.

Keine schöne Vorstellung, das gebe ich zu. Aber zum Glück für Sie und mich liegt das Schicksal unserer Ehe nicht in den Händen der Statistiker, sondern in unseren eigenen. Unsere Entscheidungen und Prioritäten bestimmen auch die Qualität unserer Ehe, heute und in der Zukunft.

Was für ein Privileg, aber auch welche Verantwortung!

Unsere Ehen müssen nicht dem statistischen Tod zum Opfer fallen, sie müssen kein Durchschnitt sein, und sie müssen nicht zu einer nützlichen Institution werden, in denen der Satz: „Du nimmst mir die Decke weg!" als intimes Bettgeflüster gilt. Wir können zu den eben erwähnten 16,6 Prozent gehören und den Anfängen wehren.

Doch hier ist der Haken: Für alles, was wir in unserer Ehe erstreben – emotionale Nähe, tiefes Verständnis, Kameradschaft, Romantik und auch guten Sex –, ist ein wenig Planung erforderlich. Nichts davon entsteht rein zufällig. Eine innige emotionale und sexuelle Vereinigung erfordert bewußtes Bemühen (und ganz bestimmt meine ich damit nicht, daß Sie während des Geschlechtsverkehrs wach bleiben!).

Sehen Sie es als eine ... nun ... als eine Art Diättablette. Vor einigen Jahren sah ich im Fernsehen einen Werbespot über eine Wunderdiätpille. Sie wurde in den schillerndsten Farben angepriesen. Die Models waren einfach atemberaubend, die Versprechungen enorm. Sogar der Preis war vernünftig. Für weniger als 30 Dollar wurde mir die leichteste und schnellste Art des Abnehmens in der Geschichte der Diät versprochen. Und alles war garantiert. Wenn ich mein Wunschgewicht nicht innerhalb der versprochenen Zeit erreichen würde, bekäme ich das Geld zurück.

Was könnte leichter sein? Tatsächlich überlegte ich, ob ich die auf dem Bildschirm angegebene Nummer einmal wählen sollte, doch dann fiel mein Blick auf etwas in der linken unteren Ecke des Bildschirms. Es war kaum größer als ein Fingerabdruck. Ich beugte mich vor und entdeckte das Kleingedruckte.

In winziger Schrift informierte der Hersteller den Zuschauer: „Garantierte Ergebnisse der Pillen nur in Verbindung mit Diät- und Gymnastikprogramm."

Wie bitte?

Diät- und Gymnastikprogramm?

Fast alles funktioniert in Verbindung mit einem Diät- und Gymnastikprogramm. Sogar *Zuckerpillen.*

Wir müssen uns damit abfinden, daß es einfach keine Wunderpillen gibt. Und dies bringt mich natürlich wieder zurück zu unserem eigentlichen Thema, der Ehe.

Als ich noch alleinstehend war, dachte ich, ich müßte, um eine gute Ehe zu führen, nur den richtigen Mann finden: meinen Traummann. Wenn ich den finden würde, würde alles andere von selbst passieren.

Jetzt weiß ich es natürlich besser.

Ich weiß nun, daß es keine Wunderehen gibt, keine perfekten Beziehungen. Mir ist bewußt, daß jede Ehe mit Opfer und Schweiß verbunden sein muß, wenn sie ihr Potential voll ausschöpfen soll.

Wollen Sie den Anfängen wehren? Wollen Sie, daß Ihre Ehe so gut wird, wie es überhaupt nur möglich ist? Wollen Sie lebenslange emotionale und körperliche Intimität mit Ihrem Mann erleben? Dann denken Sie an das Kleingedruckte. Schnelle Reparaturen halten nur selten; lernen Sie statt dessen die Grundregeln und Richtlinien, die, wenn Sie sie täglich beachten, Ihre Ehe so werden lassen, wie Sie sie sich vorgestellt haben.

Bis hierhin ist alles Theorie ...

Wir haben nun einen langen Weg miteinander zurückgelegt und sind zumindest theoretisch Experten auf dem Gebiet des ehelichen Intimlebens. Spannend wird es aber erst jetzt, wenn wir diese Prinzipien täglich in der Beziehung zu unseren Männern in die Tat umsetzen. Gelegenheiten dazu wird es sicher viele geben.

Die Ehe ist mit einem dicken Sammelband mit vielen Geschichten zu vergleichen, die von Abenteuer und Intrige, Geheimnis und Romantik, Freud und Leid handeln. Sich die Zeit zu nehmen, wie wir es getan haben, in den Grundlagen der ehelichen Intimität belesen zu werden, ist der beste Weg, sicherzustellen, daß auch viel Poesie in Ihrem Ehe-Roman vorkommt.

Zum Schluß möchte ich Ihnen noch sagen, daß ich für Sie und Ihre Ehe beten werde, und wenn Sie daran denken, beten Sie bitte auch für mich und meine Ehe. Was für ein großes Privileg und atemberaubendes Abenteuer wartet da auf uns!